마케팅 천재의 돈 버는 공식

마케팅 천재의
돈 버는 공식

매출 0원에서 100억으로 대박 신화의 비밀

장문정 지음

당신의 매출을 바꾸는
첫 페이지

어릴 때부터 손바닥 피부가 이유 없이 허물처럼 벗겨졌다. 통증도, 가려움도 없지만 늘 반복되는 증상이라 왜 그런지 궁금했다. 어릴 땐 흙장난 때문이라 했고, 조금 더 크니 영양 부족이라 했고, 나중에는 주부습진이 아니냐는 말까지 들었다. 주변의 '안다 박사'와 '모른다 박사'들이 별별 진단을 다 내렸지만 시원한 답은 없었다.

50세가 넘어서 우연히 한 책에서 나의 증상에 해당하는 이름을 알게 되었다. 박탈성각질융해증, 그 이름을 확인하는 순간 무릎을 쳤다. 정확한 병명을 알았다는 사실만으로도 속이 뻥 뚫리고 머리가 환해질 정도로 후련했다. 소상공인의 고민도 이와 비슷하다.

"왜 이렇게 안 팔릴까?"

"도대체 뭐가 문제일까?"

답은 보이지 않고 고민만 쌓인다. 묵은 체증처럼 소화되지 않은 채 가슴께에 걸린다. 사업에도 족집게 선생님이 있다면 얼마나 좋을까? 대기업은 몸값 비싼 마케팅 자문위원과 사외이사를 둔다. 그러나 소사장(이 책에서 소사장은 법적 의미의 소상공인을 말한다)에게는 그 비용의 문턱이 너무 높다. 외주 컨설팅도 대부분 언감생심이다.

세상은 물밀듯 변했다. 예전에는 가게 문만 열면 손님이 먼저 찾아오던 때가 있었다. 동네 빵집에서 갓 구운 빵 냄새를 맡으며 줄을 서던 시절, 전단지 한 장만으로도 효과가 있었다. 그때는 가만히 앉아 있어도 손님이 밀물처럼 몰려왔다. 하지만 지금은 다르다. 스마트폰을 켜면 전국의 모든 가게가 손안에 들어온다. 동네 찜닭집과 전국 맛집이 같은 화면에서 경쟁하고, 개인 카페와 대형 프렌차이즈 카페가 같은 거리에서 장사한다. 손님들은 이제 '단골'보다는 '최적의 선택'을 찾는다. 온라인이 세상의 질서를 바꿔놓았다.

바야흐로 사업자 1,000만 명의 시대다. 통계청에 따르면 2024년 11월 개인사업자가 864만 명, 법인사업자가 130만 개사다. 코로나를 지나며 감소하기는커녕 최근 5년간 20% 넘게 증가했다. 경제활동인구 4명 중 한 명이 사업자다. 문제는 이 많은 소사장이 누구에게 배워야 하는지조차 모른다는 것이다. 바뀐 시대에 맞는 장사의 법칙을 알려줄 사람도, 실패의 이유를 함께 짚어줄 사람도 없다. 유튜브에 넘쳐나는 정보는 실전과 동떨어졌고, 주변 조언은 대개 부정확하다. 해마다 100만 개에 가까운 가게가 문을 닫고, 폐업 시 평균 부채가 1억 원이 넘는다는데도 정작 제대로 질문할 곳조차 없다. 장사를 배울 곳이 없다.

그렇다면 누가 이들에게 실제적인 답을 줄 수 있을까? 이 책은 바로 그 역할을 해보고자 시작되었다. 나는 지식을 숨기는 사람이 아니다. 대외비만 아니라면, 언제나 내가 가진 지식과 경험을 최대한 나누고 싶었다. 대기업과 중견기업의 프로젝트를 수행하며 쌓은 유용한 지식들을 소사장들에게 나눠주고 싶었다. 나는 그들에게 작은 길잡이가 되고 싶었다.

물론 이 책에서는 어느 정도 절제를 했다. 농부가 모든 씨앗을 한 곳에 몰아 뿌리지 않듯, 우리가 가진 지식도 한 번에 다 털어놓을 수는 없다. 대외비도 있고, 등장하는 소사장들 또한 자신의 사업이 과도하게 노출되길 바라지 않는다. 그래서 이 책의 내용은 실전 경험을 토대로 하되 압축했고, 그들의 이야기 대신 '핵심 문제'로 곧장 들어갔다. 문제의 중심부로 바로 들어가야 메시지가 힘을 얻는다.

그렇게 100여 명의 SOS 사례 중에서 15개만을 엄선해 책에 담았다. 선정 기준은 명확했다. 도움 없이는 해결이 어려운 고민인지, 그에 대한 해법이 구체적이고 실행 가능한지, 다른 업종에도 적용 가능한지, 명확한 변화가 있는지, 그리고 교훈이 남는 스토리인지. 무엇보다 중요한 점은 이 15개 사례가 소상공인 1,000만 명의 축소판이라는 사실이다. 통계청 자료에 따라 외식업·도소매업·개인서비스업이 전체의 70% 이상을 차지하는 현실을 고려해 실제로 적용 가능한 업종들을 균형 있게 넣었다. 사례를 업종이 아니라 '실제 소상공인들이 가장 많이 겪는 7대 고민'을 기준으로 나눈 것도 이 때문이다. 그 고민은 다음과 같다.

1. 차별화가 안 된다.

2. 온라인 전환이 막막하다.

3. 가격 경쟁력의 한계를 느낀다.

4. 마케팅 역량이 부족하다.

5. 신규 고객을 유치하기 어렵다.

6. 브랜딩이 부재하다.

7. 트렌드에 뒤처진다.

　

당신이 가게를 운영하든, 온라인 쇼핑몰을 하든, 서비스업에 종사하든, 직접 제조를 하든, 남의 물건을 받아서 파는 도매업을 하든 상관없다. 이 책 어딘가에는 반드시 당신의 고민과 닮은 사례가 있을 것이고, 그에 대한 해답도 있을 것이다. 물론 모든 컨설팅이 완벽한 성공으로 이어지는 것은 아니다. 그러나 정말 중요한 것은 '완벽한 결과'가 아니라 '시도했다'는 사실이고, '변화를 선택했다'는 용기다.

종종 "분야가 다 다른데 어떻게 그 많은 솔루션을 주나요?"라는 질문을 받는다. 마케팅 컨설팅업을 잘 모르는 분들에겐 자연스러운 의문이다. 하지만 동동주, 청주, 막걸리가 하나의 항아리에서 나오는 원리를 안다면 이해하기 쉽다. 상품은 달라도 고객의 심리는 놀랄 만큼 비슷하다. 결국 우리가 집중하는 것은 '상품'이 아니라 '고객'이니 말이다.

그래서 나는 자동차에 관심이 없는데 자동차 브랜딩을 맡고, 술을 마시지 않는데 주류를 컨설팅하고, 개를 키우지 않는데 반려동물 사업을 맡는 등의 일이 빈번했다. 지금은 용퇴한 LG유플러스의 하현회 부회장님이 내가 설계한 반려동물 서비스 컨설팅을 보고 말씀하셨다.

"개를 안 키우고 좋아하지도 않으면서 어떻게 반려동물 고객의 심리를 그토록 잘 아나요? 어떻게 이렇게 기막히게 컨설팅할 수 있습니까?"

이 말이야말로 내가 하는 일을 가장 정확히 설명한다. 나는 수많은 분야를 다뤄왔다. 클라우드 서비스, IT, 전자장비, 1군 건설사 수주 컨설팅, 가전, 건강기능식품, 보험, 증권, 1차 식품과 가공식품, 교육문화, 생활잡화까지 닿지 않은 분야가 드물다. 특정 상품만 잘 파는 쇼호스트가 없듯, 어떤 낯선 상품을 받아도 결국 '팔 수 있는 구조'를 만들어낸다.

게다가 나는 대기업의 대외비 마케팅 자료를 폭넓게 보유하고 있다. 이를테면 통신 3사를 모두 컨설팅했기에 관련된 모든 상품과 정책, 전략을 꿰고 있다. 따라서 의뢰받은 중견기업이 A 방향으로 가겠다고 하면, 나는 이미 대기업이 B 방향으로 가고 있다는 것을 알고 있어 바로잡을 수 있다. 보험, 금융상품도 수십 개의 교안과 자료를 보유하고 있어 어떤 새로운 상품이 나와도 단숨에 구조를 짤 수 있다.

또한 건강기능식품은 수백 개의 제품을 다룬 경험이 있어 원료 기반 상품 기획과 세일즈 전략 설계가 익숙하다. 이렇게 여러 상품을 다루다 보면 치매 보험을 맡다가 치매 건강기능식품을 맡고, 이어 치매 의료기기와 치매 IT 서비스까지 연결되는 식으로 지식이 거미줄처럼 확장된다.

그동안 대기업을 컨설팅한 자료들을 출력해 박스에 담아보니 사과상자 30개가 조금 안 됐다. 그 방대한 자료들은 대기업 인력들이 만들어낸 자산이며 우리 회사를 단단하게 만드는 토대였다. 이름만 들어도 알 만한 회사들이 수백 곳이다. 비밀유지계약 때문에 밝히지 못하는 곳들까지 더하면, 업계 사람들이 우리 리스트를 보고 다들 눈을 동그랗게 뜬다.

십수 년 동안 경제경영 분야에서 책을 써오며 수십만 독자를 만났다. 그중 상당수의 소사장은 언제나 비슷한 질문을 안고 있었다. 그 질문들에 전문가의 진단은 실제적인 답이 된다. 위암에 걸렸을 때 강남역 사거리를 지나가는 1,000명에게 물어보는 것은 답이 아니다. 위암 전문의 한 명을 찾아가는 게 답이다. 사업 고민도 무작위 귀동냥이 아니라 전문가의 진단이 답이다.

이 책은 내가 실제로 소규모 사업자와 1인 기업가들에게 세일즈와 마케팅을 코칭하고, 사업 구조를 설계하고, 방향을 제시하고, 팔리는 상품 언어를 만들어주고, 솔루션을 제공하며 쌓은 실전 사례를 바탕으로 만들어졌다. 그들의 실제 분투와 그 과정에서 어떤 선택이 매출을 바꾸었는지 '보며 배우는' 방식으로 구성되었다.

대기업들이 우리 업체에 지불하는 정식 컨설팅은 상당한 고비용이다. 책 속 사례들은 소사장들의 생존을 돕고자 한시적·예외적으로 책정된 저비용 유료 모델이었다. 따라서 무료 자문 요청과 개인적 질문에는 응하지 않는다. 대신 대기업 프로젝트의 핵심 노하우를 이 책에 압축했으니 경제적으로 그 전략을 복제하기를 바란다.

이 기록을 남기고 싶은 이유는 분명하다. 지금 살아남기 위해 애쓰는 소사장들에게, 그리고 이후 세대의 마케터와 사업가들에게 생각과 기술, 전략을 전승하고 싶기 때문이다.

끝으로 한 가지 말을 전하고 싶다. 이 책을 읽으며 "이 장사는 원래 안 돼.", "저 사업은 답이 없어.", "지은이가 뭘 몰라서 이런 말을 하네.", "그렇게 쉬우면 당신이 해보든가!" 이런 마음이 먼저 드는 분이라면 이 책을 덮으라. 대안 없는 비판은 난센스다. 그런 말을 하는 분들에게 나는 되묻고 싶다. 그럼 잘되는 건 무엇인가? 어떻게 해야 살아남는가?

이 책은 그 질문 앞에서 내가 내놓을 수 있는 가장 현실적이고, 솔직한 생존 전략서다. 이제 페이지를 넘기면, 15인의 소사장이 몸으로 증명한 '대박 혹은 반半박'의 진짜 얼굴과 마주하게 될 것이다.

CHAPTER 1

없는 시장을
'만들어낸'
사람들

·01·

아이디어 하나로
대기업을 누르다

: 화장품 브랜드 성공기

사장님의 분투

Q.

넘쳐나는 3만 개 화장품 브랜드, 내가 과연 3만 1번째가 되는 것이 맞을까요?

"늦었다고 생각될 때는 그 이면을 보세요."

내가 A에게 건넸던 조언이다. 화장품 시장은 이미 과포화 상태다. 라인업도 끝없이 많다. 식품의약품안전처 자료를 보면 제조시설 없이도 아이디어만 있으면 위탁생산이 가능한 책임판매업체의 수가 2019년 1만 5,707개에서 2024년 2만 7,932개로 약 2배 증가했으며, 2025년에는 3만 개를 돌파했다. 이런 시장에 신규 브랜드가 들어간다는 건, 이미 넘쳐 흐르는 컵에 물을 더 따르며 고객에게 마시라고 하는 셈이다.

A의 전략은 더 과감했다. 대부분의 화장품 브랜드가 종류별 라인업을 갖추는 것과 달리, 비타민 세럼 하나만으로 승부를 보겠다는 계획이었다. 백화점 1층 진열대를 떠올려보면 이해가 쉽다. 어떤 브랜드든 다양한 제품을 가득 채워놓고 손님을 맞이한다. 그런데 세럼 하나로 그들

과 싸우겠다고? 승산이 있을까?

결론부터 말하면, 있다. 화장품 사업은 대기업처럼 라인업을 넓게 갖춘다고 해서 반드시 유리한 시장이 아니다. 수분크림이든 미스트든, 당신이 오늘 소셜커머스에서 제품 하나를 사려고 클릭했다고 해보자. 대부분은 목적한 제품 하나만 구매하고 바로 나간다. 사이트를 둘러보며 전체 라인업을 구경하지 않는다. 똘똘한 강남아파트 한 채처럼, 시장에서도 단 하나의 아이템으로 대박을 내는 브랜드를 나는 많이 봐왔다. 하나가 터지면 그 제품을 마중물 삼아 라인업을 확장하면 된다.

1990년대만 해도 사정은 달랐다. 화장품 시장은 사실상 대기업의 전유물이었다. 소비자들이 한 브랜드에서 기초부터 색조까지 전 라인을 맞춰 쓰던 시대다. 하지만 지금은 다르다. 잘 민든 제품 하나로도 브랜드 인지도를 단숨에 끌어올릴 수 있다. 그렇다면 신규 브랜드가 기존 브랜드를 어떻게 '새치기'하며 상위권으로 진입할까?

남들이 물로 채울 때 원료를 들이붓다
: 포화점을 찾아낸 역발상

A는 그 해답을 '역발상'에서 찾았다. 당시 화장품 업계는 원자재 가격이 오르며 기능성 원료를 줄이는 추세였다. 특정 성분을 법적으로 얼마 이상 넣어야 '기능성'이라는 표현이 가능하지만, 함량을 소비자에게 고지할 의무는 없다. 그래서 많은 브랜드가 최저 함량만 넣고 나머지를 물

(정제수)로 채운다. 안타깝지만, 비싼 기능성 원료를 넉넉히 넣는 경우는 드물다.

그런데 A는 반대 방향을 택했다. 아주 많이, 과할 정도로 넣었다. 화장품의 기능성 성분은 보통 mg이나 ppm 단위로, 극소량이 들어간다. 그럼에도 A는 순수 비타민C(아스코르브산)를 한 통에 20%나 채웠다. 1ppm은 한 통에 100만 분의 1이 들어갔다는 의미다. 전성분 공개는 의무지만, 각 성분의 정확한 함량은 공개하지 않아도 된다. 기능성 성분도 마찬가지다. 예를 들어 100ppm이 들어갔다고 하면 50g 화장품 기준으로는 개미 눈곱만큼에 불과하다.

물론 최근 비타민C 화장품은 과거보다 함량이 높아지는 추세다. 2020년대 출시된 제품들은 보통 5~15% 사이에서 비타민C를 넣는다. 저함량(5~10%)은 민감성 피부용이다. 중간 함량(10~15%)은 미백과 잡티 개선에 효과적이다. 고함량(15~25%)은 보다 강력한 미백과 항산화 효과를 보인다. 연구에 따르면 10~20% 구간에서 피부 흡수율이 가장 높다. 그 이상에서는 흡수율이 증가하지 않거나 오히려 떨어질 수 있다고 알려져 있다. 즉, 20%는 효과와 흡수율이 가장 균형 있게 맞는 구간이다(20%에서 흡수가 '포화'된다는 데이터는 많은 실험과 리뷰에서 근거를 찾을 수 있다). 그래서 '전문가용'에 가까운 제품이 된다.

일상에서 전문가용 비타민C 제품을 사용할 수 있다는 점만으로도 충분한 매력이 생긴다. 민감성 피부는 트러블이 생길 가능성이 있지만, 흡수율과 효능을 최대로 끌어올리기 위한 설계라는 점은 분명하다. 20% 비타민C는 강력한 미백, 브라이트닝, 집중 개선 효과를 보인다. 짧게는

7일 내외에서 피부 컨디션이 눈에 띄게 좋아지는 경우가 많다. 이것만으로도 충분히 강력한 소구점을 갖는다. A가 세럼 하나로 시장에 도전할 수 있었던 이유다.

서랍 속에 처박히게 될 화학물질에서 화장대에 놓일 작품으로

그러나 A는 '비타민C 20% 고함량 세럼'이라는 메시지만으로는 소비자 마음을 움직이기 어렵다고 생각하고, 차별화를 고민했다. 그리고 독특한 마케팅 아이디어를 떠올렸다.

"제품을 예술 작품처럼 만들어보자."

이런 발상에서 나온 것이 '명화 패키지'다. 모네, 고흐, 클림트 같은 거장의 작품을 패키지에 담아, 제품 자체가 예술품처럼 보이도록 했다. A는 중요한 사실을 알고 있었다. 소비자는 성분을 사는 게 아니라 '기분'을 산다는 것을 말이다. 명화 선택에는 실용적 이유도 있었다. 이 거장들의 대표 작품은 저작권 보호기간이 만료되어 상업적으로 자유롭게 사용할 수 있다. 국내를 포함한 대부분의 국가에서 저작자 사망 후 70년이 지나면 저작권이 만료된다. 모네, 고흐, 클림트 모두 사망한 지 오래다. 그래서 이들의 작품은 퍼블릭 도메인, 즉 공공 영역으로 분류된다.

명화 자체는 자유롭게 사용할 수 있고, 제품 패키지나 광고에도 적용할 수 있다. 다만 주의할 점도 있다. 명화는 자유롭게 쓸 수 있지만, 박물관이나 사진작가가 촬영한 사진에는 별도의 사진저작권이 붙을 수 있다. 작품이 상표로 등록된 경우도 있고, 사진 속 인물에 대한 초상권 문제가 발생할 수도 있다. A는 명화를 활용해 직접 패키지를 디자인하여 이런 문제를 피했다.

사실 이런 시도가 완전히 처음은 아니다. 일부 화장품 회사들은 명작이나 국내 작가와의 협업을 통해 패키지에 그림을 넣곤 했다. 제품을 쓰면서 예술을 즐길 수 있게 하는 방식이다. 고급스러움과 신선함을 동시에 노리는 전략이다. 하지만 A의 접근은 달랐다. 제품을 쓰면서 예술을 즐기는 게 아니라, 예술품을 갖고 싶어서 제품을 사게 만드는 것이었다.

출시 전에 지인들과 뷰티 커뮤니티 회원들에게 샘플을 나눠주고 반응을 확인했다. 예상보다 뚜렷한 피드백이 나왔다.

"너무 예뻐서 화장대에 두고 싶다."

"선물하기 좋을 것 같다."

이런 심미적 찬사가 가장 많았다. 네이버 스마트스토어에 처음 입점했을 때도 비슷했다. 첫 구매 고객 10명 중 8명이 리뷰에 같은 말을 남겼다.

"패키지가 고급스럽다."

"인테리어 소품 같다."

명화 패키지는 A의 브랜드가 가진 첫인상을 완전히 바꿔놓았다. 소유하고 싶은 미학이 지갑을 열게 했다.

단 100병으로 공장을 움직인
사장님의 협상술

디자인만으로 대박이 날 수는 없다. 결국 영업이 받쳐줘야 한다. 개인사업자가 화장품 사업을 할 때 가장 불리한 점은 '규모의 경제'에서 밀린다는 사실이다. 화장품을 생산할 때는 MOQ(Minimum Order Quantity, 최소 주문 수량)가 있다. 많이 찍을수록 단가는 내려가고, 적게 찍을수록 단가는 올라간다. 많이 만들면 싸지고, 조금 만들면 비싸지는 구조다.

대기업들은 원료를 한번 생산할 때 대형 솥batch을 여러 번 돌려서 보통 수 톤에서 수십 톤을 찍어내는 것이 기본이다. 개인사업자는 그럴 여력이 없다. 최소 1톤만 받아와도 50g 용량 세럼 기준으로 2만 개를 팔아야 한다. 팔지 못해 유통기한이 임박해서 주변에 무료로 나눠주거나 폐기하는 경우를 정말 많이 봤다. 우리 회사에도 폐기 직전 화장품이 몇백 통씩 무상으로 들어오는 때가 있다. 반대로 MOQ를 너무 적게 찍어달라고 하면 제조사에서 거절한다. 기계를 돌리고 공장을 운영하는 데 들어가는 비용이 안 나온다는 이유다. 이때 간절함에서 나오는 영업력과 협상력이 진가를 발휘한다.

A는 제조업체 사장을 직접 찾아갔다. 자신의 아이템이 얼마나 사업성이 있는지 설명했고, 앞으로 꾸준히 원료를 주문하겠다고 진심을 담아 설득했다.

A가 만드는 제품의 타깃은 예민 피부였다. 당시 시중 제품들은 함량이 너무 낮거나, 고함량이면서 자극이 심했다. A는 비타민C를 20%까

지는 넣되, 피부 진정 성분을 정밀하게 배합해 '고함량이면서 저자극'인 세럼을 만들 계획이었다. 그래서 자극은 줄이고 효과는 유지하는 공식을 설계했다. 실제로 이 포뮬러는 예민한 피부의 테스트 그룹에서도 문제가 될 만한 자극 반응이 없었다.

제조사 공장장은 놀랐다. 보통 초보 창업자들은 막연한 콘셉트만 들고 찾아오기 때문이다. 그러나 A는 완성도 높은 포트폴리오를 가져왔으며, 구체적 브랜딩과 믿을 만한 판매 전략을 진심을 담아 설명했다.

"이게 안 되면 다른 거 안 하겠습니다."

A는 이런 마음으로 읍소했다. 첫 단추만 꿰어달라고 요청했다. 그리고 이렇게 말했다. 처음 100병은 이익을 남기지 않겠다고. 단가 조정 없이 그대로 받겠다고. 대신 장기적으로 함께 가고 싶으니 한 번만 기회를 달라고 말이다. 100병만 찍어주면 다음 달에 500병, 그다음 달에 1,000병을 주문하겠다고 약속했다. 그 사이 100병 전부를 판매해서 고객 리뷰로 바꿔놓겠다고도 했다.

결국 공장장이 마음을 열었다. 말도 안 되는 소량인 0.000003톤 수준의 MOQ로 생산을 허락했다. 덕분에 초기 대규모 투자 리스크를 피했고, 절감된 비용으로 마케팅에 집중할 수 있었다.

성장은 멈추고,
위기가 시작됐다

A는 인스타그램과 블로그를 중심으로 제품을 적극적으로 알렸다. 비용이 많이 드는 대형 인플루언서 대신, 비용 부담이 적은 소규모 인플루언서들과 협업하는 전략을 택했다. 대략적인 인스타그램 협찬 단가는 이렇다.

- 나노 인플루언서(팔로워 1,000~1만 명 이하): 피드 10만 원 내외/릴스 15~20만 원 내외
- 마이크로 인플루언서(팔로워 1~5만 명): 피드 50만 원 내외/릴스 75~100만 원 내외
- 매크로 인플루언서(팔로워 5~10만 명): 피드 100만 원 내외/릴스 150~200만 원 내외

국내 인플루언서 마케팅 업체와 플랫폼들은 인스타그램 피드 단가를 대략 '(팔로워 수÷1,000)×1만 원'의 공식으로 계산하는 경우가 많다. 최근 가이드에서는 인스타그램 릴스를 피드보다 비싸게 책정하는 공식을 많이 쓴다. 실제 플랫폼·대행사 자료를 보면, 영상 제작 난이도와 2차 활용(브랜드 채널 업로드, 광고 집행) 포함 여부에 따라 릴스가 피드 대비 1.5~2배까지 올라가는 경우도 많다.

물론 협찬 조건, 인플루언서 영향력, 콘텐츠 퀄리티 같은 변수에 따

라 실제 단가는 크게 달라진다. 하지만 이 전략은 예상보다 큰 효과를 냈다. "비타민C 세럼을 많이 써봤지만, 이렇게 신선한 제품은 처음이에 요!" 이런 리뷰가 이어졌고, 입소문은 빠르게 확산됐다.

특히 명화 패키지의 독창성은 SNS에서 큰 화제가 됐다. 소비자들은 이 세럼을 '인스타그램에서 자랑하고 싶은 제품'으로 여겼다. 작은 불씨처럼 시작된 반응은 점점 더 커졌고, A의 비타민C 세럼은 시장에서 눈에 띄기 시작했다. 하지만 시간이 지나면서 예상치 못한 문제가 나타났다.

소비자가 제품에 익숙해지자, 그들은 더 깊은 이야기와 새로운 메시지를 원했다. 게다가 시장 곳곳에서 고함량 비타민 제품이 등장했다. 심지어 30% 제품도 나오기 시작했다. A의 메시지는 점점 힘을 잃었다. 소비자들은 이 제품을 one of them, 즉 '그중 하나'로 인식하기 시작했다. 이 인식은 화장품 업계에서 매우 위험하다. 화장품 시장은 늘 새로운 브랜드가 등장하는 치열한 전쟁터다. 경쟁 제품 속에 목소리가 묻히기 시작했다는 의미이기 때문이다.

A의 제품은 분명 강점이 있었다. 하지만 그 강점을 소비자의 마음속에 설득력 있게 자리 잡아주지 못한 것이 문제였다. 결국 기대했던 성장세는 둔화됐다. 초기 열기는 식었고, 매출은 정체되기 시작했다. 내부에서는 위기감이 번졌다.

"우리가 잘못된 길을 가고 있는 건 아닐까?"

이 질문이 회의 자리마다 등장했다. A는 문제를 직시하기로 했다. 그리고 다시 고민했다. 새로운 길을 찾아야 했다.

A.
제품의 본질을 끝까지 밀어붙여
브랜드를 재정의하라!

어려움을 해결하기 위해 나는 6가지 전략을 제안했다. 핵심 질문은 하나였다. '껍데기가 중요한가? 본질이 중요한가?' 명화로 겉을 장식해도, 제품의 본질은 결국 '비타민C 20% 고함량 세럼'이다. 소비자가 이 사실을 명확히 이해해야 시장에서 자리 잡을 수 있다. 그래서 제품의 본질을 다시 중심에 세우고, 그것을 소비자에게 정확하게 전달하는 방안을 함께 고민했다.

껍데기보다 알맹이가 중요하다

포장이 화려해도 열었을 때 알맹이가 부실하면 소비자는 금세 실망한다. 기존 패키지는 명화를 활용한 독특한 디자인이었다. 이것이 되레 발목을 잡는다. 명화가 제품의 핵심 메시지를 가려버린 것이다. 화장대에 놓인 모네의 수련 그림이 담긴 병은 예술적이긴 하지만, 그게 비타민C 세럼인지 레티놀 세럼인지 알기 어렵다.

소비자가 가장 궁금한 건 그림이 아니라 '비타민C 20%'라는 본질이다. 예술은 시선을 끌지만 숫자는 확신을 준다. 그래서 패키지 방향을 과감하게 전환하자고 제안했다. 그리고 새로운 패키지의 3가지 원칙을 제시했다.

- **숫자를 왕좌에 앉혀라(The King is Number).**
  제품 카피인 "20% VITAMIN C"에서 숫자를 2배 크게 키운다. 사람의 눈은 텍스트보다 숫자라는 기호를 먼저 인지한다. 숫자는 품질에 대한 정직한 약속이자 논쟁 불가능한 팩트다.
- **색상으로 뇌를 선점하라(Visual Anchor).**
  비타민C는 노란색이다. 레몬옐로 색상은 패키지를 열기 전부터 고객의 머릿속에 상큼한 비타민의 효능을 미리 배달한다. 명화의 다채로운 색감은 예술적일지언정 '효능의 선명도'에서는 노란색 한 줄의 직관력을 이길 수 없다.
- **명화는 왕관이 아니라 보석으로 써라(Subtle Elegance).**
  명화를 버리라는 게 아니다. 주인공 자리를 숫자에 양보하고 그림은 패턴, 엠보싱, 로고 뒷배경으로 배치하여 고급스러운 잔상을 남기면서 제품의 정체성은 유지한다.

디자인의 목적은 감상이 아니라 식별이어야 한다. 돌려 말하는 브랜드는 자신감이 없어 보인다. 소비자들이 "이건 고농축 비타민C 세럼이구나."라고 단박에 외치게 만들어야 한다. 패키지는 3초 만에 각인되는 브랜드의 얼굴이다. 마케팅의 비극은 대개 '예쁜 쓰레기'를 만들 때 발생한다. 시각적 화려함으로 고객을 잡아도 제품의 본질적 가치**core value**를 입증하지 못하면 고객은 장바구니를 비운다.

· 천재의 한 수 ·

1. 3m의 법칙(The 3-Meter Visibility): 당신의 제품 패키지를 3m 떨어진 곳에서 보라. 무슨 제품인지 3초 안에 알 수 없다면 그 디자인은 실패.
2. 숫자 위계의 법칙(Numerical Hierarchy): 패키지에서 가장 큰 글씨가 브랜드명인가? 고객에게 줄 이득(함량, 숫자)인가?
3. 결제 명분의 법칙(The Purchase Justification): 시선을 끄는 건 단지 '예쁨; 심미적 유혹**aesthetic lure**'인가? '본질; 기능적 확신**functional conviction**'인가?

과장 소구를
써라

소비자가 제품의 가치를 빠르게 이해하도록 돕기 위해, 감각적이고 직관적인 '과장 소구'를 제안했다. 과장은 문제지만, 과장 소구는 마케팅 전략이다. 예를 들면 다음과 같다.

- "비타민 샤워? 비타민 입수!"
- "비타민? 바르지 말고 담그세요."
- "얼굴에 비타민 흠뻑"
- "비타민에 얼굴을 퐁당"
- "내 얼굴의 비타민 수소폭탄"

'20배 흡수', '주름 완전 제거' 같은 표현은 명백한 과장 광고로 적발된다. 그런데 앞의 표현은 광고 심의를 위반하지 않으면서, 판매자의 의지와 제품의 메시지를 감각적으로 강화한다. 참고로 화장품에 들어가는 모든 문구는 예외 없이 법적 심의 대상이다. 확인 방법은 2가지다.

첫째는 대한화장품협회 공식 홈페이지에서 광고 심의 기준과 자문 안내를 확인한다. 둘째는 식품의약품안전처 홈페이지에서 '화장품 표시·광고 관리 지침(민원인 안내서)'을 열람한다. 광고 심의 기준은 정기적으로 개정되므로 양쪽 기관의 최신 문서를 확인해야 한다. 식약처와 협회는 모두 공식 PDF 해설서를 제공하므로 실무에서는 반드시 원문을 참고해야 한다.

· 천재의 한 수 ·

1. 데이터 언어를 파괴하라(Deconstruct the Data): 숫자는 정확하지만 언어는 숫자를 체감하게 만든다. "24시간 보습" → "해 떠서 다음 날 달 뜰 때까지"
2. 숫자를 물리적 감각으로 치환하라(Sensory Conversion): 숫자를 부피, 무게, 온도, 동작으로 바꿔보라. "20% 농도" → "입수", "퐁당", "흠뻑"

너무 착하면 안 팔린다
네거티브도 전략이다

후발주자가 경쟁사와 차별화하기 위해서는 필연적으로 네거티브 전략이 필요하다. 여기서 중요한 건 방식이다. 특정 브랜드를 지목하면 비방 광고가 되지만, 시장의 관행을 지적하면 정보 제공이 되어 안전하다.

- "아세요? 시중 비타민 화장품 대부분은 유통·보존 때문에 가공된 비타민이라 효과가 떨어진다는 것!"
- "가공식품을 멀리하듯, 피부에도 자연 비타민을 흡수시키세요."
- "화장품의 불편한 진실: 당신이 믿었던 비타민, 실제로 얼마나 들어 있을까요?"
- "1ppm은 한 통에 100만 분의 1이라는 충격적 단위"
- "그동안 비타민 세럼은 물 세럼이었다?"

이 문장들은 겉보기엔 소비자에게 올바른 정보와 제품의 차별성을 전달하는 듯 보이지만, 실제로는 타사를 끌어내려 우리 제품을 상대적으로 높이는 전략이다. 저울의 원리가 똑같이 적용된다. 남이 내려가면, 그만큼 우리의 가치가 올라간다. 많은 후발 브랜드가 이 전략을 통해 존재감을 확보한다.

A는 네거티브 전략을 다양한 접점에서 일관되게 실행하기 시작했다. 특정 브랜드를 언급하지 않으면서도, 소비자가 자연스럽게 비교하도록 만드는 메시지를 여러 채널에 배치했다. 홈페이지에는 "시중 세럼들은 비타민을 ppm 단위로 넣고 '비타민 세럼'이라고 부르는 거 아셨나요? 우리는 20%입니다."라고 올렸다. 블로그에는 "화장품 비타민, 진짜 vs 가짜 구별법"이라는 제목의 포스팅을 올렸다. 유튜브 쇼츠에는 pH 산성도 테스트를 하고 "브랜드 이름은 안 보여드릴게요. 하지만 pH는 거짓말 안 해요."라고 자막을 넣었다.

소비자가 비교하기 시작했다. 그리고 스스로 A의 제품을 선택했다. 경쟁사를 직접 공격하지 말고, 시장의 관행을 공격하라. 소비자는 알아서 비교한다.

정보는 권위로, 교육은 마케팅으로 이용하라

A 제품의 전성분을 보다가 흥미로운 점을 발견했다. 정제수가 들어 있지 않았다. 나는 '사소해 보여도, 이런 포인트는 적극적으로 어필하라'고 조언했다. 정보 제공 형식으로 메시지를 만들면 된다.

문제는, 대부분의 소비자가 전성분표를 어떻게 읽는지 모른다는 것이다. 화장품을 고를 때 손등에 바르고 향을 맡는 게 전부다. 그래서 A에게 제안했다. "전성분표 읽는 법을 가르쳐주세요. 교육이 곧 마케팅입니다." 마케팅용 교육 메시지는 대중의 무지無知에 대해 도발적이어야 한다.

"화장품 고를 때 손등에 바르고 킁킁대세요? 그래 봐야 제형감이랑 향만 압니다. 화장품을 고를 때는 제품 뒷면의 전성분표를 보면 됩니다. 전성분은 많이 들어간 순서대로 왼쪽부터 나열되죠. 대부분 화장품의 첫 번째 성분은 정제수입니다. 보통 세 번째 성분까지가 전체 용량의 99%를 차지합니다. 그런데 어떤 제품은 전성분표 열 번째쯤에 홍삼이라고 적혀 있는데, 제품 이름을 '홍삼 화장품'이라 하고 소비자를 기만합니다. 개미 눈물만큼도 안 들어간 거죠. 우리 세럼은 첫 성분이 비타민으로 시작합니다. 가장 중요한 핵심 성분이 제일 많이 들어 있습니다. 물 한 방울 안 들어간 비타민 세럼입니다."

이처럼 사소해 보이는 정보라도, 내 강점을 소비자에게 유용한 팁처럼 풀어내야 한다. 노골적인 광고가 아니라 '정보'인 척하는 설득으로 포장할 때 힘을 발휘한다.

차별점은 숨겨진 걸 발견하는 게 아니다. 있는 것을 발굴해서 의미를 부여하는 것이다.

좋은 콘텐츠 대신
좋은 영상부터

A의 제품 온라인 상세페이지에 올라가 있던 기존 실험 영상은 화질도 떨어지고 메시지도 흐렸다. 영상은 기업의 규모와 제품의 수준을 그대로 드러낸다. 영상의 질이 낮으면 제품의 질도 낮아 보인다. 그래서 나는 영상 퀄리티를 전면 개선하자고 제안했다. 실험을 누가, 어떤 조건에서 했는지 명확히 표기하고, 하단에 자막을 넣어 소비자가 실험 결과를 직관적으로 이해할 수 있게 만들었다. '1,000명의 영업사원보다 잘 만든 짧은 영상 하나가 더 강력하다'는 점을 거듭 강조했다.

첫째, 강렬한 훅과 화면 구성이 필요하다. 첫 화면에서 소비자의 궁금증과 감성을 동시에 자극해야 한다. 예를 들어 "피부가 민감해도 20% 고함량 OK?"처럼 백분율과 숫자를 강조한 짧고 강한 질문형 문구가 효과적이다. 풀 스크린 배경 이미지를 활용하면 시선 집중에 도움이 된다.

둘째, 상세페이지 구조는 정보와 감성의 균형이 중요하다. 문제 → 솔루션 → 검증순으로 전개하는 구성이 좋다. 예를 들어, "왜 기존 20% 세럼은 자극이 심한가?" → "우리는 진정 성분을 더했다." → "실사용 후 피부 상태가 개선됐다."의 흐름을 잡고, 소제목과 인포그래픽을 활용해 성분, 효과, 비포·애프터 사진을 넣어 구조화하면 설득력이 높아진다.

셋째, 신뢰 요소를 강화해야 한다. 테스트 인증, 소비자 리뷰, '실패 없는 환불 보장' 같은 배지**badge**를 배치해 신뢰감을 준다. 온라인에서 소비자는 의심부터 한다. 특히 처음 보는 브랜드라면 더욱 그렇다. 신뢰 요소는 그 의심을 걷어내는 역할을 한다.

넷째, UX **User Experience**, 즉 사용 경험을 고려한 모바일 최적화가 필수다. 상세페이지 방문자의 80% 이상이 모바일로 접속한다. 모바일 화면에서 커서나 스크롤에 따라 색감과 텍스트가 자연스럽게 바뀌는 인터랙티브 요소를 더하면 체류 시간이 길어진다. 체류 시간이 길수록 구매 전환율도 높아진다.

다섯째, 영상 콘텐츠의 설계가 중요하다. 영상은 짧은 포맷과 명확한 흐름으로 전개한다. 30~60초 안에 문제 제기 → 해결 제품 제시 → 사용 장면 → 구매를 유도하는 CTA(Call to Action, 구매·클릭을 유도하는 문구) 순서로 흐름을 잡는다. 제품 제형과 질감, 흡수 장면은 클로즈업하여 보여주고, 배경은 명화 패키지를 활용해 감성 컷을 섞으면 시각적으로 차별화할 수 있다. 특히 화장품은 제형이 중요하다. 발림성, 흡수력, 끈적임 여부를 영상으로 보여주면 소비자의 체감 상상력을 자극한다.

여섯째, 사회적 증거를 제시해야 한다. "틱톡·인스타그램에서 화제", "1분에 N개 판매" 같은 실질적인 수치를 넣고, 비포·애프터 사진과 실제 리뷰를 강조해 신뢰를 쌓는다. 소비자는 브랜드의 말보다 다른 소비자의 경험을 더 믿는다. 리뷰와 사회적 증거는 가장 강력한 설득 도구다.

한 명의 MD가
10명의 인플루언서보다 낫다

인플루언서는 일시적이지만 MD는 지속적이다. 그래서 나는 '어떻게 해서든 MD를 만나야 한다'고 강조한다. 인플루언서를 활용하면 매출은 즉각적으로 오른다. 하지만 상품의 PLC(Product Life Cycle, 상품 수명 주기)는 짧아진다. 인플루언서와의 협업은 공동구매, 할인, 프로모션에 의존하는 구조라 장기적으로는 브랜드 가치가 깎일 수 있다. 인플루언서는 제품을 '소비'시키지만, MD는 제품을 '유통'시킨다. 그래서 인플루언서 의존도를 낮추고, 직접 발로 뛰는 마케팅을 강화하라고 조언했다.

홈쇼핑과 소셜커머스 MD와의 접점을 넓히고, 온·오프라인 채널을 동시에 공략해야 한다. 특히 A처럼 화장품 사업이 처음인 경우, MD를 만날 때 '제가 잘 몰라서요'라는 태도는 치명적이다. MD 앞에서는 모르는 티를 내기보다, 이 업을 오래 해온 사람처럼 보이는 편이 낫다. 초보자 티가 나면 수수료율이나 조건에서 불리하게 끌려갈 가능성이 크다. 그래서 사전 준비가 중요하다. 우선 업계 용어에 익숙해져야 한다. 취급고, 매입원가, 객단가, 회전율, 재고 소진율, 사입, 위탁, 선매입, '가격을 흔든다', '입고가 터졌다', '밀어 넣는다' 같은 유통 용어는 기본이다. 이런 말을 못 알아듣고 멍해 있으면 안 된다.

또 MD는 감정보다 지표를 기반으로 판단한다. 그래서 이렇게 말할 수 있어야 한다.

"1차 생산 수량은 3만 개였고, 2주 만에 완판됐습니다."

"재구매율은 50%였고, 후기 평균 평점은 4.7입니다."

이런 식으로 데이터와 성과를 정보형으로 제시해야 한다. 제품의 차별점, 경쟁 제품과 다른 점을 명확하게 설명할 수 있어야 한다. "비타민C 세럼입니다."가 아니라 "물 없이 순수 비타민C만 20% 담은 세럼입니다."와 같이 말이다.

상품 기술서에도 공을 들여야 한다. 제품 이미지, 스펙 시트, 공급가, 시중 판매 현황, 업체 설립 연도, 판매 이력, 예상 판매 수량, 판매 전략을 꼼꼼하게 담아야 한다. MD는 이 자료를 통해 '이 상품이 우리 채널에서 얼마나 팔릴 것인가?'를 판단한다.

A는 과감히 결단했고, 결과는 놀라웠다. 1년 후, 확인된 성과가 나타났다. 화해, 글로우픽 같은 성분 분석 플랫폼에서 '진짜 비타민C 세럼'으로 회자되며 자발적 리뷰가 쏟아졌다. 피부과와 에스테틱에서도 제품 문의가 들어왔다. 전문가들이 먼저 알아보기 시작한 것이다. B2B 시장이 열리면 매출은 10배 이상 뛸 수 있다.

중국 인플루언서가 '한국의 숨은 보석'이라며 라이브 방송에서 소개했다는 소문도 들렸다. 20%라는 숫자는 언어 장벽도 없다. 누구에게 나 직관적이다. 한 업계 관계자는 이렇게 평가했다. "요즘 소비자들은 바보가 아니다. 예쁜 포장보다 진짜를 찾는다. 그 변화를 가장 잘 포착한 사례가 바로 이 세럼이다." 때로는 '빼기'가 '더하기'보다 강력하다. A의 세럼은 그 사실을 보여준 셈이다.

이처럼 제품의 강점을 소비자에게 명확히 전달하고, 시장에서 차별화된 입지를 구축하기 위해 6가지 전략을 설계했다. 매출 정체를 해결하는 것을 넘어, 지속 가능한 성장을 위한 기반을 만드는 것이 목표였다. 이제 A는 더 큰 비전을 품고 있다.

이 판, 아직도 뜨겁다!
지금 들어와도 늦지 않다

'화장품 사업, 아직 뛰어들 만한 시장인가?'라는 질문이 떠오를 수도 있다. 그렇다. 화장품 제조 기술이 없어도, 노하우나 업계 인맥이 전혀 없어도, 화장품 브랜드를 만들고 회사를 차릴 수 있다. 그 이유는 단순하다.

현행 법규에 따르면 화장품 포장에는 '최종 완제품을 제조한 업체'를 제조업자로 표기하고, 이를 유통·판매하는 회사를 '화장품책임판매업자(구 제조판매업자)'로 표기하도록 돼 있다. 모든 제조 공정에 참여한 업체를 표기할 필요가 없다. 통상 최종 제조업자와 책임판매업자만 표시

한다. 그래서 직접 제조하지 않아도 된다. OEM(주문자 상표부착 생산)이나 ODM(제조자 개발 생산) 업체에 맡기면 된다. 당신은 브랜드 기획과 마케팅만 하면 된다. 그마저도 컨설팅사에 맡기면 말 그대로 '땅 짚고 헤엄치기'다. 단, 품질·안전과 표시·광고, 부작용 관리에 대한 최종 책임은 여전히 책임판매업자가 부담한다.

아울러 한국의 ODM 업체들은 세계 최고 수준이다. 한국콜마, 코스맥스 같은 기업은 기술력과 생산능력이 세계적이다. 아이디어만 있다면 언제든 화장품 창업이 가능하다는 말이다. 이런 구조 덕분에 새롭게 허가받는 화장품 판매업체와 제조업체는 매년 수천 개씩 늘고 있다. 식약처 자료에 따르면 국내 화장품 생산 실적은 2010년 6조 원에서 해마다 1조 원씩 증가해 2016년에는 11조 원을 넘기고, 2025년에는 연간 17조 원을 훌쩍 넘겼다.

추정에 의하면, 한국인은 1인당 연간 66만 원을 화장품에 쓴다. 국내 성공은 해외 수출로 이어지며, 전망도 밝다. 2024년 국내 화장품 수출액은 102억 달러(한화 약 15조 원)를 기록했다. K-팝과 K-드라마도 강력한 홍보대사 역할을 하고 있다. 더 흥미로운 사실은 국내 브랜드의 화장품 대부분이 같은 제조사에서 생산된다는 점이다. 브랜드(책임판매업체) 수는 폭증해도 그들 제품의 전체 생산은 극소수 제조사가 담당한다. 그래서 기초 화장품은 성분·기능의 차이가 크지 않다.

차이는 결국 마케팅에서 갈린다. 마케팅에 자신이 있다면 화장품 지식이 없어도 진입 가능한 분야가 바로 화장품 사업이다. 개인과 작은 기업도 어렵지 않게 브랜드를 만든다. SNS만 봐도 여러 인플루언서가 자신의 브랜드를 내세워 제품을 판매한다. 전국 1,371개 매장(2024년 말 기준)을 가진 올리브영만 보더라도, 전체 입점 브랜드의 70~80%는 중소 브랜드다. 작아 보여도 돈을 잘 번다. 2014년 올리브영에서 연 매출 100억을 넘긴 브랜드는 6개뿐이었다. 하지만 2024년에는 그 숫자가 100개로 늘었다. 연 매출 100억 브랜드의 약 51%가 국내 중소기업 브랜드이다.

두 사람이 5,000만 원을 들고 서울 흑석동 반지하에 10평짜리 회사를 차렸다. 10년 뒤, 이 회사는 연매출 1,000억 원을 넘겼다. 미국 코스트코 300개 점포에 입점했고, 미국 최대 뷰티 전문 편집숍 '울타 뷰티Ulta Beauty' 온·오프라인 600개 매장에도 들어갔다. 일본 큐텐과 라쿠텐에서도 1위를 기록했다. 화장품 브랜드 마녀공장의 이야기다. 조선미녀, 라운드랩, 스킨천사처럼 개인이 시작한 브랜드도 전 세계에서 사랑받을 수 있다. K-콘텐츠의 성장과 함께 K-뷰티는 해외에서 미친 듯이 팔리고 있다. 이 판은 여전히 뜨겁다. A처럼, 세럼 하나로 시작한 누군가가 지금도 조용히 들어와 대박을 만들고 있다.

200원짜리 팔아도
남는다고?

: 죽 한 그릇 이야기

Q.

이렇게 반응이 좋은데
왜 주문은 한 건도 안 들어오는 걸까요?

장사에서 비싼 건 많이, 싼 건 조금 남을까? 장사해본 사람이라면 꼭 그렇지만은 않다는 걸 안다. 이 이야기는 200원짜리를 팔아 남겨 먹는 장사꾼의 이야기다.

N은 원래 주간보호센터에서 일하던 30대의 젊은 센터장이었다. 주간보호센터를 운영하는 일은 적성에 잘 맞았다. 어르신들이 잘 먹고 잘 지낼 수 있도록 돕는 일이었고, 그만큼 보람도 컸다. 하지만 직접 운영해보니 무엇보다 식사가 가장 큰 고민이었다. 생각해보면 집이든 시설이든 어디서나 먹는 문제가 제일 어렵다.

특히 시설에서는 다른 업무들보다도 매일 어르신들이 무엇을 드시게 할지 정하는 게 가장 힘들다. 대상자들은 고령인데다 입맛도 까다롭고, 선호도는 천차만별이다. 가리는 음식도 많고 소화력도 약해 맞는 식단을 짜는 데 선택지가 매우 제한적이다. 그렇다고 매일 같은 음식을 내놓고 싶지는 않았다. 나름 잘 준비해드려도 잘 못 드시거나 거부하는 날이면 그때마다 힘이 빠졌다.

그러다 깨달았다. 그저 그런 죽은 그냥 드시지만, '맛있는 죽'은 생각보다 잘 드신다는 사실이었다. 어르신들이 그릇을 싹 비우는 모습을 볼 때면 그동안의 고생이 보상받는 기분이 들었다. 그때 문득 '아하, 답은 맛있는 죽이구나.' 싶었다. 그가 이런 고민을 하고 있다면 전국의 요양원, 요양병원, 보호센터도 모두 같은 고민을 하고 있을 터였다. 그 고민을 해결해주는 죽이라면 사업이 될 수 있겠다고 생각했다. 어르신 모두가 선호하는 죽, 속이 편안한 죽, 한 그릇을 싹싹 비우게 만드는 죽을 직접 만들어보기로 마음먹었다.

그렇게 1년을 꼬박 죽 만드는 데 쏟아부었다. 이런저런 재료를 바꿔가며 배합 비율과 형태를 달리해 테스트했고, 곡물도 수십 번 바꿨다. 쌀가루 배합 역시 실험을 반복했다. 그 과정에서 죽가루의 완성도는 점점 높아졌고, 마침내 어르신들이 편안하게 드실 수 있고 소화도 잘되는 죽가루가 완성되었다. 죽을 개발하는 데 가장 큰 도움이 된 것은 N의 입맛이 아니었다. 시설에서 근무하다 보니 어르신들께 바로 맛을 보여주고 즉각적인 피드백을 받을 수 있었다. 말 그대로 현장에서 임상실험이 이루어졌고, 그 결과 고령자에게 최적인 맛있는 죽이 탄생했다. 바로 B 죽가루다.

죽이 특별해봤자 얼마나 특별할까? 죽가루는 다 거기서 거기 아니냐는 반문이 나올 수도 있다. 하지만 이 죽가루는 달랐다. 기본적으로 6가지 곡물이 들어간다. 옥수수, 콩, 녹두, 자색고구마, 단호박, 흑임자에다 국산 쌀가루를 섞었다.

식감은 생각보다 훨씬 중요했다. 일반인과 비교하여 환자들은 죽조차 삼키기 어려워하는 경우가 많다는 걸 현장에서 수없이 봐왔기 때문이다. 목표는 분명했다. 어떤 환자식보다도 삼키기 쉬운 죽을 만들자. 그래서 분쇄 공정에 공을 들였다. 입자가 매우 고와 입안에서 부드럽게 녹아내리도록 만들었다. 소화가 어려운 사람들도 속이 편안하다는 후기가 이어졌다.

맛 역시 놓쳐서는 안 된다. 죽 맛이 별거냐 싶지만, 일반 식사는 씹는 식감과 다양한 양념으로 차별화할 수 있는 반면, 죽은 그 자체로 밋밋한 음식이라 차별화가 쉽지 않다. 수많은 시행착오 끝에 인위적인 단맛을 배제하고도 담백하면서도 맛있는 맛을 구현해냈다.

어르신들이 자신이 개발한 이 특별한 죽가루를 드시며 만족스러워하는 모습을 볼 때마다 N은 큰 보람을 느꼈다. 그리고 마음속으로 확신했다. '이건 무조건 되겠다.' 더욱 놀라운 건 납품가였다. 죽 한 그릇 분량에 200원이다. 원물을 직접 발품 팔아 수급하고, 제조 단가를 낮추기 위해 끈질기게 섭외한 결과였다. 이 연구와 섭외에만 꼬박 2년의 시간과 정성을 쏟아부었다.

좋은데,
왜 안 팔릴까?

싸고 맛있고 건강에 좋은 제품을 만들었다고 해서 알아서 팔리면 세상 살기 참 쉬울 것이다. N은 제품을 공들여 만들었지만 대체 이걸 어떻게, 어디에 팔아야 할지 막막했다. 무턱대고 요양병원에 직접 찾아가볼까 도 생각했지만, 막상 입이 떨어지지 않았다. N은 주간보호센터를 운영 하던 사람이었지, 영업에 빠삭한 사람이 아니었기 때문이다.

그나마 떠오른 건 박람회였다. 뭘 어떻게 준비해야 하는지도 모른 채, 귀동냥으로 얻은 지식으로 참가했다. 결과는 어설픔 그 자체였다. 부스 를 찾은 사람들을 응대해야 하는데 기본적인 준비조차 되어 있지 않았 다. '이 죽이 얼마나 좋은지' 말하고 싶었지만, 정작 '고객에게 왜 필요 한지'는 생각해보지 않았기 때문이다. 무슨 말을 해야 하는지조차 정리 하지 못해, 꿀 먹은 벙어리처럼 종일 입을 다물고 죽만 휘젓고 있었다. 영업은 아무나 하는 게 아니구나 싶었다.

그런데도 반응은 나쁘지 않았다. "죽가루가 정말 부드럽네요.", "정말 맛있네요.", "가격이 200원이면 진짜 대박이에요." 이런 말들이 계속 들 려왔다. 더 신기한 건, 그렇게 반응이 좋은데도 주문은 단 한 건도 나오 지 않았다는 사실이다. 그렇게 박람회는 처절한 패배로 끝났다. 하지만 그 경험에서 하나는 분명히 배웠다. 적극적으로 나서지 않으면 아무 일 도 일어나지 않는다는 것을 말이다. 박람회가 끝난 뒤 정신을 다잡고, 직접 발로 뛰어보기로 결심했다.

우선 요양병원을 뚫어보기로 했다. 첫 번째 타깃은 요양병원 원장님들이었다. 일단 부딪혀보자는 마음이었다. 영업 체질은 아니었지만 사람을 계속 만나다 보니 조금씩 말문이 트였고, 미약하지만 말발도 늘어가는 게 느껴졌다. 그러나 돌아오는 반응은 늘 비슷했다.

"네, 연락드릴게요."

피상적인 대답뿐이었다. 감동을 주고 신뢰를 쌓아 실제 구매로 이어지기까지는 아직 멀어 보였다.

다음으로는 NGO 단체와의 협력도 고민했다. 유니세프처럼 노인 복지에 관심 있는 단체들과 손을 잡는 것도 한 방법일 수 있겠다고 생각했다. 그런 단체를 통해 확산된다면 파급력이 생길 수도 있을 것 같았다. 하지만 N은 선천적으로 사람을 만나는 일이 두려운 사람이었다. 대면 영업은 특히 어려웠다. 누구를 만나든 자신 없는 어투, 불안정한 목소리, 확신 없는 표정으로 대화를 마치고 나오면 계약은커녕 인생 공부만 하고 돌아온 기분이었다.

그래서 방향을 틀었다. 비대면 판매 전략이었다. 오픈마켓에 상세페이지를 만들고 온라인 판매를 시도했다. 라디오 광고도 하고, 택시와 버스 광고도 시작했다. 결과는 뻔했다. 반응이 없었다. 자포자기할 즈음, 나와 인연이 닿아 그의 이야기를 듣게 됐다.

무엇보다 N이 개발한 이 죽가루가 요양시설에 계신 분들의 입맛과 건강에 분명 도움이 될 거라는 확신이 들었다. 그래서 그냥 지나칠 수 없었다. 도와주고 싶었다. 그리고 몇 가지 해결책을 제시했다.

A.

제품을 팔려고 하지 말고, 문제를 해결하는 솔루션으로 접근하라

요양병원에 접근하는 방법 자체가 잘못됐다. 죽가루가 아무리 좋아도 자기 제품 이야기만 반복해서는 어필되지 않는다. 이 경우에는 전작 《왜 그 사람이 말하면 사고 싶을까?》에서 소개했던 '비용 환산법'을 쓰도록 했다. 비용 환산법은 고객이 지불하는 비용보다 우리 제품을 사용함으로써 얻는 이득이 더 크다는 사실을 숫자로 보여주는 기법이다.

죽가루와 끓인 죽, 무엇이 나을까?

한쪽에는 직접 끓인 죽을 놓고, 다른 한쪽에는 N의 죽가루를 둔 뒤 양

쪽의 비용을 환산해 비교하는 방식이다. 고객은 제품을 선택할 때 감정보다 가성비를 먼저 본다. 이 방식은 고객이 직관적으로 비교할 수 있게 만든다.

예를 들어보자. 식재료를 사서 병원 조리실에서 종일 죽을 끓인다고 가정해보면, 그 과정에는 분명 수고와 비용이 더 든다. 요양원이나 요양병원에서는 맛과 영양도 중요하지만, 그보다 더 중요한 요소가 비용 절감이다. 핵심은 고객에게 '직접 끓이는 것이 더 비싸다'는 사실을 명확히 보여주는 것이다.

800g 녹두죽을 기준으로 직접 만들었을 때의 비용을 계산해보고, N이 제공하는 녹두 죽가루를 쓸 때의 비용과 나란히 비교해보자. 여기에 재료비뿐 아니라 조리 시간, 인건비, 노동력까지 모두 비용으로 환산한다. 그리고 한 끼를 비교하는 것으로 끝내지 말고, 연 단위로 환산해 제시하면 격차는 눈에 띄게 벌어진다. 하루 수십 끼, 수백 끼의 식사를 준비하는 환경에서는 이 차이가 누적될수록 상당한 비용 절감 효과로 이어진다. 예를 들면 이렇게 말이다.

- **직접 끓인 죽(1인분 기준)**

  녹두: 500원

  쌀: 300원

  가스비: 200원

  조리시간: 30분 × 최저 시급(당시 9,860원) = 4,930원

  총비용: 5,930원

- **죽가루**(1인분 기준)

  죽가루: 200원

  끓인 물: 35원

  조리시간: 5초 x 최저 시급＝14원

  총비용: 249원

따라서 1인분당 5,681원이 절감된다. 이를 100명에게 30일간 매일 한 끼씩 제공하면 한 달에 약 1,704만 원을 아낄 수 있다.

"1인 한 끼 기준으로는 별 차이 아닌 것 같아도, 월간으로 환산하면 1,000만 원 이상 절감됩니다."

이 한 문장이 요양병원 원장의 마음을 움직인다.

이때 중요한 조건이 있다. 비용 환산법을 쓰려면 전제가 명확해야 한다. 원산지, 원물 재료 구입비, 방앗간 가공비, 사업장 규모, 하루 공급에 필요한 노동 인원 등을 구체적으로 제시해야 한다. 그 모든 조건을 감안했을 때도 우리 제품이 더 경제적이라는 사실을 수치로 보여줘야 한다. 그래야 고객은 '이 제품을 선택하는 게 더 합리적이구나'라고 납득한다.

여기에 한 가지를 더 얹어야 한다. 바로 번거로움과 기회비용이다. 요양원에서는 환자 돌봄이 가장 중요한 업무다. 그런데 죽을 끓이느라 인력이 묶이면, 그 시간만큼 다른 중요한 업무에 투입할 수 없다. 이미 바쁜 일정 속에서 간식을 만들기 위해 시간을 따로 쓰는 일이 얼마나 비효율적인지도 함께 인식시켜야 한다. 그래서 마지막 메시지는 이렇게 정리한다.

"간식까지 만드느라 애쓰지 마세요. 시간을 아껴서 더 중요한 일에 집중하세요."

우리 제품을 쓰면 얼마나 효율적이고 경제적인 선택인지 극명하게 대비시키는 것이 핵심이다. 이 양극단을 분명하게 보여줄수록 고객이 수긍할 확률은 높아진다.

N은 이 조언을 듣고 즉시 비용 비교표를 만들었다. A4 용지 한 장에 깔끔하게 정리한 그 표는 이후 영업의 가장 강력한 무기가 되었다. 원장들은 그 표를 보는 순간, "이거 언제부터 납품이 가능한가요?"라고 묻기 시작했다.

죽은 광고는 버려라

N은 라디오 광고와 차량 래핑 광고를 진행하고 있었는데, 과감히 중단하라고 조언했다. 나 역시 과거에 라디오 방송을 해본 경험이 있는데, 라디오 광고는 이미 효율이 많이 떨어진 매체다. 라디오의 시대는 지났다. 게다가 라디오 광고는 제조업이나 운수업처럼 일하면서 라디오를 듣는 특정 타깃에게만 효과가 있다. 죽 사업의 타깃은 요양병원 원장과 시설 관계자들이다. 이들은 운전 중에 라디오를 듣다가 죽가루를 주문하지 않는다.

차량 래핑 광고도 마찬가지다. 이 광고는 소비자 동선이 핵심이다. 병원이 새로 들어선 지역을 지나는 버스라면 효과가 있을 수 있다. 유동

인구가 많은 강남역에 세워둔다면 노출 효과도 기대할 수 있다. 하지만 요양원이나 요양병원처럼 특정 장소와 특정 고객을 타깃으로 하는 사업에서, 아무 데나 돌아다니는 차량에 붙인 래핑 광고는 의미가 없다. 오프라인 광고가 효과를 내려면 '노출 타깃', '타이밍', '장소'가 정확히 맞아야 한다. 오해는 하지 말자. 라디오 광고나 차량 래핑 광고 자체가 무용하다는 말은 아니다. 여전히 효과를 보는 업종도 많다. 다만 죽 아이템과는 맞지 않을 뿐이다.

그렇다면 대안은 무엇인가? 요양병원 원장들이 검색하는 키워드를 공략하라고 제안했다. '요양병원 간식 납품', '환자식 공급업체', '죽 대량구매', '시니어 식품 도매'. 이런 키워드로 네이버 파워링크나 구글 광고를 집행하는 것이 라디오 광고비 200만 원보다 훨씬 효과적이다. 실제로 필요한 사람이 직접 검색해서 찾아오기 때문이다.

또한 요양병원 관련 온라인 커뮤니티나 단체 카페에 꾸준히 정보를 제공하는 것도 방법이다. 노골적인 광고보다는 '간식 준비 시 인건비 절감하는 법' 같은 유용한 정보를 올리고, 자연스럽게 제품을 알리는 방식이다. 원장들은 같은 업계 사람들의 추천과 후기에 반응한다.

마지막으로 제품의 강점을 정리하라고 했다. N은 자기 아이템의 강점이 무엇인지조차 명확히 정리하지 못한 상태였다. 내가 신상품 자문을 갈 때마다 담당자에게 늘 하는 말이 있다. "이 제품의 장점이나 소구점을 딱 3가지만 말해보세요." 생각보다 많은 MD와 마케터가 여기서 한참을 버벅거린다. 내가 내 상품의 장점을 간명하게 정리하지 못하는데, 어떻게 고객의 머릿속을 정리해줄 수 있겠는가?

이 제품의 강점은 분명하다. 요양원과 병원은 어차피 간식을 준비해야 한다. 그런데 이 죽가루는 비용이 저렴하고, 준비 과정이 간단하며, 맛과 영양 면에서 우수하다. 가격 경쟁력, 편리함, 품질이라는 3가지를 모두 갖추고 있다. N에게 이렇게 정리하라고 했다. 첫째, 가격은 '직접 끓이는 것보다 1/10 비용', 둘째, 편리함은 '5초면 완성, 인건비 제로', 셋째, 품질은 '6가지 곡물, 국산 쌀가루, 편안한 소화'라고 말이다.

이 3가지만 명확히 전달되면 된다. 그것마저 어렵다면 리플릿(leaflet, 제품의 핵심을 담은 한 장짜리 설명서)에 정리하라고 했다. 최소한 고객이 한눈에 이해할 수 있게 만드는 것이 영업의 출발점이기 때문이다.

> **· 천재의 한 수 ·**
>
> 종이 한 장을 꺼내 당신 제품의 강점 3가지를 써라. 강점이 5개 이상 나온다면 3개로 줄여라. 고객은 뇌에 3가지 이상의 정보를 담으려 하면 과부하를 일으켜 거부 버튼을 누른다. 모든 것을 말하려는 자는 결국 아무것도 전달하지 못한다.

요양원 영업의 성패는
'누구와 통화했느냐'다

B2B 시장에서 고객사에 카탈로그만 보냈다가는 곧바로 휴지통으로 간다. 이 시장에서는 브리핑 영업briefing sales이 훨씬 효과적이다.

전화 영업은 그냥 전화하면 백전백패다

브리핑 영업은 고객사를 직접 방문해 짧고 강력한 프레젠테이션을 진행하는 방식이다. 제품의 장점을 핵심만 정리해 전달하고, 현장에서 시식·체험·시연까지 바로 이어갈 수 있다는 것이 가장 큰 장점이다. 경우에 따라서는 그 자리에서 계약으로 이어지기도 한다.

하지만 브리핑 영업의 핵심은 방문 그 자체가 아니다. 약속을 잡는 전화다. 여기서 대부분 걸러지므로 사전에 반드시 준비해야 할 것이 있다. TA Target Audience 스크립트다. 예비 고객에게 전화를 걸 때 사용할 상담 스크립트를 미리 만들어두고 전략적으로 접근해야 한다. 이 전화의 목적은 홍보가 아니다. '방문 예약'을 잡는 것이다. 전화는 약속을 만들기 위한 수단이어야 한다. N에게 이런 스크립트를 만들어주었다.

"안녕하세요. △△식품 대표, ○○○입니다. 대표님과 미팅 일정 잡으려고 연락드렸습니다."

이때는 반드시 상대방 대표와 통화하려고 노력해야 한다. 이어서 이렇게 말한다.

"가정의 달을 맞아 캠페인 차원에서 한 달치 환우 간식을 무료로 제공해드리고 있습니다. 받으실 주소와 대표님 성함만 확인하겠습니다. 저희는 택배 발송이 아니라 직접 배송을 해드리고 있어요. 간식 준비는 어차피 하셔야 하고, 비용은 전부 자체 부담하시잖아요. 저희 제품은 직접 만드시는 것보다 비용은 절반이고, 맛과 만족도는 2배입니다. 준비 시간도 라면 끓이는 것보다 빠르고 간단합니다."

마지막으로 이렇게 마무리한다.

"5분만 시간을 내주시면 직접 찾아뵙고 만드는 방법과 함께 브로슈어를 전달드리겠습니다. 다음 주 화요일 오후 2시와 4시 중 언제가 괜찮으실까요? 오후 2시에 방문해도 괜찮으시지요? 문자로 한 번 더 안내드리겠습니다. 휴대전화 번호가 010…, 그다음이 어떻게 될까요?"

이 스크립트의 핵심은 3가지다. 첫째, 판매가 아닌 무료 제공이라는 프레임이다. 둘째, 5분이라는 짧은 시간 약속이다. 셋째, 2시와 4시라는 구체적인 약속 시간 제시로 선택지를 좁히기다.

· 천재의 한 수 ·

1. **세일즈 스크립트의 규격화(Standardization):** 나만의 필승 대본을 갖춰야 영업이 감정싸움이 아닌 시스템이 된다.
2. **거절 대응 매뉴얼(Rejection Management):** 고객의 거절 형태를 유형별로 분류하여 즉각적인 답변을 응대 매뉴얼로 갖추어라.
3. **현장 복기와 실시간 업데이트(Live Feedback):** 통화나 방문 직후 즉시 상담 내용을 복기하여 어떤 포인트를 수긍했고, 어떤 멘트를 거절했는지 분석하여 스크립트를 매일 조금씩 업그레이드하라.

대표와 통화하는 것이 핵심이다

B2B 영업은 B2C 영업보다 훨씬 어렵다. 의사결정 과정이 길고, 현상 유지를 선호하는 경향이 강하게 작용하기 때문이다. 실무 담당자는 굳이 새로운 제품을 도입할 이유가 없다. 문제가 생기면 책임이 본인에게 돌아오기 때문에, 가만히 있는 편이 더 안전하다고 느낀다. 그들에게 변화는 기회가 아니라 리스크다. 그래서 반드시 대표를 직접 만나야 한다.

하위 직원에게 열정적으로 설명하는 것은 공중에 소리 지르는 것과 같다. 그들이 상급자에게 당신 제품을 당신만큼 설득력 있게 전달할 확률은 0%에 수렴한다. 의지도 없는 그들의 손에 쥐여준 브로슈어는 당신과 헤어지는 순간 책상 구석에 박힌다.

그래서 대표와 통화하는 것은 예의의 문제가 아니라 생존의 문제다. 영업 전화를 할 때는 가능한 한 대표와 직접 통화하려 애써야 한다. 많은 기업에서 영업 전화는 실무 직원이 받지만, 대표가 피곤해할까 봐 혹은 전달했다가 혼날까 봐 아예 보고하지 않는 경우도 많다. 따라서 전화를 걸 때는 마치 대표와 이미 사전 약속이 되어 있는 것처럼 기선제압이 필요하다. "대표님 계신가요?"가 아니라 "대표님 좀 바꿔주세요."라는 톤으로 말하는 것이다. 확신에 찬 목소리로 말하면 전화 받는 사람도 '아, 이 사람은 대표님과 이미 연락한 사람인가 보다' 하고 연결해주는 경우가 많다.

대표를 만나지 못하면 영업 기회는 사실상 사라진다. B2B 영업에서는 결정을 내릴 수 있는 사람과 바로 연결되느냐가 성패를 가른다. 대표를 만나게 됐다면 이미 팔부능선은 넘은 셈이다. 이제 제품을 직접 보여주면 된다. 죽가루를 가져가 간단한 시식과 조리 시연을 진행하고, 얼마나 빠르고 쉽게 준비되는지를 직접 경험하게 한다. 그 과정에서 '이렇게 편리한데 가격도 저렴하네요'라는 반응이 나오도록 만드는 것이 목표다. N은 이 방법으로 접근 방식을 완전히 바꿨다. 실무자에게 설명하느라 시간 낭비하지 않고, 오직 대표와의 통화에만 집중했다. "계약서 도장은 대표의 손에 있습니다." 나는 N에게 강력하게 말했다.

착한 조직이 내 물건을 사줄 것이라는 환상을 깨라

N이 NGO 단체와의 협업을 고민했을 때, 나는 단호하게 말했다.

"시간 낭비입니다. 그쪽은 접으세요."

나는 NGO를 컨설팅한 적이 있다. 그 경험을 통해 NGO의 내부 구조를 비교적 잘 알게 됐는데, 결론부터 말하면 이들은 죽가루를 구매할 가능성이 낮다.

NGO의 주된 목표는 학교 건립, 우물 설치, 의료 시설 확충처럼 눈에 보이는 인프라 구축이다. 소모성 식품을 지속적으로 구매하는 구조가 아니다. 후원자들에게 명확한 결과물을 보여줘야 하기 때문에 소비재보다는 장기 프로젝트에 예산을 투입하는 경향이 강하다. 게다가 NGO의 의사결정은 민간 기업보다 느리고 복잡하다. 이사회 승인, 후원자 설득, 예산 편성 과정을 거쳐야 한다. 죽가루 한 건 납품하는 데 6개월이 걸릴 수도 있다는 얘기다.

따라서 NGO를 대상으로 죽가루 영업을 시도하는 것은 비효율적일 가능성이 크다. 불필요한 공력을 낭비하기보다, 실제 구매 결정권과 예산을 가진 요양원과 병원 같은 기관을 집중적으로 공략하는 편이 훨씬 낫다. 영업에서 가장 중요한 것은 '누구를 만나느냐'가 아니라 '누가 돈을 쓸 수 있느냐'다.

상세페이지의 승부처는
0.1초의 '시각적 타격'이다

온라인에서 고객은 상세페이지를 '읽지' 않는다. '훑을' 뿐이다. N의 기존 상세페이지는 정적이고 무미건조한 사진이 대부분이었다. 도대체 왜 죽가루를 종류별로 늘어놓고 예쁘게 찍었을까? 고객은 재료보다 내 입에 들어올 완성된 한 숟가락을 먼저 상상한다. 식감이 살아 있어야 한다. 최종 조리된 죽 사진을 보여줘야 한다. N에게 말했다.

"상세페이지 상단 30cm 안에 이 3가지가 안 보이면 3초 안에 창 닫습니다. 이게 뭔지(identity), 왜 사야 하는지(benefit), 얼마나 쉬운지(efficiency) 밝히세요."

찰나의 순간에 뇌를 해킹하라

상세페이지 첫 화면hero section을 잡아야 한다. 사진 대신 김이 모락모락 나는 죽을 숟가락으로 떠올리는 GIF(Graphics Interchange Format, 움직이는 이미지) 하나만 있어도 분위기가 달라진다. 뜨거운 물을 붓자마자 걸쭉한 죽으로 변하는 5초 영상도 만들게 했다.

이미지 구성 역시 조리 전 가루 사진 대신, 완성된 죽의 윤기와 점도를 강조한 클로즈업 숏을 써야 한다. 윤기가 흐르고 김이 피어오르는 죽 표면, 숟가락에서 부드럽게 떨어지는 점도, 이 디테일이 뇌의 시상하부를 자극해 식욕을 돋군다. 여기에 감성을 섞은 카피를 얹으면 완성된다.

- "뜨거운 물 붓고 5초만 저으면 완성"
- "죽 한 그릇 만드는 데 단 5초. 하지만 이 죽가루를 만드는 데는 100시간이 걸렸습니다."
- "진정한 슬로푸드를 가장 빠른 속도로 즐기세요."

숫자로 '집단지성의 확신'을 심어라

구구절절한 설명은 변명처럼 들린다. 고객은 검증된 데이터에 설득된다. '납품 만족도 99%'처럼 거대한 숫자를 그래픽으로 표기해야 한다. 숫자의 크기는 곧 브랜드의 권위다.

- "98% 재구매율, 99% 고객 만족도, 누적 판매 2만 개 돌파"
- "사용해본 고객 100명 중 99명 추천"
- "네이버 쇼핑 리뷰 5,000개가 증명하는 맛"
- "1초에 3봉씩 팔리는 죽"

복잡함은 구매의 적, '생각 없이 끝'이 답이다

상세페이지에 레시피를 깨알같이 적는 것은 고객을 공부시키는 오만한 행위다. 조리법이 길어 보이는 순간, 소비자의 뇌는 '귀찮음'을 인지하고 이탈한다. 온라인에는 '라면보다 빠른 5초'라는 메시지만 남기면 된다. 소금이나 설탕을 넣는 세부 조리법은 배송 시 동봉하는 리플릿에서 설명하면 된다. 온라인에서는 최대한 쉽고 빠르게 보이게 만들어야 한다. 이런 식이다.

- "라면은 5분, ○○죽은 5초"

- "물 한 컵이면 한 끼 완성"

- "정성은 깊게, 조리는 가볍게"

브랜드 네이밍에 '전문가의 품격'을 입혀라

브랜드 문구 역시 손볼 필요가 있다. N의 상세페이지 상단에는 '시니어 죽가루의 명가'라고 쓰여 있었다. '시니어 죽 전문기업'으로 수정하게 했다. '죽가루'라는 표현은 아직 완성되지 않은 중간재처럼 느껴지지만, '전문기업'은 기술력과 시스템을 갖춘 솔루션 제공자의 느낌을 준다. 단어 하나로 제품의 단가와 브랜드의 격이 달라진다.

· 천재의 한 수 ·

당신의 온라인 상세페이지를 빠르게 내려보라. 그리고 3초 안에 이 질문들에 답할 수 있는지 확인하라.

1. 정체성: 제품 또는 서비스의 성격이 몇 초 안에 인지되는가?
2. 이득: 사야 할 이유(핵심 혜택)가 한눈에 들어오는가?
3. 기회비용: 제품이나 서비스 사용이 얼마나 쉬운지 직관적으로 보이는가?

이 질문들에 머뭇거린다면 당신의 상세페이지는 고객을 쫓는 허수아비다.

이런 변화들을 거치며 N은 조금씩 성장하기 시작했다. 재활·복지 전시회, 장애인단체총연합회 행사, 지역사회 장애인 보건·복지 서비스 행

사, 고령친화산업 활성화 행사, 재활의료 관련 행사 등 다양한 현장에서 새롭게 리뉴얼한 접근 방식으로 고객을 만나기 시작했고, 그만큼 반응도 달라지기 시작했다.

박리다매가 망하는 이유, 마진이 승자다

200원짜리를 팔아도 마진이 남을까? 궁금하지 않은가?

친한 후배가 노량진에서 식당을 운영한다. 고기와 야채, 밥과 각종 반찬에 국수, 빵, 샐러드, 커피까지 마음껏 먹을 수 있는데 한 끼 가격이 놀랍게도 3,200원이다. 이래도 남느냐고 물으니, 대답은 의외로 담담했다. "그래도 남아요." 얼마나 남느냐고 묻자, 이 책에 다 적을 수는 없지만 재료비, 임대료, 인건비를 빼고도 생각보다 마진이 괜찮았다.

커피 프랜차이즈들도 마찬가지다. 대부분 가격 인상을 단행하는 와중에 '킨크KiNK커피'는 아메리카노 한 잔을 900원에 판다. 담당자에게 물어보니 돌아오는 대답은 역시 같다. "그래도 남습니다." 매출은 트로피가 아니다. 한 달에 몇십 억, 몇백 억을 벌어도 앞에서 남고 뒤에서 까지면 아무 의미 없다. 지금 당신이 사업 아이템을 고르며 싼 걸 팔지, 비싼 걸 팔지 고민하고 있다면, 그 질문 자체가 잘못됐다는 이야기를 하고 싶은 것이다. 비싸다고 마진이 높은 것도 아니고, 싸다고 마진이 적은 것도 아니다.

커피 프랜차이즈 중 영업이익률이 가장 높은 곳은 놀랍게도 저가 커피 브랜드들이다. 2024년 기준 매출 순위는 스타벅스가 1위, 투썸플레이스가 2위지만, 영업이익률은 스타벅스가 6.2%, 투썸플레이스가 6.3%에 그친다. 반면 컴포즈커피는 44.4%, 메가커피는 21.7%다. 더 흥미로운 건 컴포즈커피가 대도시가 아닌, 2014년 부산 기장군 기장읍에서 시작됐다는 사실이다.

그러니 싼지 비싼지를 따지기 전에, 남는 장사인지부터 봐야 한다. 모든 장사는 결국 마진 장사다. 조금 남기고 많이 팔자는 생각은 오래 못 간다. 실제로 소사장들의 노동 시간과 수익 구조를 보면 답이 나온다.

여러 실태조사에 따르면, 소사장들은 하루 평균 약 9.8~10시간 정도 일하는 경우가 많고, 특히 숙박·음식점업은 11시간을 넘는 경우도 흔하다. 소상공인연합회가 2025년 발표한 조사에 따르면 월평균 영업이익이 208만 8,000원으로 집계되어 주 40시간 기준 최저임금 월급과 큰 차이가 나지 않는 수준이다. 심지어 2023년 실태조사에서 영업이익률은 약 12.6% 수준에 불과했다.

죽어라 일하는데 돈은 못 번다. 이게 박리다매의 현실이다. 매출보다 중요한 건 마진 구조다. 예를 들어 500원에 팔던 상품을 400원으로 낮추면, 같은 매출을 내기 위해 25%를 더 팔아야 한다. 말은 쉬워도 매출을 단기간에 25% 끌어올리는 건 결코 쉽지 않다. 그런데 실제로는 그보다 더 많이 팔아야 한다. 매입가가 300원이라면 500원에 팔 때 마진은 200원이지만, 400원에 팔면 마진은 100원으로 반 토막이 난다. 순이익을 이전 수준으로 맞추려면 매출을 2배 가까이 늘려야 한다는 뜻이다.

여기서 끝이 아니다. 팔면 팔수록 고정비와 변동비도 함께 늘어난다. 인건비, 택배비, 창고 유지비가 그렇다. 많이 팔수록 사람을 더 써야 하고, 물류비도 커진다. 여기에 물가 상승이라는 변수까지 더해진다. 원자재 가격과 유통비는 계속 오른다. 이 모든 부담은 결국 파는 사람의 마진에서 빠져나간다. 그래서 매출은 늘어도 이익은 줄고, 체력과 멘탈은 바닥이 나는 결과로 이어진다.

매출에는 3가지가 있다. 단기 매출, 중기 매출, 장기 매출이다. 지금 올리는 매출이 한 달짜리인지, 1년짜리인지, 아니면 10년짜리인지 생각해 보면 그 매출의 의미는 금방 드러난다. 지속 가능한 수익을 만들고 싶다면 매출을 보지 말고 마진을 봐야 한다. 박리다매는 규모의 경제와 자본, 물류 시스템이 갖춰진 대기업에나 가능한 전략이다. 소사장과 자영업자에게는 맞지 않는다. 이렇게 하다 떨어져나가는 사람들을 나는 수도 없이 봤다. 박리다매는 체력전이고, 자본전이며, 소모전이다. 그리고 대부분 패전으로 끝난다.

이 이야기를 들으며 '하루 벌어 하루 먹고살기도 벅찬데 무슨 마진 타령이냐'고 생각하는 분도 있을 것이다. 그렇다면 되묻고 싶다. 하루 벌어 먹고사는 방법이 장사와 창업, 자영업밖에 없는가? 아르바이트도 있다. 장사는 철학이 있어야 한다. 사업은 이윤 추구 활동이다. 하나를 팔아도 재미가 있어야 한다.

많이 팔리는 것보다 많이 남는 것을 팔아야 한다. 내가 아는 사업가들은 나를 만나면 늘 이렇게 묻는다. "요즘 맛있는 거 있어요?" 우리끼리 쓰는 말인데, 요즘 마진 괜찮은 아이템 있냐는 뜻이다. 이제는 대수의 법칙이 아니라 타율을 따지는 시대다.

N은 처음에 죽가루를 150원에 팔까 고민했다. 50원을 더 내려 경쟁력을 높이자는 생각이었다. 하지만 계산해보니 같은 마진을 얻으려면 판매량을 2배로 늘려야 했다. 하루 생산 능력은 한계가 있었다. 결론은 명확했다. 50원 내리면 망한다. 그는 오히려 가격을 200원으로 유지하고, 한 박스 주문 시 2개를 무료로 증정하는 것으로 방향을 틀었다. 고객은 '싼값'보다 '공짜'에 더 반응했다. N은 이제 인정한다.

"문제는 가격이 아니라 구조였습니다."

당신의 사업은 지금 '잘 팔리는 것'을 팔고 있는가, '많이 남는 것'을 팔고 있는가? 결국 마진이 승자다.

골프채 닦아
월 1,000만 원 번다!

: 골퍼들이 지갑을 여는 이유

Q.

어떻게 이 제품을 '있으면 편한 기계'가 아니라
'없으면 손해인 장비'로 설득할까요?

골프를 좋아하는 사람이라면 다들 공감할 것이다. 라운드를 도는 동안에는 잘 모르지만, 끝나고 클럽을 보면 상태가 참혹하다. 흙과 잔디, 이물질, 때까지 온갖 것이 덕지덕지 붙어 있다. 처음에는 티슈로 쓱쓱 닦다가 물티슈를 꺼내고, 그래도 안 되면 물을 묻혀 박박 문지른다. 그러다 결국 포기한다. '아, 그냥 다음에 닦지 뭐.'

그런데 그 '다음'이 언제인지 알고 있는가? 보통은 다음 라운드 당일 아침이다. 출발 10분 전, 부랴부랴 가방을 열어보면 지난번에 묻었던 흙이 그대로 클럽에 남아 있다. 그제야 또 후회한다. '아, 미리 좀 닦아둘걸….'

생각해보면 이상하다. 자동차는 자동세차기에 넣고, 안경은 초음파 세척기로 닦는다. 운동화도 전용 관리기가 있어 건조부터 탈취, 제습까지 해주는 시대다. 그런데 골프채는 왜 여전히 사람이 손으로 일일이 닦아야 할까? 게다가 클럽 가격은 만만치 않다. 아이언 세트만 해도 100만 원이 훌쩍 넘고, 드라이버와 퍼터까지 더하면 금액은 더 커진다. 신발이나 안경보다 훨씬 비싼 물건을 우리는 여전히 수건 하나 들고 아날로그 방식으로 관리하고 있다. 이상하지 않은가?

여기서 G가 아이디어를 떠올렸다. 이렇게 귀찮고 힘든 일을 간편하게 해결하는 아이템을 만들어보자는 생각이었다.

한 번에 11개 클럽을, 원터치로 깨끗하게

답은 초음파였다. 안경점의 초음파 세척기처럼, 초음파로 골프채를 세척하면 어떨까? 미세한 진동으로 안경의 틈새까지 깨끗하게 닦아내는 원리를 골프채에 적용해보자는 발상이었다. 초음파라면 클럽의 미세한 홈과 각인된 로고 사이까지도 깊숙이 씻어낼 수 있다. 무엇보다 안경 렌즈에 흠집을 내지 않듯 비싼 골프채 표면을 손상시키지 않는다는 점이 결정적이었다.

그렇게 연구를 거쳐 골프채 전용 초음파 세척기가 탄생했다. 기능은 단순하면서도 명확하다. 한 번에 최대 11개의 클럽을 동시에 넣고 버튼 하나만 누르면 끝이다. 강력한 초음파로 찌든 때를 말끔히 제거하고, 세척이 끝나면 UV 살균으로 관리하며, 발열판을 통해 건조까지 된다. 골프채뿐 아니라 골프화, 장갑, 모자도 함께 소독할 수 있다.

G가 처음 노린 곳은 3곳이었다. 첫째는 골프장, 즉 컨트리클럽이다. 라운드가 끝난 뒤 바로 골프채를 세척할 수 있다. 골프장이 회원들에게 무료 서비스로 제공한다면 고객 만족도는 올라가고, 프리미엄 서비스를 제공하는 차별화된 클럽으로 자리 잡을 수 있다. 유지·보수 비용만 부담하면 되니 도입 부담도 크지 않다고 판단했다.

둘째는 골프 연습장이다. 사실 대부분의 연습장에서는 클럽을 세척할 방법이 없다. 사용자가 직접 닦거나 더러워진 채로 가방에 넣어 집으로 가져가는 경우가 대부분이다. 그런데 '여기서는 클럽까지 관리할 수 있다'는 인식이 생긴다면 자연스럽게 고객 유입이 늘어날 수 있다. 더 중요한 건 이 기기를 자판기처럼 유료로 운영할 수 있다는 점이다. 연습장 입장에서는 초음파 세척기를 통해 부가 수익을 만들 수 있다.

셋째는 스크린 골프장이다. 실내에서 쳐도 클럽은 여전히 더러워진다. 그립에는 땀이 묻고 손때가 끼며, 페이스에는 먼지가 쌓인다. 보통 스크린 골프장에서는 이런 부분까지 신경 쓰지 않는다. 하지만 스크린 골프장에서 골프채까지 씻어주는 곳이 있다면 이야기는 달라진다. G는 여기서 차별화를 두었다. 다른 업장과는 다른 경험을 제공할 수 있기 때문이다. 스크린 골프장은 무인 시스템이 많은 만큼, 카드 결제 방식으로 운영하면 관리도 수월하다. 사용자가 직접 카드를 태그하고 세척하면 된다. 편리한 위생 관리라는 새로운 가치를 제공하는 셈이다.

다만, 초기 기기 장만 비용이 만만치 않다는 점이 걸림돌이었다. 그래서 구매가 아니라 렌탈 방식도 고려했다. 초기 비용 없이 월 24만 원으로 사용 가능하고, 3년간 부담 없이 사용한 뒤에는 소유권이 이전되는 방식이다. 이 구조라면 골프장 입장에서도 진입 장벽이 확 낮아진다. 큰 돈이 한 번에 들지 않고, 설치해둔 뒤 실제 수익을 내면서 유지할 수 있는 시스템이기 때문이다. 이 지점에서 비로소 꽤 매력적인 비즈니스 모델이 될 수 있겠다는 확신이 생겼다.

문제는 그다음이었다. 지금까지는 개발과 테스트에 집중하느라 현장에 직접 나가보지 못했다. 이제부터는 발로 뛰어야 할 차례였다. 그런데 업장들이 이 기기를 '있으면 좋은 장비'가 아니라 '없으면 손해인 장비'로 느끼게 하려면 어떻게 해야 할까? 이걸 단순한 편의 장비가 아니라 돈이 되는 사업으로 어떻게 포장해야 할지 뾰족한 수가 아직 보이지 않았다.

내가 이때 처음 G와 만났다. 아직 본격적인 영업을 시작하기 전이었기에 첫 단추를 어떻게 채우느냐가 무엇보다 중요했다. 그래서 영업 방향부터 잡았다. 어디에 팔 것인지, 무엇으로 설득할 것인지, 그리고 그 모든 메시지를 한 장에 담아낼 리플릿까지 하나하나 점검하기 시작했다.

A.

유사성 효과와
누드기법을 활용하라

시장에 기존에 없던 상품이 나올 때, 실패하는 전략과 성공하는 전략은 분명하다. "이런 건 세계 최초입니다. 신기하죠?"라고 말하면 대체로 망한다. 비즈니스 세계에서 처음이라는 말은 검증되지 않은 위험과 동의어다. 이때에는 "요즘 다들 이거 하고 있는데, 아직 모르셨어요?"라고 말해야 한다. 당신이 강조해야 할 것은 희귀함이 아니라 소외감이어야 한다. 사람은 스스로 판단하기보다 집단에서 뒤처지지 않으려고 주변 사람들이 하는 선택을 그대로 따라가려는 경향이 있다. 이 심리를 건드려야 한다.

나는 G에게 영업의 프레임을 완전히 바꾸라고 주문했다.

"요즘 대부분 골프장이 다 설치하고 있습니다."

"이미 여러 곳에서 계약이 들어가서 지금 신청하셔도 몇 달은 기다리

서야 합니다."

"지금 안 하시면 나중엔 순번이 한참 밀릴 겁니다."

핵심은 이거다.

"당신만 놓치고 있어요! 요즘 이게 대세입니다."

이런 분위기를 만들어야 한다. 골프장 업주들이 '나만 안 하면 뒤처진다'고 느끼는 순간, 계약은 성사된다. 요즘 고객들은 모험을 좋아하지 않는다. 리스크를 최소화하고, 이미 남들이 검증한 선택만 하려 한다. 이를 마케팅에서는 유사성 효과similarity effect라고 부른다. 사람은 자신과 비슷한 사람을 신뢰한다. 세일즈에서도 마찬가지다. 고객이 우리와 유사성을 느끼는 순간, 경계는 낮아지고 반응은 훨씬 부드러워진다. 그렇다면 유사성을 어떻게 고객에게 심을까?

"저도 골프장을 운영하는데, 이거 설치하고 수익이 미친 듯 늘었습니다."

"저희 가족도 골프 연습장을 하는데, 이 제품 덕분에 매출이 올라갔습니다."

"이미 전국 여러 골프장과 연습장에서 사용 중입니다. 실제 사례를 보여드릴까요?"

고객은 늘 '다른 곳에서 이미 성공했다'는 이야기를 원한다.

이미 설치한 골프장이 있다면, 그 데이터를 적극적으로 써야 한다.

"서울 ○○골프 연습장에서는 하루 방문자의 20%가 사용하고, 일 매출이 300만 원 이상 늘었습니다."

여기서 두 번째 중요 포인트가 있다. 말만으로 누구는 만리장성을 못

쌓겠는가? 일 매출이 얼마라고 떠들어본들 고객은 콧방귀도 안 뀐다. 증거를 보여줘야 한다. 누드기법 **nude technique**이 답이다. 실제 매출이 찍힌 통장을 보여주는 것이 최고다.

골프장 업주가
원하는 건 '돈' 뿐

리플릿을 살펴보니 문제가 분명했다. 사용 방법과 제품 스펙에만 집중되어 있었다. 하지만 구매를 결정하는 골프장 업주들이 진짜 궁금해하는 건 그게 아니다. 그들은 단 하나를 묻는다.

"이거 설치하면 돈이 될까요?"

그래서 접근 방식을 바꿔야 한다.

"이건 골프채 세척기가 아닙니다. 새로운 수익 모델입니다."

"한 대만 설치해도 하루 300만 원 이상의 추가 매출이 가능합니다."

"관리 부담 없이 자동으로 돈 벌어주는 시스템입니다."

이 제품은 반드시 '돈 버는 기계'로 보여야 한다. 이 관점에서 접근하면 포인트는 크게 3가지다.

첫째, 골프장을 운영하는 입장에서 가장 중요한 건 회원 만족도다. 골프장마다 서비스 차별화는 필수다. 회원들이 '이 골프장은 뭔가 다르다'라고 느끼게 만들어야 한다. 그중 하나가 무료 골프채 세척 서비스다. "우리 골프장에서는 라운드 후 골프채 세척 서비스를 무료로 제공합니다." 이 한 문장만으로 반응은 달라진다. 라운드가 끝난 뒤 집에 가서 다시 닦을 필요 없이, 골프장에서 바로 깔끔하게 관리해준다면 그 자체가 프리미엄 서비스다. 회원 유치에도 유리하고, 기존 회원의 만족도 역시 확실히 올라간다.

둘째, 골프 연습장에는 수익 모델로 접근해야 한다. 세척 서비스를 무료가 아니라 유료로 운영하면 이야기가 달라진다. 클럽을 깔끔하게 관리하고 싶은 사람들에게는 충분히 지불할 만한 서비스가 된다. 업장 입장에서는 별다른 노력 없이 추가 수익이 생긴다. 예를 들어 한 번 사용하는 데 소요 시간이 5분, 이용료를 3,000원으로 설정한다고 가정해보자. 하루 30명만 사용해도 한 달에 270만 원의 추가 매출이 나온다. 결코 작은 금액이 아니다.

셋째, 관리 부담이 거의 없다는 점을 강조해야 한다. 일부 골프장에서는 직원이 직접 클럽을 닦아주기도 한다. 하지만 그것은 시간도 들고 인건비 부담도 크다. 반면 초음파 세척기는 직원이 손으로 하나하나 닦을 필요가 없고, 운영이 훨씬 효율적이다. 골프장 입장에서 보면 시간은 절약되고 비용은 줄어든다. 결국 이 모든 장점을 숫자로 환산해서 보여주면 된다. 수익으로 설명하면 즉시 이해한다.

다만, 현실적으로 가능한 것과 불가능한 것은 반드시 구분해야 한다. 초반 계약을 따내기 위해 무리한 약속을 했다가는 나중에 반드시 문제가 된다. 특히 법적 리스크를 관리해야 한다. 영상과 리플릿은 기록으로 남는다. 말과 달리 법적 증거가 된다. 그래서 더 조심해야 한다.

먼저 표시·광고 심의 규정부터 체크한다. 예를 들어 '일 매출 300만 원 보장!' 같은 확정적 표현은 절대 쓰면 안 된다. 대신 '예상 수익'이라는 표현을 사용하고, 하단에는 '○○명 사용 시 예상 수익'이라는 단서를 명확히 넣어야 한다. 또한 '이용 인원과 사용 시간에 따라 수익은 달라질 수 있음' 같은 단서 조항도 필수다.

팔리는 언어, 설득 화법을 익혀라

업주가 브로슈어를 보고 바로 설득되면 좋겠지만, 그런 일은 상상 속에서나 가능하다. 현실에서는 잘 만든 설득 화법이 모든 걸 가른다. 제품 설명만 늘어놓다가는 금세 쫓겨난다. 고객이 얻는 이익을 분명히 보여줘야 하고, 고객의 고민을 대신 해결해주겠다는 태도로 접근해야 한다. 다음은 실제 현장에서 쓸 수 있는 세일즈톡 예시다.

"사장님, 새로운 수익원을 하나 더 만드신다고 생각하면 됩니다. 이 세척기는 설치 이후 관리와 유지 보수까지 전부 저희가 맡습니다. 사장님께서 특별히 신경 쓰실 것도 없고, 추가 인력이 필요하지도 않습니다. 바닥에 A4 용지 8장 깔아놓을 공간만 내주시면 됩니다."

"이 제품은 쉽게 말해 현금 인출기입니다. 그냥 세워두기만 해도 매일 현금이 쌓입니다. 연금 같은 장비라고 보셔도 됩니다. 황금알을 낳는 거위를 떠올려보세요. 거위는 사료도 주고 물도 줘야 합니다. 그런데 이 장비는 소량의 전기료만 있으면 됩니다."

"한 번 설치하면 이후에는 자동으로 돌아갑니다. 추가 인건비도 없고, 관리 부담도 거의 없습니다. 매일매일 수익이 쌓이는 구조입니다. ATM 기기처럼 돌아가는데, 차이가 있다면 돈을 뽑아가는 게 아니라 계속 벌어다준다는 점입니다."

"이 장비 하나로 고객 불편은 줄고, 만족도는 올라갑니다. 사람들이 더 오래 머물고, 더 자주 찾는 곳이 됩니다. 기계를 들이는 게 아니라 매출을 키우는 투자를 하는 겁니다."

"직원을 한 명 고용하는 데 드는 비용이 얼마인지 아시죠? 이 제품은 한 달 인건비도 안 들면서 하루 24시간 일합니다. 아프지도 않고, 쉬지도 않고, 불평도 없습니다. 사장님이 출근하지 않아도 묵묵히 수익을 만들어줍니다."

"매장 공간은 전부 돈입니다. 그런데 이유 없이 놀리는 자투리 공간, 그냥 비워두실 건가요? 화분 3개 놓을 공간이면 충분합니다. 화분은 돈을 벌어주지 않지만, 이 장비가 놓인 공간은 매일 매출을 만들어줍니다."

이런 세일즈톡 스크립트를 만들어 직원들과 공유하고, 반복적으로 교육해야 한다. 직원들에게 실제 상황에 맞춰 응대하는 연습을 시켜라. 서로 역할극을 하는 것도 좋다. 그렇게 하나씩 전국 골프장을 점령해나가는 것이다.

악어보다 악어새가
더 많이 먹는다

이 좁은 나라에서 골프가 국민 스포츠가 될 줄은 몰랐다. 어느새 시장 규모가 22조 원을 넘어섰다. 《한국 골프산업백서 2024》에 따르면, 2023년 기준 한국 골프 시장 규모는 약 22조 4,330억 원으로 추산된다. 이 중 본원 시장은 약 8조 1,750억 원(36.4%), 파생 시장은 약 14조 2,950억 원(63.6%)이다. 핵심 산업보다 주변 산업이 더 커지고 있다는 뜻이다. 악어보다 악어새가 더 많이 먹고 있는 셈이다.

골프를 즐기는 인구도 700만 명을 넘는다. 서울 시민 둘 중 한 명은 골프를 친다는 이야기다. 스크린 골프 시장 역시 빠르게 성장하고 있다. 2020년 약 1조 5,000억 원에서 2023년 약 2조 3,590억 원 수준으로 커졌다. 또한 필드 골프와 스크린 골프를 동시에 즐기는 골퍼 비율이 64%에 달한다는 점은 두 시장이 보완적으로 성장하고 있음을 보여준다.[1]

온라인 채널의 영향력도 커졌다. 골프 클럽 시장에서 온라인 판매 비중은 2019년 23%에서 2023년 32%까지 상승했다. 비대면 구매 증가와 젊은 골퍼의 유입이 주요 원인이다.[2] 다시 말해 골프 시장은 여전히 매력적이다.

골프채 세척기라는 아이템은 아직 생소하다. 하지만 골프 인구 증가와 장비 관리에 대한 관심 확대를 고려하면 성장 잠재력은 충분하다. 중고 골프 거래 시장 규모만 해도 약 5,000억 원으로 추정된다. 이는 골프채 관리와 유지에 대한 관심이 그만큼 커졌다는 방증이다.[3] 관련 제품 수요는 늘어날 수밖에 없다.

따라서 골프채 세척기가 골프장과 연습장에 필요한 이유는 단순하다. 회원은 프리미엄 서비스를 경험할 수 있고, 업장은 새로운 수익 모델을 만들 수 있다. 운영 부담은 줄고, 효율은 극대화된다. G의 세척기는 단순한 편의시설이 아니다. 골프장의 운영 방식을 바꾸는 솔루션이다.

경쟁은 점점 치열해지고 있고, 업장들은 부가가치를 높일 방법을 찾고 있다. 이 흐름을 먼저 타느냐, 나중에 따라가느냐의 차이만 남았다. G의 비즈니스가 업계에 새로운 수익을 만들고, 고객 만족도를 높이며, 골프장의 경쟁력을 끌어올리길 바란다.

· 천재의 한 수 ·

1. 당신의 언어를 팔지 말고 타인의 숫자를 팔아라. 누군가 터뜨린 잭팟은 확실한 유혹의 도미노다.
2. 100명을 쫓지 말고 한 명의 '누드 증거'를 확보하라. 한 명의 확실한 성공 사례는 고객 확신의 마침표다.
3. 당신의 입으로 말하지 말고 남의 결과를 팔아라. 오늘 기旣고객의 수익 통장은 내일 잠재 고객의 미래다.

·04·

집에서 만든 넥타이, 명품이 되다

: 공장 없는 명품의 탄생

Q.

광고비는 쓰고 있는데,
'다시 사게' 만드는 결정타가 없어요

어떤 비즈니스는 자신의 아픈 경험에서 태어나기도 한다. 국내 기능성 속옷 스타트업 '단색'의 황태은 대표는, 본인과 딸이 생리대·속옷 때문에 겪었던 불편함을 해결하기 위해 생리팬티 '컴포트에어'를 직접 개발했고, 2017년 론칭 이후 빠르게 성장해 2023년 기준 연 매출 100억 원대 브랜드로 성장했다. 개인의 불편을 시장의 크기로 바꾼 사례다.

T의 넥타이 사업도 이와 크게 다르지 않다. 그에게는 넥타이 때문에 중요한 순간을 망칠 뻔한 경험이 있다. 지금은 웃으며 말할 수 있지만, 그때를 떠올리면 아직도 얼굴이 붉어진다.

중요한 미팅이 있던 날이었다. 평소보다 더 신경 써서 정장을 차려입고, 가장 비싼 넥타이를 골라 맸다. 문제는 매듭을 이상하게 맨 줄 몰랐다는 것이다. 미팅 내내 상대방이 자꾸 그의 목을 바라봤던 이유였다.

결국 상대가 조심스럽게 한마디 했다.

"넥타이 좀 다시 매셔야겠는데요?"

미팅의 주제는 자연스럽게 넥타이로 옮겨갔다. 상대방은 넥타이에 대한 안목이 상당했고, T의 옷차림에 어울리는 색상과 패턴에 대한 조언이 이어졌다. 미팅을 하고 나온 건지, 넥타이 강의를 듣고 나온 건지 모를 정도였다. 예민한 성격이라 더 창피했고, 나름 넥타이를 좋아하고 많이 갖고 있다고 생각했던 터라 자존심도 크게 상했다.

그때 이런 생각이 들었다. '넥타이 하나 때문에 이렇게 중요한 순간을 망칠 수도 있구나. 그렇다면 실수 없이, 부담 없이, 편하게 맬 수 있는 넥타이가 있으면 좋지 않을까?' 넥타이는 첫인상에 생각보다 큰 영향을 준다. 요즘 누가 넥타이를 매느냐고 말할 수도 있지만, 비즈니스 자리니 공식적인 모임에서 넥타이는 여전히 신뢰감과 전문성, 세련됨을 상징한다.

그날 이후 T는 넥타이를 유심히 보기 시작했다. 제대로 매는 법을 익히고, 좋은 넥타이의 조건이 무엇인지 고민했다. 그 과정에서 몇 가지 사실을 알게 됐다. 고급 넥타이는 확실히 좋지만 가격이 부담스럽다는 점, 반대로 저렴한 넥타이는 쉽게 망가진다는 점이다. 인터넷에서 5,000원짜리를 사봤더니 한 달도 안 돼 올이 나가고 형태가 무너졌다. 무엇보다 재질과 형태에 따라 맸을 때 느낌이 완전히 달라진다는 사실이 인상적이었다. 같은 정장을 입어도 넥타이 하나로 분위기가 180도 바뀐다. 그러다 문득 이런 생각이 스쳤다.

'이거, 잘하면 사업이 되겠는데?'

아이디어를 주변에 이야기해보니 반응은 예상보다 뜨거웠다. 넥타이를 헐겁게 매서 모양이 흐트러졌던 사람, 중요한 자리에서 얼룩진 넥타이 때문에 곤란했던 사람, 고급 넥타이를 아끼느라 정작 필요할 때 유행이 지나 사용하지 못한 사람들까지…, 넥타이 하나로 겪은 경험담이 쏟아졌다. 넥타이가 사람에게 미치는 영향이 생각보다 크다는 걸 실감했다. 그 순간, 확신이 생겼다.

T가 내린 첫 번째 결론은 넥타이가 소모품이라는 사실이다. 넥타이 비즈니스가 과연 돈이 될지 고민은 됐지만, 분명히 수요가 존재한다고 생각했다. 넥타이는 한 번 사서 오래 쓰는 제품이 아니다. 몇 개월만 지나도 실밥이 풀리고, 형태가 틀어지고, 얼룩이 생기거나 색이 바랜다. 트렌드에서도 금세 멀어진다. 하루에도 여러 번 고객을 만나는 영업사원이라면 더더욱 그렇다.

분위기에 따라, 함께 입는 옷에 따라 넥타이는 달라져야 한다. 그렇다고 매일 넥타이를 바꿔 맬 수 있을 만큼 많이 갖추는 건 현실적으로 어렵다. T는 여기서 다시 질문을 던졌다.

"넥타이를 매일 바꿔도 부담 없는 가격이라면 어떨까?"

비싸지는 않지만 품질은 괜찮고, 색상은 다양하며, 코디 걱정 없이 돌려가며 사용할 수 있다면 가장 좋을 것이다. 이 질문이 T의 넥타이 사업을 본격적으로 움직이게 만든 출발점이었다.

당신이 만든 넥타이는 뭐가 달라? T의 전략 3가지

사업을 시작하기 전, T는 나름대로 전략을 세웠다. 온라인 쇼핑몰에서 넥타이를 파는 것이니, 고객이 염려하는 지점을 정확히 공략하면 된다고 생각했다.

첫째, 가격으로 승부하자. T의 넥타이는 가성비가 압도적이다. 넥타이 하나 살 돈으로 T가 만든 넥타이 3, 4개는 살 수 있다. 그렇다고 퀄리티가 떨어지느냐 하면 그렇지도 않다. 관리가 쉽고 구김도 덜 가며, 마구 사용해도 형태가 크게 망가지지 않는다. 색상과 패턴도 쨍한 쪽으로 다양화해 라인업을 넓혔다. 매일 매도 부담 없고, 상황에 따라 바꿔 내기 좋은 넥타이다.

둘째, 사진의 양으로 승부하자. 온라인 쇼핑은 결국 '믿고 사는 것'이 관건이다. 패션 잡화는 특히 그렇다. 받아보면 실물이 달라 실망하는 경우가 많다. 그래서 다른 쇼핑몰보다 압도적으로 많은 사진을 올렸다. 다양한 각도에서 촬영한 컷은 기본이고, 실내외 조명 차이에 따른 느낌, 실제 착용 모습까지 최대한 세밀하게 보여줬다. 어떤 제품은 사진이 20장이 넘었다. 고객이 화면으로 보는 것만으로도 매장에 나가 직접 착용해본 것처럼 느끼도록 한 것이다.

셋째, 무료 교환과 무료 반품으로 장벽을 낮추자. 온라인에서 넥타이를 살 때 가장 높은 허들은 '이미지로 보던 것과 다르면 어떡하지?'라는 불안이다. 그래서 안심하고 주문할 수 있도록 장벽을 최대한 낮췄다. 무료 교환, 무료 반품 서비스가 있으니 마음에 안 들면 부담 없이 돌려보내라고 했다. 물론 이 정책이 양날의 검이라는 건 T도 알고 있었다. 매출을 끌어올리는 데는 도움이 되지만, 동시에 운영 측면에서는 부담되기도 한다. 하지만 초반에는 고객의 신뢰를 얻는 게 우선이라고 판단했다.

그런데
뭔가 이상했다

여기까지 준비를 마쳤지만 막상 쇼핑몰을 오픈하고 나니 여전히 질문이 남아 있었다. 첫째, 고객 유입을 어떻게 만들 것인가? SNS 광고를 열심히 돌려서 광고비는 무섭게 나가는데, 체감 효과는 기대만큼 나오지 않았다. "이 광고를 본 당신, 넥타이 하나만 바꿔도 인상이 달라집니다!"라는 문구처럼 강하게 갈지, "가성비 넥타이, 이 정도면 인정이죠?"라는 문구처럼 친근하게 갈지 방향도 애매했다. 사람들이 클릭은 하는데, 구매로 이어지지 않았다.

둘째, 고객 이탈을 어떻게 막을 것인가? 사이트에 들어와 제품을 장바구니에 담아두고 그냥 떠나는 사람이 많았다. '나중에 사야지' 하고 미루는 고객은 경험상 다시 돌아오지 않는다. 장바구니에 담으면 추가 할인 쿠폰을 줄지, "이 제품, 지금 5명이 보고 있습니다." 같은 문구로 긴급성을 알릴지 손써야 했다. 그런데 이것도 효과가 있을지 확신이 서지 않았다.

셋째, 망설이는 고객에게 어떻게 확신을 줄 것인가? 무료 교환·반품을 전면에 내세울지, '영업사원들이 가장 많이 찾는 넥타이' 같은 문구를 넣을지, 실구매자 리뷰를 최대한 많이 노출하는 게 좋을지 생각할수록 머리가 복잡해졌다. 아직 리뷰가 많지 않은 상황에서 뭘 먼저 해야 할지 감이 잡히지 않았다.

T는 뭔가 잘못됐다는 느낌이 들기 시작했다. 전략은 틀리지 않았는데, 결과는 기대에 못 미쳤다. 고객은 한 번 사고 다시 돌아오지 않았다. '다시 사게' 만드는 결정타가 없었다.

내 목표는 분명했다. T가 론칭한 이 넥타이를 고객이 부담 없이, 망설이지 않고 선택하게 만드는 것이다. 이 문제를 어떻게 풀어갔는지 차근차근 설명해보려 한다.

마케팅 천재가 풀다

A.

가성비를 버리고
넥타이를 '브랜드'로 만들어라

넥타이 가격이 개당 1만 원대 중반이면 분명 저렴한 편이기는 하다. 그렇다고 해서 이 제품을 저관여 상품으로 단정할 수는 없다. 문제는 메시지의 방향이다.

쇼핑몰 문구를 점검해보니 "고급 실크 타이는 아니지만 이 가격", "가성비가 정말 좋다.", "백화점 넥타이 하나 값에 3개!" 같은 표현이 가장 먼저 눈에 들어온다. 이러면 고객은 이 브랜드를 자연스럽게 '저렴한 제품'으로 인식한다. 심지어 '쓰다가 세탁할 바엔 그냥 버려도 되겠다'는 생각까지 하게 만들 수 있다. T가 의도한 것과 정반대다.

가성비를 강조하면
브랜드에 독약이다

넥타이는 그렇게 쉽게 버리는 소모품이 아니다. 하루에도 여러 사람을 만나야 하는 직장인, 특히 영업사원들에게 넥타이는 패션의 중심이고 첫인상을 좌우하는 핵심 아이템이다. 그래서 아이러니하게도, 싸기만 하면 또 안 산다. 1만 원대 중반이라는 가격은 어중간하다. 차라리 5,000원짜리 자동 지퍼 넥타이를 사거나, 몇만 원을 더 주고 브랜드 제품을 고를 가능성이 크다. 이대로라면 이 제품은 '어중간한 포지션'에 갇힐 위험이 크다.

단기 매출만 볼 것인가, 오래가는 브랜드로 만들 것인가?

단기 매출만 보고 전략을 짜서는 안 된다. 브랜드를 키우려면 단기·중기·장기 전략이 함께 가야 한다. 바디프랜드를 떠올려보자. 초기에는 1만 원대의 저렴한 렌탈료로 시장의 문을 열었지만, 그들이 강조한 것은 가성비가 아니었다. '프리미엄 안마의자'라는 이미지를 먼저 만들었고, 그 이미지를 기반으로 가격을 점점 끌어올렸다. TV 광고에서 유명 연예인을 모델로 내세워 '집에서 즐기는 프리미엄 케어'라는 메시지를 반복했다. 렌탈료가 저렴한 이유는 합리적인 시스템 덕분이라고 설명했다. 지금은 초기와 비교할 수 없을 만큼 높은 렌탈료를 받으면서 시장을 장악하고 있다. 브랜드 이미지를 먼저 구축했기 때문이다.

넥타이도 마찬가지다. 우리가 목표해야 할 포지션은 '저렴한 넥타이'

가 아니라 '합리적인 가격에 고급스러운 넥타이'다. '넥타이는 어디에서 살까?'라는 질문이 떠오를 때 자연스럽게 "○○ 브랜드 있잖아."라는 대답이 나오게 만들어야 한다. 한 번 저가 이미지로 굳어지면, 이후 어떤 고급 제품을 내놔도 소비자는 쉽게 인정하지 않는다.

가격이 싸다고 먼저 말하지 마라

가격이 싸다는 사실을 먼저 인정할 필요는 없다. 오히려 품질을 중심으로 메시지를 재정렬해야 한다. 가격이 합리적인 이유를 유통 구조 절감, 원가 효율화, 직판 구조 같은 논리로 설명하면 고객은 이를 '똑똑한 소비'로 받아들인다. '싸다'가 아니라 '가치 있다'로 인식이 바뀐다.

이 제품의 강점 중 하나는 광택감이다. 실크 원단이 아니라는 점을 굳이 약점으로 만들 필요가 없다. 오히려 '어떤 조명 아래에서도 살아나는 광택'이라는 장점으로 포장하면 된다. 실크가 아니어서 세탁이 쉽고 구김이 덜 간다는 것도 강점이다. '실크처럼 예민하지 않아 매일 사용해도 형태가 유지됩니다'라고 말하라. 단점은 설명하면 약점이 되지만, 해석하면 차별점이 된다.

고객은 가격을 보지 않고 당신이 정한 '격'을 본다

단기적으로는 가성비를 앞세우는 전략이 통할 수 있다. 하지만 장기적으로는 브랜드의 성장을 가로막는다. 가격 경쟁으로 가면 끝이 없다. 더 저렴한 제품은 언제든 나올 수 있고, 그때마다 가격을 낮추면 브랜드는 무너진다. 고객에게 '싸다'라는 인식 대신 '어떻게 이 가격에 이런 품질이 가능할까?'라는 질문을 던지게 만들어야 한다.

그렇다면 메시지를 어떻게 바꿀 것인가? 팔리지 않는 쇼핑몰은 제품을 설명하지만 팔리는 쇼핑몰은 고객의 인식을 설계한다. T의 쇼핑몰에서 값싼 이미지를 걷어내고 체급 상승의 논리를 입히는 메시지로 바꿔주었다. 이렇게 말이다.

- "영업 전문가 500명이 선택한 전투용 슈트의 완성"
- "실크의 쨍한 광택, 폴리에스터의 강한 내구성. 2가지를 모두 담았다."
- "공장 직매입을 통한 유통 거품 49% 제거"

이 메시지를 본 고객은 더는 가격 비교 사이트를 이용하지 않는다. 가격을 비교하는 행위는 동일한 가치선상에서 탐색하는 경제적 투쟁이지만, 인식의 판을 바꿔버리면 이 투쟁의 무대 자체가 사라진다.

· 천재의 한 수 ·

1. 당신의 쇼핑몰에서 가난한 단어를 추방하라.
   '가성비', '싸다', '저렴하다', '~는 아니지만', '이 가격이면'이라는 단어를 쓰면 스스로 제품을 저렴한 물건으로 규정하는 것이다. 그 순간 고객도 그 수준에 맞는 대우(반품, 불만)를 시작한다.

2. 이름이 바뀌면 물격物格도 바뀐다. 제품명을 리브랜딩하라.
   "데일리 넥타이" → "매일의 격식을 완성하는 런웨이 에디션"
   "가성비 넥타이" → "링클 프리 하이엔드 새틴 에디션"
   "3+1 묶음 세트" → "CEO가 선호하는 위클리 컬렉션 4종(1종 free)"

3. 왜 이 가격인가? 상세페이지를 구성할 때 참고하라.
- "공장에서 판매처로 직행하는 D2C(Direct to Consumer, 브랜드가 자사 온라인몰이나 앱을 통해 소비자에게 직접 제품을 판매하는 방식) 구조로 거품 49% 제거" (공장 직거래 강조)
- "재고의 비용을 줄여 품질의 깊이를 채움." (주문생산 강조)
- "빠진 임대료를 좋은 소재에 투자" (온라인 전용 강조)

지루한 쇼핑몰은
망한다

T의 쇼핑몰을 보면 '가성비 최고' 같은 문구가 계속 반복된다. 깔끔하고 군더더기 없는 건 장점이지만, 고객 입장에서 재미가 없다. 문제는 상품은 바뀌는데 메시지는 똑같고, 이미지 패턴도 거의 동일하다는 점이다. 고객은 한 제품을 보고 나면 자연스럽게 다른 제품도 둘러보게 된다. 그런데 뭘 봐도 같은 말, 같은 톤, 같은 이미지가 반복되면 금세 지루해진다. 성의 없어 보이기도 하고, 이탈로 이어질 가능성도 커진다. 아이템이 바뀌면 메시지와 느낌도 달라져야 쇼핑이 재미있어진다.

구조를 바꾼다

제일 좋은 건 제품마다 다른 설명과 이미지를 제공하는 것이지만 현실적으로 쉽지 않다. 특히 소상공인은 시간도 인력도 부족하다. 그렇다면 방법은 하나, 구조를 바꾸는 것이다. 현재는 모든 제품이 동일한 문구와 이미지를 전면에 배치하고 있다. '고품질 원단 사용', '다양한 컬러', '합리적인 가격' 같은 말이 모든 제품에 똑같이 붙어 있다. 이러면 고객은 두 번째 제품부터는 설명을 읽지 않는다.

그래서 상단에서는 각 아이템의 특징을 담은 애칭을 바꿔가며 달아주고, 하단에서는 각 제품의 세부 스펙을 상세히 설명하는 방식으로 설명 배치 순서를 변경하면 좋다. 또 아이템마다 언어유희나 발랄한 재미를 담은 문구를 첨가해도 좋다. 직장인이 공감할 수 있는 상황을 건드리는 것도 좋다. 예를 들면 이런 식이다.

- "네이비 솔리드 타이" → "사람이 매일 새로워지는 방법, 1일 1타이"
- "그레이 스트라이프 타이" → "직장인 듣기 싫은 말 베스트. '너 그 스타일 되게 좋아하나 봐?' 이제 끝."
- "버건디 도트 타이" → "사람의 중심은 허리, 슈트의 중심은 타이. 허리는 못 바꿔도 타이는 매일 바꾼다."
- "블랙 실크 타이" → "남자라서 좋은 점. 명품 가방은 매일 못 바꿔도, 명품 타이는 매일 바꾼다."
- "패턴 믹스 타이" → "같은 음식은 두 번만 먹어도 질리는데, 당신의 타이는요? 매일 갈아치우는 새로움"

시즌 마케팅과 이슈 마케팅은 선택이 아니라 필수다

아무리 멋진 문구를 배치해도 SNS 유입에는 한계가 있다. 단순한 제품 홍보만으로는 고객의 시선을 붙잡기 어렵다. 그래서 시즌 마케팅과 이슈 마케팅을 끊임없이 진행해야 한다. 말 그대로 365일이 특집이어야 한다. 날씨가 바뀌고, 계절이 지나고, 연휴가 다가오면 그에 맞춰 바로 반응해야 한다.

'가을맞이 이벤트'처럼 두루뭉술한 표현보다는 '9월 추석 한정 프로모션', '10월 핑크뮬리 컬렉션', '연말 모임을 위한 베스트 넥타이 추천'처럼 시점이 딱 보이는 기획이 훨씬 효과적이다.

벚꽃 시즌, 여름휴가, 가을 감성, 연말 모임, 블랙프라이데이, 가정의 달, 새해, 설날까지. 이런 이벤트는 할인보다 '기간 한정'이라는 메시지로 분위기를 만드는 게 중요하다. 유통에서 '오늘만 특가'라는 말이 충동구매를 부르는 것과 같은 원리다. 하지만 시즌만으로는 부족하다. 이슈를 끌어와야 한다. 과거 내 책이 나왔을 때 당시 인기 드라마였던 '응답하라 1988'과 전혀 상관없는 내용이었지만, 일부 메시지를 그 이슈에 맞게 엮어 판매를 크게 끌어올린 적이 있다. 넥타이도 다르지 않다. 이슈를 놓치면 기회도 놓친다.

해외에서는 유명 인사의 넥타이가 기사에 노출되면, 다음 날 바로 같은 컬러와 패턴의 상품이 매장에 깔린다. 자라ZARA가 파리 패션위크에서 본 디자인을 단 2주 만에 매장에 내놓는 것처럼, T도 그렇게 민감해야 한다. 직장인의 라이프사이클을 반영한 콘텐츠, 시즌과 이슈에 맞춘 기획, 유명인의 착용이 화제가 되면 바로 차용하는 민첩함이 필요하다.

시상식이나 스포츠 이벤트에서 이런 문구들이 나올 수 있다.

- "올해 시상식 패션 완벽 분석! 올해의 트렌드 넥타이는?"
- "슈퍼볼&월드컵 특집! 응원 컬러 넥타이로 스타일도 함께 업그레이드!"
- "올림픽 국가대표 컬러 넥타이 한정 출시! 이제 당신의 스타일도 국가 대표"

드라마나 트렌드 관련 이슈에서 이런 문구들을 활용할 수 있다.

- "인기 드라마 주인공의 패션, 당신도 도전해보세요!"
- "연말 파티&송년회, 센스 있는 넥타이 하나로 주목받는 법!"
- "면접&승진 시즌 필수템! 성공을 부르는 넥타이 스타일링 가이드"
- "결혼식 시즌, 하객 패션 고민 끝! 센스 있는 넥타이 추천"
- "패션위크에서 주목받은 넥타이 스타일, 이제 우리도 입는다!"

비즈니스 이슈에서 이런 문구를 활용해보는 것도 좋다.

- "재계 리더들이 선택한 컬러는? 신뢰를 주는 넥타이 3가지"

이슈 마케팅의 목적은 분명하다. 쇼핑몰을 '넥타이 파는 곳'이 아니라 '스타일과 트렌드를 얻는 곳'으로 인식시키는 것이다.

기업 자문을 할 때 늘 하는 말이 있다.

"사이트(또는 상세페이지)는 뉴스여야 합니다. 사전 정보 없이 사이트만 봐도 지금이 몇 월인지, 어떤 시즌인지, 요즘 무슨 이슈가 있는지 알 수 있어야 합니다."

막 업데이트된 것처럼 살아 있어야 한다는 뜻이다. 반대로 가장 나쁜 사이트는 언제 만든 건지, 지금도 관리하고 있는지 전혀 감이 안 오는 곳이다. 한 번 잘 만들어놓고 그대로 방치하는 사이트들이다. 시즌과 이슈에 깨어 있고, 그때그때 변화를 주는 곳만이 고객을 붙잡는다.

· 천재의 한 수 ·

1. 연간 마케팅 캘린더를 구축하여 '뉴스의 공기'를 불어넣어라. 구글 캘린더나 노션Notion에 명절, 시즌, 지역 행사 등 돈의 흐름이 바뀌는 길목을 한 달 전부터 선점하라.

2. 구글 알림으로 '이슈의 파도'를 타라. '넥타이+연예인', '시상식+패션' 같은 키워드 조합을 등록하라. 매일 아침 배달되는 뉴스 중 일부를 골라 SNS에 올리는 것만으로도 당신의 쇼핑몰은 살아 있는 뉴스 채널이 된다.

3. 팔리는 문장 5개를 '현장에 즉시 투입'하라. 결이 다른 제품별 베스트셀러 5개의 캐치프레이즈를 작성하라. 완벽을 고집하며 시간을 버리지 말자. 일단 문구를 시장에 던지고 고객 클릭률을 보며 수정해나가면 반응이 점차 올라온다. 문구는 머리가 아니라 현장에서 완성되는 것이다.

고객이 떠나기 전에
딱 한 번만 더 잡아보자

모든 판매자의 공통된 바람이다. 고객이 쇼핑몰에 들어오면, 나가게 두고 싶지 않다. 대기업 온라인 쇼핑몰도 마찬가지다. 체류 시간을 늘리고, 구매로 이어지게 만드는 것이 핵심이다. 그러려면 무엇보다 보여주는 방식부터 달라져야 한다.

스틸컷만으로는 부족하다

T의 쇼핑몰에는 멋진 스틸컷이 많다. 다양한 각도, 실내외 조명, 착용 모습까지 정성이 느껴진다. 하지만 스틸컷만으로는 고객의 시선을 오래 붙잡기 어렵다. 특히 온라인 쇼핑몰에서는 '움직이는 콘텐츠'가 체류 시간을 좌우한다. 영국 마케팅·콘텐츠 회사 와이즈아울Wyzowl의 2024년 영상 마케팅 조사에 따르면, 82%의 마케터가 "영상이 방문자 체류 시간 증가에 도움이 됐다."고 답했다.[4] 다른 리포트에서는 "영상이 있는 웹사이트에서 사용자가 평균 88% 더 오래 머무른다."는 통계도 있다.

홈쇼핑을 떠올려보자. 제품을 여러 각도에서 보여주고, 모델이 직접 착용해보고, 조명에 따라 어떻게 달라지는지까지 확인시켜준다. 이른바 뷰티숏은 제품을 가장 매력적으로 보이게 만드는 방식이다. 넥타이도 다르지 않다.

GIF나 짧은 영상만 추가해도 반응은 확연히 달라진다. 조명 아래에서 넥타이를 천천히 돌려 보여주는 영상, 모델이 실제로 넥타이를 매고 스타일링하는 모습, 손으로 매듭을 지으며 소재감을 보여주는 장면…. 이런 영상들은 고객에게 '내가 직접 착용했을 때 느낌이 어떨까?'를 미리 경험하게 해준다. 이탈률은 눈에 띄게 줄어든다.

손으로 만질 수 없다면 눈에 각인시켜라

온라인에서 고객이 이탈하는 가장 큰 이유 중 하나는 품질에 대한 불신이다. 오프라인이라면 손으로 만져보고 판단할 수 있지만, 온라인에서는 그럴 수 없다. 그래서 품질을 '설명'이 아니라 '증명'해야 한다. T의 쇼핑몰을 보면 이런 문구들이 있다. '고급 원단 사용', '뛰어난 품질', '엄선된 소재' 이것은 설명이 아니라 주장이다.

방법은 브랜드 히스토리를 보여주고, 제작 과정을 드러내고, 사람의 얼굴과 목소리를 등장시키는 것이다. '소재에 담긴 이야기', '이 넥타이는 그저 그런 원단이 아닙니다' 같은 메시지를 영상으로 풀어낸다. 장인이 한 땀 한 땀 만드는 모습, 원단이 만들어지는 과정, 제작 현장의 공기까지 담아낸다. 외국인 디자이너가 등장해 "이 넥타이는 품질이 뛰어납니다."라고 말하는 장면도 효과적이다. 하단에는 '세계가 주목하는 ○○○ 브랜드'라는 자막을 얹는다. 고객은 제품을 사는 게 아니라 사람을 믿는다. 사람의 얼굴과 목소리가 나오는 순간, 신뢰도는 급상승한다.

과거 정관장은 홍삼을 거의 오프라인에서만 팔았다. 내가 홈쇼핑에서 처음 판매하기 시작했을 때, 사람들은 매장에서 파는 것만 진짜라고 생각했다. 그래서 내가 리포터로 나가 인삼밭에서 수매하는 장면부터 세척, 찌기, 건조, 숙성까지 모든 공정을 영상으로 보여줬다. 장인의 인터뷰까지 더했다. 그 이후부터 홍삼은 홈쇼핑에서도 본격적으로 팔리기 시작했다.

넥타이도 같다. 공장을 직접 보여줄 수 없다면, 브랜드의 신뢰를 영상으로 만들어야 한다.

설명을 바꾸면 제품 가치가 달라진다

온라인 쇼핑에서는 스토리텔링이 곧 설득이다. 아무리 좋은 제품이라도 설명이 평범하면 가치는 전달되지 않는다. 예를 들어 이런 차이다. '고급 원단 사용'이라고 쓰는 대신 "보통 넥타이는 40수 원단을 사용하지만, 이 제품은 더 촘촘한 60수 원단을 사용합니다. 60수란 1g의 실을 60m까지 늘릴 수 있을 만큼 가볍고 섬세한 원단을 의미합니다. 물을 만지는 듯한 촉감을 경험해보세요."라고 말하는 것이다.

스토리텔링은 단점조차 장점으로 뒤집는다. 실크가 아닌 폴리에스터 원단에 이야기를 입혀본다.

"실크 넥타이는 아름답지만 물 한 방울에도 얼룩이 생깁니다. 우리는 이탈리아산 고밀도 폴리에스터로 실크의 광택을 재현하되, 세탁기에 돌려도 형태가 유지되는 내구성을 더했습니다. 비 오는 날도, 커피를 쏟아도, 걱정 없습니다."

같은 사실이라도 어떻게 설명하느냐에 따라 고객의 반응은 완전히 달라진다. 온라인에서는 특히 그렇다. 손으로 만질 수 없으면, 말로 만지게 하라.

착한 사장 콤플렉스를
버려라

무료 교환, 무료 반품, 무료 환불. T는 이것을 차별화 전략으로 내세웠다. 얼핏 보면 좋아 보인다. 하지만 장기적으로 보면 독이 될 가능성이 크다. 홈쇼핑에서 반품률이 가장 높은 상품군은 크게 2가지다. 패션과 주얼리다. 내가 보석 방송을 진행하면서 겪은 일이다. 중요한 날 딱 한 번 착용한 뒤 그대로 케이스에 담아 반품하는 경우가 적지 않았다. 특히 명절 전후에는 반품률이 급격히 치솟았다. 한때는 반품률이 90%에 육박한 적도 있었다.

넥타이도 마찬가지다. 면접 하루 전에 주문해서 면접 끝나고 바로 반품, 결혼식 당일 착용하고 다음 날 반품한다. 이런 일이 실제로 일어난다. 면접 끝나고 돌아온 넥타이에는 미안함도 담겨 있지 않다.

과거에는 '환불을 잘해주는 기업'이 미담처럼 회자되던 시기도 있었다. 하지만 지금도 그 정책을 그대로 유지하는 기업은 많지 않다. 무료 반품이라는 자살 행위는 멈춰야 한다. 악성 고객은 고객이 아니라 그저 비용일 뿐이다.

아마존조차 초기에는 쉬운 반품으로 시장을 넓혔지만, 지금은 그렇지 않다. 2024년부터 반품률이 높은 상품과 계정에 대한 수수료·모니터링을 강화했고, 반품률이 비정상적으로 높은 고객에게 경고하거나 계정을 제한을 할 수 있다는 점을 셀러 가이드에서 명시하고 있다.

반품하기 쉬우면 고객은 더 쉽게 반품한다. 그리고 이 행동은 빠르게 학습된다. 한 단계 더 나아가 더 많은 요구로 이어진다. '반품 정책을 없애면 고객이 떠나지 않을까?' 이 두려움부터 내려놓아야 한다. 반품 정책을 없애라는 게 아니다. 전략적으로 설계하라는 것이다.

반품을 습관처럼 하는 고객이 분명히 존재한다. 진짜 고객은 제품에 만족해서 다시 산다. 악성 고객은 반품을 전제로 주문한다. 이 둘을 구분하지 못하면 사업이 무너진다. 반품 처리에 쓰는 돈은 아무 가치도 만들지 않으며, 친절한 환불은 브랜드의 암세포가 된다. 그건 사업이 아니라 공짜 대여 서비스다.

전략적인 반품 정책 4가지를 기억하라.

- 반품 사유를 명확히 구분하라. 모든 반품을 똑같이 처리하지 마라. 제품 하자(100% 무료 교환)와 단순 변심(왕복 택배비 고객 부담), 착용 후 반품(불가)을 구분해야 한다.
- 결제 페이지에 반품 전 확인 절차를 추가하라. 체크박스 하나만으로도 충동구매가 줄어든다.
- 반품률 높은 고객을 관리하라. 반품 횟수를 시스템에 기록하고 반복적으로 반품한 고객은 다음 주문 시 사전 결제만 허용한다. 그리고 추가 할인 쿠폰 제공 중지, 구매 제한을 안내할 수 있다.
- 교환을 반품보다 유리하게 만들어라. 반품이 아니라 교환을 하면 편도 택배비만 부담하고 쿠폰도 제공할 수 있다.

숨지 마라,
당신이 브랜드의 '물격'이다

온라인 쇼핑몰에서 고객이 마지막까지 결제를 망설이는 큰 이유 중 하나는 의심 때문이다. 이 의심의 장벽을 단숨에 부수는 날카로운 창은 유명 연예인이 아니다. 제품 뒤에 숨어 있던 '대표의 얼굴'이다. T는 스스로를 물건 파는 장사치가 아닌 넥타이 장인으로 포지셔닝해야 한다. 고객의 머릿속에 '이 브랜드 하면 대표 얼굴이 떠오른다'는 인식이 자리 잡아야 한다.

컬리의 김슬아 대표는 여러 인터뷰와 영상 콘텐츠에 직접 출연해, 새벽배송을 시작하게 된 이유와 '좋은 식재료를 가장 신선하게 전달하겠다'는 철학을 반복해서 설파해왔다. 넥타이도 다르지 않다. T는 미팅에서 매듭 하나 때문에 굴욕을 겪었던 절박한 스토리와 좋은 소재를 찾기 위해 공장을 헤매던 그 집요함, 누군가의 인생을 바꿀 디자인을 고민하던 진심을 자신의 목소리로 직접 들려줘야 한다. 제품 제작 공정을 대표의 입으로 공개하고, 대표의 철학을 내세우고, 고객과 실시간으로 소통해야 한다. 브랜드와 얼굴이 연결되면 신뢰는 자연스럽게 따라온다.

가격의 노예가 될 것인가,
가치의 주인이 될 것인가?

T의 이야기는 넥타이 장사 성공기가 아니다. 싸게 팔아야 팔린다는 가난한 철학에서 벗어나 누군가의 삶의 현장에 도움이 되는 브랜드 성장기다. T는 가격 경쟁이라는 시소에서 내려와 스타일의 정점을 향해 걷고 있다. 뻔한 쇼핑몰은 망하지만, 철학이 살아 있는 브랜드는 영원하다. 그는 가격이 아니라 가치를, 가성비가 아니라 브랜드를 만들고 있다. 물론 쉽지 않다. 저가격과 고품질 사이의 시소 위에서 균형을 잡아야 한다. 하지만 T는 조금씩 가격 경쟁에서 벗어나 가치를 전달하는 방향으로 나아가고 있다.

쇼핑몰을 더 생동감 있게 만들고, 고객이 신뢰할 수 있는 브랜드로 자리 잡게 하고, 대표가 직접 나서 브랜드의 얼굴이 되는 것. 이 과정을 하나씩 차근차근 실행해간다면, 뻔한 넥타이 쇼핑몰이 아니라 넥타이가 필요할 때 가장 먼저 떠오르는 '브랜드'가 될 수 있다.

T의 이야기는 가격 경쟁에 지쳐 있는 모든 소사장의 이야기이기도 하다. 당신도 지금 T와 같은 고민을 하고 있다면, 이것만은 기억하라. 가격은 숫자가 아니라 인식이고, 브랜드는 제품이 아니라 신뢰이며, 성공은 완벽한 전략이 아니라 한 걸음씩 실행하는 용기에서 나온다. T가 그랬듯, 당신도 할 수 있다.

05

미술을 매일
배달하면 팔릴까?

: 아무도 시도하지 않았던 예술 비즈니스

Q.

왜 꼭 구독해야 하는지
한 문장으로 설명되지 않아요

출시 3개월, S는 노트북 앞에서 구독자 반응을 들여다보고 있었다. "왜 이걸 구독해야 하는지 한 문장으로 설명되지 않네요." 체험 후기 게시판에 올라온 댓글이었다. 냉정했지만, 정확했다.

S는 학창 시절부터 미술을 좋아했다. 다른 친구들과 달리, 그림 한 점에서도 작가의 생각과 감정을 읽어내는 과정이 즐거웠다. 작품을 바라보는 시간 자체가 부담이 아니라 기쁨에 가까웠다. 하지만 주변을 보면 미술을 그렇게 여유롭게 즐기는 사람은 많지 않았다. "미술은 어렵다.", "배경지식이 없으면 재미없다.", "미술관 갈 시간도 없다." 같은 말들이 늘 따라붙었다. 미술은 좋아하는 사람만 좋아하는, 다소 멀고 까다로운 영역처럼 인식되고 있었다.

그때부터 원론적인 질문이 생겼다. 왜 미술은 늘 어렵게 느껴질까?

영화는 OTT 서비스로, 음악은 스트리밍 서비스로 언제든 즐기는데, 미술은 갤러리에 가야 하고 배경지식이 있어야만 재미를 느낄 수 있다고 생각한다. 미술도 단순한 예술을 넘어, 감성과 영감을 주는 콘텐츠가 될 수는 없을까? 그러다 한 가지 아이디어가 떠올랐다. 미술도 영화나 음악처럼, 매일 우리의 손안으로 찾아오면 어떨까 하고 말이다.

그렇게 미술 구독 서비스라는 새로운 비즈니스가 시작되었다. 이 서비스의 특징은 작품 감상에 그치지 않고, 창작자의 목소리를 함께 담는다는 점이다. 창작자가 직접 작품의 이야기를 들려준다. 그 어떤 큐레이터보다도 명확하고 직접적인 설명이다. 그 결과 미술은 더는 어렵고 먼 존재가 아니라, 일상 속에서 자연스럽게 접할 수 있는 콘텐츠가 된다. 그것이 S가 그리고자 했던 미술의 모습이었다.

예술을 만나는 시간을 찾아내다
: 밤 11시

OTT 서비스는 보통 낮이나 저녁 시간에 맞추어 콘텐츠를 공개한다. 하지만 S는 늘 하루가 끝나는 시간이 특별하다고 느꼈다. 고된 하루를 마치고 나서야 비로소 찾아오는 고요한 시간, 그때야 우리는 온전히 자기 생각에 잠길 수 있다. S에게도 그런 시간은 늘 소중했다. 늦은 밤, 조용히 책 한 권을 펴거나 마음에 드는 그림을 찾아보며 하루를 정리하던 기억과 습관이 있었다. 그 순간만큼은 세상의 소음과 혼란에서 벗어나, 오롯이 나 자신과 마주하게 된다.

S는 자신이 좋아하는 이 특별한 시간을, 누군가에게도 선물하고 싶었다. 단순히 미술을 소개하는 데 그치지 않고, 하루를 마무리하는 시간에 스스로에게 작은 선물을 건네는 일처럼 말이다. 그렇게 미술 구독 서비스의 콘텐츠는 매일 밤 11시에 도착하도록 정했다. 하루의 끝에 조용히 열어보는 하나의 작품, 그 자체가 의도된 경험이었다.

이 구독 서비스를 만들면서 S는 사업 성공의 핵심이 콘텐츠 전달이 아니라, 작품이 가진 감정을 어떻게 전하느냐에 있다고 판단했다. 사람은 마음을 건드리면 기억에 오래 남는다. 그래서 작품 자체를 소개하는 방식으로는 부족했다. 그 안에 담긴 이야기와 정서를 함께 풀어내야 했다. 그렇다면 그 답을 쥐고 있는 사람은 누구일까? 바로 시인, 소설가, 화가, 문화평론가, 큐레이터다.

한 점의 그림을 보고 '아름답다'고 느끼며 끝나는 것이 아니라, 시인이 그 작품을 보고 느낀 감정을 시로 풀어내고, 소설가가 그림 속 장면을 바탕으로 새로운 이야기를 만들어낸다면, 구독자는 작품을 훨씬 풍부하고 입체적으로 경험하게 된다. 만약 오은, 정지우, 김사과 같은 작가가 각자의 시선으로 작품을 해설해준다면, 미술은 더는 고루한 영역이 아니라 레고처럼 다면적인 재미를 주는 콘텐츠가 될 수 있지 않을까?

S의 고민 1순위는 이것이었다. '사람들이 과연 감상을 넘어 창작자의 이야기를 자연스럽게 받아들일까?' 미술을 좋아하는 사람들 중에는 작품을 각자 보는 이의 주관적 관점에서 받아들이려 하고, 누군가의 첨언

이나 인위적인 해석을 좋아하지 않는 경우가 많다. 미술을 사랑하는 사람들은 저마다의 방식으로 미술을 느끼고 싶어한다고 생각했다.

하지만 이 점은 기우였다. 큐레이터의 입과 창작자의 입은 차원이 달랐다. 고객들이 작품 창작자의 이야기는 정말 듣고 싶어한다는 것을 알게 됐다. '이 작품을 그릴 때 대체 무슨 생각을 했을까?', '이 색을 선택한 이유는 뭘까?' 이런 궁금증은 창작자만이 풀어줄 수 있는 것이었다. 미술은 단순히 감상을 위한 대상이 아니라, 일상 속에서 영감을 주고 상상력을 자극하는 콘텐츠가 될 수 있다는 확신이 생겼다.

그래서 미술 구독 서비스를 과감히 사업화하기 위해 월 요금제와 연간 요금제를 만들었다. 월 7,900원의 '데일리 플랜'은 매일 한 편의 작품을 소개하는 구성으로, 콘셉트는 '매일 새로운 영감을 발견하라'로 잡았다. 연간 이용권은 "변화와 혁신적 아이디어와 사고를 항상 느끼고, 깨닫고, 연결되게 하라."는 메시지로 어필했다. 처음에는 반신반의 했지만, 사람들은 조금씩 지갑을 열기 시작했다.

사람들이 구독하는 이유는 따로 있다

미술 구독 서비스는 '미술을 일상의 취미로 만들겠다'는 목표에서 출발했다. 매일 밤 11시, 한 점의 작품과 창작자의 에세이를 구독자에게 전달하는 방식이었다. 의도는 분명했고, 방향도 나쁘지 않았다. 하지만 현실은 기대만큼 순조롭지 않았다.

가장 큰 문제는 이 서비스를 왜 구독해야 하는지에 대한 이유를 소비자에게 명확하게 전달하지 못했다는 점이다. 음악이나 영상 스트리밍은 쓰임새가 직관적이지만, '매일 미술 작품을 받아보는 일이 내 삶에 어떤 변화를 줄까?'라는 질문 앞에서 소비자들은 쉽게 고개를 끄덕이지 않았다. '좋은 그림을 보내준다'는 설명만으로는 부족했고, 이 서비스가 일상과 감정, 사고에 어떤 가치를 더해주는지에 대한 설득력이 충분하지 않았다. 다시 말해 돈을 내고 매일 작품을 받아보는 일이 그 값어치를 하는지 와닿지 않았다.

"매일 밤 11시, 미술 작품과 에세이를 받아보세요."

이 문구는 서비스의 취지와 콘텐츠를 설명하는 데 그쳤을 뿐, 관심을 단번에 끌어당길 만한 후킹 포인트가 부족했다. 무료 체험 기간도 없었다. '한 번 써보고 결정하세요'라는 진입 장벽을 낮추는 장치가 없으니, 소비자들은 월 7,900원이라는 소액에도 선뜻 지갑을 열지 않았다.

결국 소비자들은 '이 서비스가 꼭 필요하다'는 확신을 얻지 못했고, 구독으로 이어지는 비율도 낮을 수밖에 없었다. 미술을 일상으로 끌어들이겠다는 발상 자체는 충분히 매력적이었지만, 그 가치를 소비자의 언어로 구체화하고 마음을 움직이는 메시지로 전달하는 데에는 아쉬움이 남았다.

A.

미술을 정보가 아니라, 창작자와 직접 대화하는 '기다려지는 경험'으로 바꿔라

아이디어가 아무리 좋아도 사람들이 쓰지 않으면 의미가 없다. 필요를 느끼지 못하면 구독으로 이어지지 않는다. 그래서 나는 몇 가지 팁을 알려주었다.

독보적인 USP를 구축하라

소비자들에게 왜 매달 일정 금액을 지불하고 이 서비스를 구독해야 하는지, 그 가치가 명확하게 전달되지 않았다. 서비스가 독창적이라는 말만으로는 부족했고, 무엇이 특별한지 단번에 이해할 수 있는 전략이 필요했다.

그래서 작품 자체가 아니라, 그 작품 뒤에 숨어 있는 창작자를 전면에 내세우게 했다. 어려운 미술 해석이 아니라, 창작자의 생각을 직접 만나는 경험으로 방향을 정한 것이다.

이를 설명하기 위해 나는 작가 오정희의 일화를 활용했다. 그의 단편 소설 〈중국인 거리〉는 실제로 수능에 출제된 적이 있다. 무려 여섯 문제였다. 흥미로운 점은, 정작 오정희 작가 본인이 그 수능 문제를 풀어봤지만 한 문제도 맞히지 못했다는 사실이다. 이 이야기가 의미하는 바는 분명하다. 전국의 학교와 학원에서 수많은 교사와 강사가 작품의 의미를 분석하고 정답을 가르쳤지만, 그것이 반드시 창작자의 생각과 일치하지는 않는다는 점이다. 해석은 넘쳐나지만, 정작 창작자의 의도와는 멀어질 수 있다는 이야기다.

그렇다면 해석과 의미는 누구의 것일까? 결국 창작자의 것이다. 미술관에서 큐레이터가 아무리 정성스럽게 설명해도, 과연 그것이 작가와 충분히 소통한 결과인지, 아니면 해설자의 해석에 불과한지는 알 수 없다. 이 지점에서 메시지를 분명히 했다. 남이 대신 전하는 해석이 아니라, 진짜 창작자가 들려주는 이야기를 경험하는 서비스라는 점을 강조한 것이다. 그래서 이 서비스의 마케팅 USP(Unique Selling Proposition, 고유 판매 제안)를 '창작자가 직접 들려주는 작품의 진실'로 정리했다. 창작자만이 알 수 있고, 창작자만이 말할 수 있는 원래의 의도와 시선으로 작품을 이해하는 경험이라는 점을 전면에 내세웠다.

이 변화는 즉각적인 반응으로 이어졌다. 미술관에서 해설을 들으며 '이게 정말 작가의 생각일까? 아니면 해설자의 해석일까?'라고 의문을 가져본 사람들은 비로소 이 서비스가 왜 구독할 만한지 이해하기 시작했다.

내 코칭대로 S는 작가들과 그 점을 부각하기 시작했다. 화가가 캔버스 앞에서 "이 붓질 하나에 3시간이 걸렸어요. 이 색이 나올 때까지 물감을 12번 섞었거든요."라고 말하는 영상을 함께 보내거나, 조각가가 "이 곡선은 제 어머니의 어깨 선이에요."라고 설명하는 에세이를 첨부했다. 해설이 아니라 고백이었다. 정보가 아니라 간증이었다. 구독자들은 애독자로 돌변했다. 예술을 드디어 100% 이해하게 되었으니까.

· 천재의 한 수 ·

아이디어는 흉내 낼 수 있어도 당신이 지나온 시간의 밀도는 복제할 수 없다. 당신의 비즈니스에서 남들은 흉내조차 내지 못하는 '대체 불가능한 것'은 무엇인지 찾아라.

1. 당신의 업에서 '게으른 타협(대충)' 또는 '어디서 본 듯함(가짜)'은 무엇인지 찾아라. 가령 피자집이라면 배달받는 냉동 도우를 쓰는가? 아니면 수제로 만든 살아 있는 반죽을 쓰는가?
2. 당신만이 선언할 수 있는 창조적 USP는 무엇인지 찾아라.
- 철학: 당신이 빠지면 성립 자체가 안 되는 것은 무엇인가?
- 과정: 보이지 않는 곳에서 얼마나 처절하게 물격을 다듬었는가?
- 신념: 이익보다 무엇을 더 중요하게 생각하는지 당신의 언어로 선언 가능한가?

남의 해설은 지식에 그치지만 창작자가 뱉은 진실은 역사가 된다. 마찬가지로 당신의 업에서도 대체 불가능한 진짜를 찾는 순간 지루한 경쟁이 사라지고 당신만의 독점적 영토가 펼쳐진다.

시즌별 메시지로
구독자의 설렘을 높여라

구독 서비스가 아무리 좋아도 시간이 지나면 식상해진다. '오늘도 또 작품 하나 오겠지'라는 생각이 들기 시작하면, 신선함은 빠르게 사라지고 흥미도 함께 떨어진다. 그래서 시즌별 메시지를 활용해 설렘을 더하도록 했다. 절기, 데이 마케팅, 계절 변화에 맞춰 그와 어울리는 메시지를 던져주면, 단순한 기다림이 특별한 기다림으로 바뀐다.

성년의 날에는 "아름다운 스무 살들의 꿈을 작품으로 보여드립니다." 라는 메시지를 전한다.

소만에는 "햇볕이 풍부하고 만물이 소생하는 소만. 당신의 감성을 소생시킬 ○○ 작가의 특별한 하루를 만나보세요."라고 말한다.

한로에는 "이슬이 내리는 한로. 당신의 마음에도 촉촉한 이슬이 내리기 시작합니다. 당신의 감성을 적셔줄 ○○ 작가의 특별한 작품이 찾아갑니다."라는 문구를 사용한다.

장마철 첫날에는 "빗소리와 함께 음미하면 좋은 작품을 준비했습니다."라고 전달한다.

동지에는 "연중 밤이 가장 긴 동지. 깊어가는 긴 겨울밤, 잊힌 옛이야기를 꺼내듯 당신의 감성의 온기를 지펴줄 ○○ 작가의 작품을 품어보세요."라고 제안한다. 같은 작품이라도 '밤이 가장 긴 날'이라는 타이밍과 만나면 훨씬 더 특별하게 느껴진다. 해당 절기의 그 순간을 콘텐츠와 연결하는 맥락이다.

이런 메시지를 통해 구독은 '그냥 하루하루 새로운 작품을 보는 것'이 아니라, '지금 이 순간을 더 특별하게 만드는 경험'이 된다. 지금 이 계절에 가장 어울리는 작품이 도착한다는 의미를 부여하는 것이다. 그러면 '새 계절엔 어떤 작품이 나를 찾아올까?'라는 기대가 생긴다.

· 천재의 한 수 ·

당신의 상품에 '타이밍이 맞는 맥락' 하나를 설계하라. 절기, 생애주기, 특정 시즌은 예측 불가능한 날씨와는 달리 통제 가능한 계획을 세울 수 있다.

1. 꽃 정기구독: 금요일 오후, "한 주간 고생한 당신의 거실에 보내는 작은 안식" (휴식의 맥락)
2. 침구·침구 렌탈: 입춘 직전, "두꺼운 겨울잠을 털어내고 봄의 숨결을 덮으세요. 환절기 알레르기를 막는 침구 딥클리닝 패키지" (절기의 맥락)
3. 전통주 구독: 보름달이 뜨는 날, "가장 밝은 달빛 아래서 나누기 좋은 오늘의 약주" (풍류의 맥락)

고객은 물건을 사는 행위보다, 그 물건이 내 삶의 '특정 순간'을 완성해준다는 느낌을 받을 때 더 쉽게 결제한다. 상품에 시계와 달력을 달아라. '언제든 살 수 있는 것'이 아니라 '지금 사야 하는 이유'가 만들어진다.

이름 하나가
서비스의 가치를 바꾼다

S는 월 이용권에 더해 연간 이용권을 만들었는데, 이름이 그대로 '연간 이용권'이었다. 식상하다. S가 만든 연간 이용권은 그저 1년치 지출이라는 부담으로 읽힌다. 또 '연간 이용권'이라는 말은 그저 기간만 드러낼 뿐, 이 서비스가 가진 가치를 전혀 담아내지 못한다. 이 서비스의 핵심 가치는 매일 새로운 미술 작품을 만나는 특별한 여정이라는 점이다. 그 가치를 이름에 담아야 했다. 그래서 내가 바꿔준 네이밍은 '365개의 작품 세계'였다.

부제는 '매일 새로운 예술의 세계를 탐험하고, 매일 새로운 작품에서 영감과 통찰력을 얻는 흥미로운 경험'으로 구성했다. 이렇게 바꾸자 콘텐츠가 훨씬 풍부해 보였고, '연간'이라는 건조한 기간의 언어가 '여정'이라는 설렘의 언어로 바뀌었다. 이름만 바꾸었는데 고객은 지갑에서 나갈 돈이 아니라 자신의 삶에 채워질 365번의 놀라움을 계산하기 시작했다.

· 천재의 한 수 ·

당신의 상품명이 '공급자의 편의'만을 담고 있지는 않은가? 고객이 얻게 될 '궁극적 결과물'을 이름에 담아보라.

1. "헬스장 PT 10회권" → "내 몸의 기능을 회복하는 10단계 보디 리셋 프로

그램" (단순 횟수 카운팅을 넘어서는 '변화'의 약속)

2. "어학원 기초 영어반" → "외국인 앞에서 당당해지는 첫 번째 72시간의 용기" (지루한 공부 단계가 아닌 '정복'의 경험)

3. "반려견 호텔 3일권" → "주인 없는 슬픔을 잊게 할 3일간의 댕댕이 호캉스 캠프" (미안함을 덜어주는 '즐거운 경험'으로의 치환)

4. "재무 상담 1회권" → "내 자산의 구멍을 메우는 긴급 자금 방어막 컨설팅" (상담이라는 막연함을 '위기 관리'라는 절박함으로 연결)

당신이 제공하는 서비스가 '기간'과 '횟수'를 강조하면 고객은 비용을 보지만 '결과'와 '변화'를 강조하면 고객은 가치를 본다. 단어 하나가 고객의 뇌에서 처리되는 경로를 바꾼다.

무형 상품을 팔아도
고객 손에 '실체'를 쥐여줘라

S의 플랫폼은 죽은 호수처럼 고요했다. 아무리 좋은 작품과 에세이를 배달해도 디지털 화면 속의 데이터는 고객의 기억 속에서 쉽게 휘발된다. 무형 서비스가 가진 치명적인 약점이다. 나는 이 고요를 깨기 위해 '물성物性의 투입'을 제안했다. 무형 상품일수록 손에 잡히는 실체를 쥐야 한다.

예를 들어 '6월 ○○ 작가 친필 사인본 무료 배송!' 같은 이벤트다. 작가의 친필 사인본을 증정하는 방식은 작지만 효과가 크다. 단방향 서비스를 받는 게 아니라, 쌍방향 교감을 하고 있다는 느낌을 주기 때문이다. 미술 감상은 무형 서비스로 인식되기 쉽지만, 실제로 손에 쥘 수 있는 책이 도착하면 서비스는 유형으로 인식된다. 모니터로만 보던 작가의 숨결이 담긴 책을 내 손에 쥐는 순간, 이 서비스는 '클릭으로 소비되는 데이터'에서 나의 '실물 자산'으로 격상된다. 컨설팅을 할 때도 무형 상품을 파는 기업에는 소비자에게 무엇이든 실제 물건을 주라고 조언한다. 장미를 그림으로 보는 것과, 손 끝에 촉촉한 꽃잎의 감촉을 느끼면서 향을 맡고 물을 주는 경험은 전혀 다르다. 무형 상품이나 서비스를 다룬다면, 소비자에게 가끔이라도 물성을 느끼게 해주는 것이 필요하다.

또 구독 기간에 따라 추가 콘텐츠나 혜택을 제공해 장기 구독을 유도했다. 한 번 들어오면 계속 머물고 싶어지는 서비스가 핵심이었다. 이런 프로모션을 통해 서비스가 늘 똑같아 보이지 않도록 했다. '오늘은 또 어떤 혜택이 있을까?'라는 기대를 심는 것이 목표였다. 가만히 있으면 잊히는 시대다. 적극적인 변화만이 살아남는다.

· 천재의 한 수 ·

무형 서비스나 상품을 판다면 고객 손에 물성을 쥐여주어라.

1. 온라인 강의: 수료증 인쇄본, 강사 친필 응원 엽서
2. 컨설팅: 맞춤 리포트 제본, 분석 자료 USB
3. 심리·명상 구독 서비스: 마음의 변화를 기록하는 365 감정 다이어리

눈에 보이지 않는 것에는 돈을 쓰기에 인색해지지만 손에 잡히는 것에는 대가를 지불한다. 무형을 유형으로 만드는 순간, 서비스는 상품이 된다.

정적인 콘텐츠에서
생동감 넘치는 콘텐츠로

초기 콘텐츠는 이미지와 텍스트만 제공했다. 정적인 큐레이션에 머물러 있었다. 말 그대로 '그림 한 점과 설명'이 전부였다. 하지만 이런 방식으로는 미술 작품과 창작자의 메시지를 생동감 있게 전달하는 데 한계가 있었다. 그래서 작가의 메시지를 영상으로도 제작해 '살아 움직이는 큐레이션'을 도입했다. 작가의 메시지를 영상으로 담게 했다.

작가가 직접 자신의 작품을 설명하거나, 작업하는 과정을 보여주는 메이킹 영상을 제작하도록 했다. 작품이 어떻게 탄생했는지, 어떤 생각과 철학이 담겨 있는지를 작가의 목소리로 들을 수 있다면, 그림은 단순한 이미지를 넘어 하나의 이야기로 다가온다.

'30초 타임랩스', '2분짜리 작가 인터뷰', '5분 작업실 투어' 같은 영상이 주는 감상 경험은 다르다. 미술은 눈으로만 보는 것이 아니라, 작가의 시선과 감정을 함께 느끼는 경험이다. 영상 콘텐츠를 활용하면 서비스의 독창성이 살아나고, 인간적인 매력도 더해진다. 구독자들은 마치 작가와 직접 대화하는 듯한 느낌을 받게 되고, 작품에 대한 몰입도도 훨씬 높아진다.

결국 중요한 건 단순한 이미지가 아니다. 작품이 직접 말을 걸어오는 느낌이다. 미술이 더 가까워지려면, 정적인 콘텐츠에서 생동감 있는 콘텐츠로의 전환이 필요하다.

예술을 소유하는 대신
경험하다

오랫동안 예술을 소유의 관점으로 봤다. 비싼 값을 치루고 거실 벽에 걸어두거나 먼지 쌓인 수납고에 가두는 것처럼. 하지만 시대의 물결이 바뀌고 있다. 사람들은 무거운 소유 대신 가벼운 경험을 선택한다.

국내에서 미술품 대여 및 구독 서비스는 점차 확산되고 있다. 국립현대미술관 미술은행은 공공기관과 기업을 대상으로 작품을 임대하고 있고, 오픈갤러리opengallery나 핀즐pinzle 같은 플랫폼도 개인과 기업 모두에게 그림 렌탈 서비스를 제공하고 있다. 예술기업 아트블렌딩artblending 역시 '아트태그arttag'라는 플랫폼을 통해 아티스트에 집중해 작품, 일상, 작업 과정 등의 콘텐츠를 검색할 수 있도록 했다.

2022년 한국 미술시장은 사상 처음 1조 원 시대를 열었다.[5] 코로나 19로 업계가 어려웠던 2020년의 3,279억 원과 비교하면 약 3배 성장한 수치다. 2023년도에 경기 침체로 잠시 주춤했지만, 다시 조금씩 반등하면서 제자리를 잡아가고 있다. 특히 서울옥션 등 국내 8개 경매사에서 2025년 11월까지 이뤄진 국내·외 미술품 경매 결과를 보면 거래 규모는 1,315억원으로 전년 대비 16.6% 늘어났다. 이처럼 예술 업계 전반이 미술 플랫폼 시장의 성장세를 주목하고 있는 상황이다. 더 고무적인 점은 젊은 층의 수요가 늘면서 온라인 플랫폼에 대한 관심도 함께 커지고 있다는 사실이다.

S의 서비스는 조용하지만 확실한 변화를 이끌어냈다. 초기 3개월, 플랫폼은 잠잠했다. 하지만 전략을 재정비한 후, 매일 밤 11시가 되면 구독자들의 반응이 쏟아지기 시작했다. 연간 이용권을 'Daily Artwork'라는 형태로 구성해 매일 한 점씩 감상할 수 있도록 하자, 구독자 반응은 확연히 달라졌다. 코칭 이후 '1년은 부담스럽다'고 말하던 독자들이 '매일 하나씩 본다면 부담 없다'고 말하기 시작했다. 구독 전환율이 상승하기 시작했고 구독자 수는 1만 4,000명으로 수직 증가했다.

구독자들이 '오늘의 작품'을 인스타그램 스토리로 공유하면서 확산도 일어났다. 자신의 인문학적 감성을 드러내는 수단이 된 것이다. 작품과 함께 제공되는 창작자의 큐레이션은 단순한 감상을 넘어 하나의 대화가 되었다. 작가가 직접 설명해주니 미술의 재미가 전달되기 시작한 것이다.

언론도 주목했다. '미술의 문턱을 낮춘 혁신 사례', '갤러리보다 더 많은 사람이 작품을 본다는 점이 놀랍다'는 반응이 주를 이뤘다. 없던 시장을 있는 시장으로 만든 사례라 할 수 있다. S가 증명한 것은 명확하다. 시장이 없다고 생각했던 곳에서도 틈새가 아닌 '새로운 시장'이 존재한다는 것을 말이다.

접근성이 만든
새로운 수요

디지털 기술의 발전과 함께 미술 작품의 접근성은 계속 높아지고 있다. 구독 모델을 통한 미술 소비 역시 증가하는 추세다. 젊은 층이 해외여행을 통해 미술관을 방문할 기회가 늘면서 미술 작품에 대한 노출이 많아진 점도 긍정적이다.

구독 서비스 시장 자체도 빠르게 성장하고 있다. KT경제경영연구소에 따르면 국내 구독 시장 규모는 2016년 약 25조 9,000억 원에서 2020년 약 40조 1,000억 원으로 54.8% 성장했고, 2025년에는 100조 원을 돌파, 2026년에는 OTT·음악·쇼핑에 더해 가전·모빌리티·여행 등으로 구독형 모델이 확산되며, 1인당 연간 구독 지출은 50만 원 안팎 수준에서 점진적으로 증가할 것으로 보인다.[6]

젊은 세대는 트렌드에 민감하고, 구독을 통해 최신 상품과 서비스를 지속적으로 경험하는 데 익숙하다. 기술을 통해 새로운 플랫폼을 발견하고, 자신이 경험한 것을 다른 사람들과 공유하는 데도 적극적이다. 개인 맞춤형 콘텐츠를 구독하며 취향에 맞는 서비스를 제공받는 데 높은 만족을 느낀다. 이런 라이프스타일과 기술 친화성, 가치관에 정확히 맞닿은 이 거대한 흐름의 정점에서 S의 서비스는 탄생했다.

S의 사례가 위대한 이유는 기존 시장의 파이를 나눠 가진 것이 아니라 없던 시장을 스스로 만든 것이기 때문이다. 미술이라는 닫힌 세계를 구독이라는 열린 세계로 연결하며 예술이 어떻게 비즈니스가 될 수 있는지 보여주었다. S의 미술 구독 서비스를 통해 더 많은 사람이 미술을 낯선 세계가 아니라, 일상 속 쉼과 활력의 한 조각으로 받아들이기를 바란다.

CHAPTER 2

'있던 시장'에서 기회를 발견한 사람들

편리함을 말하자
매출이 폭발했다

: 홈케어 디바이스 시장의 냉정한 진실

$$\boxed{\text{사장님의 분투}}$$

Q.

일본에선 대박, 한국에선 쪽박,
왜 안 팔릴까요?

U는 10년 넘게 의료기기 부품을 OEM 방식으로 납품해온 베테랑이다. 기술력은 있었다. 하지만 늘 남의 제품에 부품만 대는 삶이었다. 그러던 중 이미용 기기 시장이 빠르게 성장하는 흐름을 보며 욕심이 생겼다. 제조 기술도, 인력도, 노하우도 없는 회사들이 OEM 제품에 브랜드만 붙여 성공하는 모습을 보면서 마음이 흔들리기 시작했다. 'OEM 제품도 저렇게 잘되는데, 우리가 직접 만들면 얼마나 잘될까?' U는 그렇게 자체 브랜드 출시를 결심했다.

하지만 의료기기 시장은 효과가 좋은 제품을 만든다고 해서 끝나는 구조가 아니다. 오히려 판매가 훨씬 어렵다. 법적 규제는 엄격하고 인증 절차는 까다롭다. 유통 구조도 복잡해 판로를 여는 것 자체가 쉽지 않다. 게다가 기존 의료기기는 소비자가 직접 구매하는 제품이 아니었다.

병원, 피부과, 한의원 같은 의료기관에서 사용하는 경우가 대부분이었고, 그래서 홍보의 필요성도 크지 않았다. 제품력만 좋으면 자연스럽게 입소문이 난다고 믿어왔다. 하지만 2020년 코로나19 팬데믹 이후로 의료기기 산업의 판이 바뀌었다. 중심이 B2B에서 B2C로 빠르게 이동했다. 이 흐름을 보며 U는 의료기기를 소비자가 직접 사용할 수 있는 형태로 바꿔보자는 생각에 이르렀다.

사실 의료기기와 미용기기의 차이는 크지 않다. 기술적으로 보면 기본 원리는 같다. 의사의 집도나 시술 없이도 누구나 사용할 수 있도록 기기의 성능 세기를 범용적인 수준으로 조절했느냐의 차이다. U의 제품도 그런 방식으로 기획됐다.

'의료기기 수준의 효과를 내는 홈 뷰티 디바이스'라는 콘셉트로 개발을 시작했다. 피부과에서 받는 리프팅 시술을 집에서도 간편하게 할 수 있다면 충분히 경쟁력이 있을 거라고 생각했다. 의료기기를 만들던 방식 그대로 접근했고, 기술력과 효과에 집중했다.

의심 반, 기대 반 속 일본에서 터지다

제품이 출시된 뒤, 예상과 다른 곳에서 반응이 먼저 왔다. 일본이었다. 일본은 미용기기에 대한 관심이 높은 시장이고, 소비자들이 피부 관리 투자에도 적극적인 편이다. 현지 바이어들과 미팅을 하면서 U는 자신이 생겼다. 이 정도 제품이면 일본에서도 충분히 통할 거라 봤다.

그런데 미팅 자리에 나온 현지 MD들의 반응은 의외였다. 효과는 충분히 좋은데, 온라인으로만 판매하겠다고 했다. 체험 행사나 오프라인 매장은 필요 없다는 것이다. U는 당황했다. 고가의 미용기기는 직접 써보지 않으면 구매로 이어지지 않는다는 게 그동안의 상식이었기 때문이다. 그런데 일본에서는 오직 온라인 판매로만 진행한다는 이야기였다.

'고객들이 직접 체험도 해보지 않고 이런 제품을 온라인에서 살까?' 결과는 웬걸? 그들의 판단이 맞았다. 온라인을 중심으로 반응이 빠르게 올라왔다. 일본 인스타그램에서 제품이 화제가 됐고, 인플루언서들이 "리프팅 효과가 눈에 보인다.", "고주파 미용기기보다 자극은 강한데 효과는 더 빠르다." 같은 후기가 올라오기 시작했다. 판매량은 빠르게 늘었다. 1,000대를 넘기고 1만 대를 찍더니, 결국 2만 대를 돌파했다.

숫자만 보면 감이 잘 오지 않을 수 있다. 하지만 일본 뷰티 시장을 아는 사람이라면 이 성과가 얼마나 의미 있는지 바로 알 수 있다. 일본은 40~60대 여성의 고정 수요가 매우 강하고, 안티에이징에 대한 관심도 높다. 최근에는 한국과 마찬가지로 홈케어 시장이 빠르게 커지면서 집에서 사용하는 피부 관리 기기에 대한 수요도 늘고 있다.

문제는 유통 구조다. 일본은 약국과 드럭스토어 중심의 유통이 강하다. 일본 드럭스토어 마쓰모토키요시, 돈키호테, 웰시아 같은 리테일 채널의 영향력이 크다. 이런 시장에서 인지도가 없는 한국 신제품이 단기간에 올라서는 경우는 별로 없다. 기존에 진출한 한국 브랜드들도 미샤,

이니스프리, 닥터자르트, 설화수, 후, 라네즈처럼 이미 이름이 알려진 대형 브랜드들이다. 그것도 대부분 기초나 색조 화장품이지, 국내산 이 미용기기가 새로 진입해 자리를 잡은 사례는 거의 없었다.

그래서 일본에서 미용기기는 틈새시장에 가깝다. 게다가 일본 소비자들은 한 번 구매하면 재구매 주기가 매우 길다. 현지에서 인기가 높은 야만**YA-MAN**만 봐도 그렇다. 대표 제품의 연간 판매량은 수십만 대에 이르지만, 그 브랜드는 수십 년 이상 쌓아온 로컬 강자다. 이런 시장에서 국내 브랜드가 진출 초반에 1만 대만 팔아도 상당한 성과로 평가받는다. 유통망 확보 없이 온라인만으로 2만 대를 판매했다면, 그건 매우 성공적인 결과로 봐야 한다.

기술이 아니라
사용성이었다

일본 시장의 성공은 브레이크 없는 자신감이 되었다. 2만 대라는 숫자는 확신을 넘어 오만으로 번졌고 U는 곧장 국내 시장으로 뛰어들었다. 이번에는 유통 대행사도 거치지 않고 직접 판매에 나섰다. 까다롭기로 유명한 열도를 점령했으니 반도는 식은 죽 먹기라 여겼다. 하지만 국내 시장의 반응은 빙벽처럼 차가웠다. 1년이 흘러도 국내 매출은 그래프라 부르기 민망할 정도로 바닥에 붙어 있었다. U는 당최 이유를 모르겠다고 내게 하소연했다.

대충 봐도 알겠더라. 한국의 홈 뷰티 시장은 이미 피비린내 나는 레드오션이다. 자본력을 앞세운 대기업과 트렌드에 민감한 중견기업들이 매달 신제품을 쏟아내며 영토를 선점하고 있다. 어제의 신기술이 오늘 구식이 되는 속도전의 현장에서, U의 제품은 무명의 후발주자에 불과했다.

문제는 U의 무기였다. 시장이 변하면 무기도 바뀌어야 하지만, 그는 일본에서 승리를 안겨주었던 '기술력'이라는 낡은 칼자루만 고집했다. 기술의 우위가 곧 시장의 지배력이라 믿었던 공급자 마인드에 갇힌 것이다. 화려한 기능과 복잡한 기술을 과시할수록 고객의 언어와는 멀어지는 역설이 발생한다. U의 마케팅은 고객의 마음을 파고드는 화살이 아니라, 허공을 가르는 공허한 외침이 되어가고 있었다.

U는 일본에서 판매 중인 사이트의 리뷰를 다시 하나하나 살펴봤다. "작지만 자극이 확실하다.", "전용 화장품이 필요 없어 편리하다.", "충전할 필요 없이 건전지로 사용할 수 있다.", "순금 도금이라 알레르기 걱정이 없다."

기술에 대한 이야기는 거의 없었다. 대부분이 사용성에 대한 평가였다. 그제야 깨달았다. 소비자가 원하는 것은 기술적 차별점이 아니라 사용의 편리함이다. 소비자들은 복잡한 기능 설명을 듣고 싶어하지 않는다. 대신 '이거 진짜 편리하네', '매일 쓰기 부담 없겠다'는 생각이 드는 순간 지갑을 연다.

기술 이론에 기반한 기능 설명에서 방향을 틀었다. 인플루언서와 SNS를 활용해 '사용 경험' 중심의 홍보로 전환했다. 소비자에게 무엇을 얼마나 잘 만들었는지를 설명하는 대신, 실제로 어떻게 쓰는지를 보여주기로 한 것이다.

고심 끝에 첫 번째 슬로건을 만들었다. "○ ○ ○ itself." 이 제품 하나면 충분하다는 의미였다. 추가적인 화장품도 필요 없고, 복잡한 사용법도 없다. 그냥 들고 다니면서 필요한 부위에 대고 사용하면 된다. 제품의 역할과 쓰임을 한 문장에 담고 싶었다.

두 번째 슬로건은 "Beauty wand for your skin(당신의 피부를 위한 마법봉)." 요정이 들고 다니는 마법봉처럼, 이 제품도 마법처럼 피부에 변화를 가져온다는 생각에서 출발했다. 어디서든 간편하게 사용할 수 있는 뷰티 아이템이라는 점을 강조하고 싶었다.

콘셉트는 만들어졌지만 여전히 의문이 남았다. 과연 이 메시지가 맞는 방향일까? 소비자들이 이 문장만 보고도 제품의 장점을 한눈에 알아볼 수 있을까? 감으로 밀어붙이기엔 이미 한 번 실패를 겪었다. 이제는 정확한 진단이 필요했다.

A.

정보를 나열하지 말고,
한 번에 이해하도록 만들라

먼저 "○○○ itself."부터 짚어보자. 나는 대기업이나 중견기업 마케팅 자문을 할 때 최대한 자로 잰 듯 명확하게 말한다. 듣는 입장에서는 속이 시원할 수도 있고, 때로는 기분이 상할 수도 있다. 그래도 목적은 하나다. 고객사가 잘되길 바라기 때문이다. 이 슬로건으로 돌아가보자. 결론부터 말하면, 이건 틀렸다.

슬로건에 브랜드 이름을 그대로 쓰는 방식은 피하는 게 좋다. 슬로건은 브랜드나 제품이 전달하고자 하는 메시지와 가치를 압축해 보여주는 역할을 해야 한다. 그런데 브랜드명 자체를 슬로건으로 쓰면, 처음 접하는 소비자는 의미를 파악하기 어렵다. 이게 무슨 말인지, 왜 이런 문구를 썼는지 한 번 더 생각하게 만든다. 슬로건에서 가장 피해야 할 것은 소비자를 멈칫하게 만드는 것이다.

내가 이름보다 책으로 더 알려지게 된 계기도 비슷한 맥락이다. 두 번째 책인 《팔지 마라 사게 하라》가 경제경영 분야 1위를 하면서부터였다. 사실 이 책의 제목을 정하는 데만 6개월이 걸렸다. 출판사에서 최종으로 제안한 제목은 '장문정처럼 하라'였다. 당시 홈쇼핑 업계에서 제일 잘나가던 시기였으니 그럴 법도 했다. 하지만 나는 펄쩍 뛰었다. 그 제목으로 갔으면 책은 망했을 거다. 결국 제목을 바꿨다. 이름이 아니라 메시지를 전면에 세운 것이다.

마찬가지다. "○○○ itself."라는 문구를 처음 보는 소비자는 '이게 무슨 소리지?' 하고 고개를 갸웃할 가능성이 크다. 우리가 원하는 건 그게 아니다. 소비자가 한눈에 보고 '아, 이 제품이 이런 거구나' 하고 바로 이해하는 것이다.

두 번째 슬로건인 "Beauty wand for your skin."도 마찬가지다. 이 문구 역시 소비자는 첫눈에 거른다. 이유는 단순하다. 다섯 단어다. 길다. 슬로건은 짧고, 기억하기 쉬워야 한다. 슬로건은 읽는 게 아니라 '보이는' 것이다. 두 어절만 넘어가도 뇌는 해독을 포기하고 다섯 어절이 되면 글자 더미로 인식한다. 지금도 많은 기업이 장황한 슬로건을 쓰지만, 그건 만든 사람의 욕심일 뿐이다. 소비자의 관심은 알람보다 빠르게 꺼진다.

대체 불가능한
NFT 슬로건을 만들어라

슬로건은 대체 불가능해야 한다. 마케팅에선 USP라고 하지만 나는 NFT 슬로건(대체 불가능한 토큰처럼 단 하나뿐인 대체 불가능한 문구를 말한다)이라고 부른다. 남이 차용할 수 없는, 오직 우리만의 문구라는 뜻이다. 예를 들어 '세일즈의 신 장문정', '마케팅의 귀재 장문정' 같은 표현을 떠올려보자. 내 이름 대신 다른 사람의 이름을 넣어도 아무 문제 없이 성립된다. 이런 문구는 쓰나 마나다. 누구나 쓸 수 있는 말은 우리만의 색이 되지 않는다. NFT 코인처럼, 슬로건은 딱 그 브랜드만의 것이어야 한다. 가령 'BTC 판매로 1시간에 210억 판 장문정'이라고 하면 다른 사람 이름을 넣기 어렵다. 이 타이틀은 나만의 대체 불가능한 문구다. 슬로건도 이렇게 독점적이어야 한다.

그래서 U에게 제안한 것이 '페이스업 365'다. '365'는 1년 내내, 매일 사용할 수 있다는 이미지를 준다. '페이스업'이라는 표현은 리프팅을 연상시키면서도 광고 심의 규정을 피해갈 수 있는 언어다. 우리는 중력의 영향을 받는다. 얼굴은 자연스럽게 처진다. 이 슬로건은 그런 얼굴의 라인을 365일 내내 올려준다는 이미지를 직관적으로 전달한다. 리프팅의 본질은 처진 것을 위로 올리는 데 있다. 그래서 '페이스업'이다.

한국식 영어, 즉 콩글리시 아니냐고 말하는 사람도 있을 수 있다. 하지만 상관없다. 영어와 한국어의 경계가 이미 많이 허물어졌다. 예전에 피자헛이 배달 서비스를 시작하면서 '홈서비스'라는 표현을 썼다. 원어

민이 들으면 어색할 수 있지만, 이 표현은 결국 전 세계적으로 쓰인다. 콩글리시가 오히려 글로벌 언어가 된 사례다. 중요한 건 자연스러움과 전달력이다. 그보다 더 중요한 건 독점성이다. 최근 '페이스업 365'를 검색해보면, 이 슬로건을 사용하는 다른 제품들이 나오기 시작했지만 당시에는 독점적 문구였다. 이 말은 우리가 당시 이 문구를 뷰티 업계에서 선점할 수 있었다는 뜻이다. 검색어 하나만으로도 우리만의 영역을 만들 수 있다.

마지막으로 여기에 하나 더 얹을 수 있다. 메인 슬로건은 짧고 강하게 가져가고, 서브 네임이나 태그라인으로 의미를 보완하는 방식이다. 서브 문구는 설명 역할을 하기 때문에 길어도 괜찮다. 예를 들어 '페이스업 365' 아래에 'anytime anyplace get pretty'라는 태그라인을 붙일 수 있다. '언제 어디서나, 매일 예뻐진다'는 메시지를 자연스럽게 덧붙이는 것이다.

우리만의 짧고 강렬한, NFT 슬로건을 만들어야 한다. 그래야 소비자의 머릿속에 남고 제품이 시장에서 눈에 띈다.

· 천재의 한 수 ·

당신의 슬로건을 심판대에 세워라. 시장은 텍스트를 읽지 않는다. 찰나의 잔상만을 허락할 뿐이다. 당신의 슬로건이 고객의 뇌리에 꽂힐 치명적 한 수인지, 허공에 흩어질 시각적 피로인지 다음의 3단계 검증 필터로 판가름해보라.

1. 검색 독점 테스트(Search Dominance Test): 검색 결과에 다른 브랜드나 경쟁사의 유사 메시지가 쏟아진다면 그 슬로건은 디지털 바다에 가라앉은 무

명無名의 파편이다. 마케팅은 언어의 영토 전쟁이다. 남이 점유한 언어의 영토에서 당신의 목소리는 끼어들 수 없다.

2. 대체 불가능 테스트(Irreplaceable Test): 당신의 슬로건에서 브랜드 이름을 가리고 그 자리에 경쟁사나 타 상품 이름을 넣어보라. 문제없이 문장이 성립되거나 위화감이 없다면 그 슬로건은 시체다. 어디에나 어울리는 말은 역설적으로 어디에도 전달되지 않는다.

3. 3초 직관 테스트(3-Second Intuition Test): 당신과 이해관계가 전혀 없는 타깃 고객에게 슬로건을 보여주고 3초 안에 답변하게 하라. "이게 뭐 하는 제품 같아요?"라고 했을 때 머뭇거리거나 갸웃한다면 실패다.

한눈에 쏙,
사용이 쉬워야 선택받는다

편리함이라는 키워드는 현대 마케팅에서 시간의 가성비로 추앙받는다. 내 제품은 기술이 좋으니 이 정도 불편함은 감수할 거라고? 착각이다. 사용성usability의 가치를 빼면 안 된다. 제품의 내부 로직이 우주 항공 기술만큼 복잡할지언정, 광고와 마케팅은 눈 감고도 접근할 정도의 편리함을 내세워야 한다.

고가의 미용기기를 살 때도 마찬가지다. 처음에는 광고와 브랜드를 보고 큰맘 먹고 구매한다. 하지만 사용 절차가 복잡하면 시간이 지날수록 손이 가지 않는다. 결국 서랍 한쪽에 밀려난다. 홈케어 미용기기라면서, 클렌징을 하고 전용 젤을 바르고 기기로 케어한 뒤 다시 세안하고 화장품을 바르는 과정이 이어진다. 이걸 글로만 적어도 피곤해진다. 실제로 매일 하기는 더 어렵다.

과거에 자동차용품 전문기업 불스원에서 마케팅 자문을 맡았을 때도 비슷한 경우를 겪었다. 엔진오일 시장이 침체되면서 새로운 성장 동력이 필요했고, 그중 하나가 '크리스탈 코트'라는 셀프 유리막 코팅 제품이었다. 전문 디테일링 숍에 맡긴 것과 비슷한 효과를 냈지만, 문제는 사용 과정이었다. 총 5개의 제품을 순서대로 써야 했다.

세차 → 물기 제거 → 1차 코팅제 → 2차 광택제 → 3차 보호제 → 4차 마무리제 → 5차 유지제

이걸 주말마다 하라고? 불가능하다. 그래서 나는 과감하게 한 가지 제품만 전면에 내세우고, 나머지는 추가 구성품으로 제공하자고 제안했다. 하지만 의견은 절반만 반영됐다. 5개에서 3개로 줄였을 뿐이었다. 소비자들은 여전히 불편하다고 느꼈다. 소비자에게는 3개도 많았던 것이다. 결국 이 제품은 수명 주기를 길게 가져가지 못했다. 이 사례에서 배운 교훈은 명확하다. 소비자에게 선택권을 주면 안 된다. 단계가 늘어날수록 이탈률은 기하급수적으로 증가한다.

또 다른 사례도 있다. 문정아 중국어 학습 콘텐츠의 고객용 직접 판매 영상을 제작했을 때다. 중국어 회화 기능과 사전이 탑재된 태블릿 PC였는데, 치명적인 단점이 있었다. 업그레이드가 불가능하다는 점이었다. 트렌드가 바뀌어도, 새로운 콘텐츠가 나와도 추가할 수 없었다. 그래서 이 단점을 뒤집었다. 인터넷 접속이 안 되는 점을 오히려 장점으로 재정

의했다. 와이파이를 잡고, 아이디와 비밀번호를 입력하고, 인터넷 서핑으로 딴짓할 수가 없다는 점을 강조했다.

"와이파이 NO, 패스워드 NO, 공부 준비 시간 0초"

버튼만 누르면 바로 공부가 시작된다는 메시지였다. 사용의 편리함을 전면에 내세운 이 전략은 시장에서 제대로 먹혔다.

셀프 의료기기의 목적도 같다. 언제 어디서나 손쉽게 쓰기 위해 존재한다. 그런데 사용 과정이 복잡하고 불편하면 꾸준한 사용은 어렵다. 그래서 상세페이지와 영상에서는 효과보다 먼저 편리함을 보여줘야 한다.

U의 제품은 이미 승리할 조건을 갖추고 있었다. '전용 화장품 불필요', '메이크업 위에도 사용 가능', '충전 불필요한 건전지 방식'. 이 3가지는 기술력이 아니라 '시공간의 편리함'이라는 측면에서 강조되어야 한다.

아침에 일어나 거울 앞에서 복잡하게 화장품을 바르는 루틴을 보여준다. 화면이 전환되고, 기기 하나로 끝내는 장면이 나온다. "이제 이거 하나로 끝."

점심시간, 바쁜 직장 여성이 메이크업을 유지한 채 잠깐 기기를 사용하고 다시 업무로 돌아간다. "화장은 그대로, 아름다움은 한층 더."

여행 가방을 쌀 때는 충전기와 케이블로 가득 찬 가방을 보여준 뒤, 기기 하나를 넣으며 말한다. "충전 불안, 방전 지옥 탈출"

이런 편의성의 예를 GIF나 짧은 영상으로 반복 노출해야 한다. 기존 제품의 복잡한 사용 과정을 먼저 보여주고, 우리 제품의 간단한 사용법을 바로 대비시키면 효과는 더 커진다.

판매 레퍼런스는
도약의 마중물

비즈니스 현장에서 안타까운 순간은, 기업이 엄청난 무기를 손에 쥐고도 그게 무기인 줄 몰라 썩히고 있을 때다. U의 경우가 그랬다. 일본에서 2만 대를 팔았다는 사실은 국내 시장을 단숨에 평정할 수 있는 강력한 사회적 증거social proof다. 그런데 정작 국내 마케팅에서 이 카드는 자취를 감췄다.

이유를 물으니 돌아온 대답은 허탈했다. "일본 모델과 한국 모델이

100% 동일하지 않아서요." 나는 즉시 반박했다. 그것은 정직함이 아니라 마케팅적 태만이다. 가전이나 자동차 브랜드가 신형 모델을 출시하며 이전 세대의 판매 기록을 지워버리던가? 오히려 그 기록을 디딤돌 삼아 더 완벽해진 신세대 모델이라 선언한다. 2만 대의 선택을 받은 핵심 기술을 계승하고 한국인의 피부를 반영한 '업그레이드 버전'이라 명명할 수 있어야 한다. 판매 실적은 박물관에 보관할 유물이 아니라, 다음 시장을 초토화하기 위해 장전할 탄환이어야 한다.

일본 현지 콘텐츠는 한국 소비자의 지갑을 여는 검증의 훈장

국내 소비자에게 '해외 시장 반응'은 그 어떤 광고 카피보다 강력하다. 특히 미용과 위생에 결벽에 가까운 기준을 가진 일본 시장에서 성공했다는 사실은, 제품력에 대한 가장 혹독한 검증을 마쳤다는 훈장과 같다. 이 훈장을 그대로 국내로 옮겨와야 한다.

핵심은 '리얼리티 reality'다. 모자이크로 가려진 고객의 얼굴이 아니라 일본 현지 사용자의 얼굴을 생생하게 노출해야 한다. 더해서 일본 인플루언서들의 날카로운 품평, 아마존 재팬의 평점은 국내 소비자에게 '이 제품은 이미 검증이 끝난 진짜구나'라는 확신을 심어준다.

또한 일본 현지 매장에서의 판매 모습이나 일본 소비자들의 긍정적인 피드백을 담은 영상은 그 현장의 분위기와 온도를 그대로 전달한다. 일본에서의 성공 스토리를 블로그나 SNS 콘텐츠로 풀어내는 것도 국내 소비자의 관심을 끌어올리는 데 도움이 된다. 나는 U에게 현재 운용 가능한 예산에 맞춰 레퍼런스를 자산화하는 3단계 전략을 제안했다.

- **1단계: '디지털 증거물' 수집** (예산 50만 원 이하)

  큰돈 들이지 않고 당장 실행할 수 있으며 자체 제작이 가능하다.

  – 일본 인스타그램·아마존 리뷰 캡쳐 (번역 내용을 첨부한다)

  – 인스타그램 릴스·유튜브 쇼츠 영상 제작하기

  "일본 대형 매장에서 직접 촬영한 현장! 실제 소비자 반응을 확인하세요!"

  – 고객 후기 카드 뉴스 제작하기

  "일본 아마존 평점 4.8! 일본 소비자들이 극찬하는 이유는?"

- **2단계: '현지의 공기'를 배달하라** (예산 100~300만 원)

  전문가와 협업해 신뢰를 더하는 단계다. 일본 현지 모델이나 마이크로 인
  플루언서의 인터뷰 영상을 만들어라.

  – 일본 현지 매장 촬영 또는 사용자 인터뷰 영상

  – 마이크로 인플루언서 협업하기

  "일본 뷰티 크리에이터 ○○○가 직접 사용한 리뷰 영상 공개!"

  – 사용자 인터뷰 콘텐츠 제작하기

  "일본 직장인들이 이 제품을 선택하는 이유?"

  – 스토리텔링 블로그 포스팅하기

  "도쿄에서 시작된 작은 브랜드, 어떻게 일본 뷰티 시장을 사로잡았을까?"

- **3단계: '글로벌 스탠더드'의 확립** (예산 300만 원 이상)

  시장의 판도를 높이는 대대적인 투자로 본격 공략한다. 일본 유명 뷰티
  잡지나 미디어에 노출된 공신력을 활용하라.

- SNS 포스팅하기

"일본 여성들이 이 제품을 선호하는 3가지 이유 - 전문가 인터뷰 포함"

- 미디어 활용하기

"일본 유명 잡지 〈○○○〉에서 극찬한 제품, 한국 상륙!"

- 한·일 소비 트렌드 비교 콘텐츠 제작하기

"일본 직장인들은 이렇게 사용해요! 한국에서는 이렇게 활용해보세요!"

- 국내 업그레이드 버전 홍보하기

"일본에서 검증된 기술과 한국 소비자 맞춤 개선 포인트 추가!"

매장 사진 한 장이 백 마디 말보다 강하다

일본 오프라인 매장에서 U의 기기가 진열된 모습을 보여주는 사진은, 제품의 현지 인기와 분위기를 시각적으로 전달하는 데 효과적이다. 실제 매장 사진이 있다면 가장 좋다. 오프라인 매장 진열 사진이 없다면, 제품이 매장에 다량으로 진열된 모습을 연출한 이미지를 제작하는 것도 방법이다. 중요한 건 '규모감'이다. 한두 개가 아니라 여러 개가 진열된 모습이 '인기 상품'이라는 인식을 만든다. 이런 식이다.

- "일본 대형 백화점 ○○○ 매장에서도 인기. 업그레이드돼서 한국 도착"
- "일본에서 터진 이미용 기기. 왕복 비행기 티켓값 굳었네. 한국 판매 개시"

숫자가 강력한 타이틀 문구가 된다

성과는 반드시 구체적인 숫자, 순위, 볼륨으로 표현해야 한다. 그래야 소비자에게 실제적인 믿음을 준다. '많이 팔렸습니다'라는 문구는 의미 없다. '2만 대 판매 돌파'라는 문구가 의미 있다. 마케팅 타이틀 역시 막연하면 안 된다. 소비자의 시선을 붙잡을 수 있도록 구체적이고 임팩트 있게 써야 한다.

해외에서의 성공은 제품력을 보증하는 가장 빠른 증거다. 이 성과를 제대로 활용하면, 신모델에 대한 초기 관심을 단번에 끌어올릴 수 있다. 예를 들자면 이렇다.

- "일본에서 2만 대 판매 돌파! ○○○ 업그레이드 모델, 이제 한국행!"
- "일본 뷰티 디바이스 1위 ○○○, 더 강력해진 모델로 한국에 찾아옵니다!"
- "일본 소비자가 선택한 ○○○, 2년 연속 베스트셀러!"

제품명에 '프리미엄' 또는 '플러스'를 추가하라

일본 제품과 한국 신제품 사이에는 심리적 가교가 필요하다. 일본에서 출시한 제품보다 업그레이드된 모델임을 어떻게 알릴 것인가? 이 부분에 대해 나는 2024년 11월, KBS1 '시사기획 창'에서 노하우를 공개한 적이 있다.

방법은 단순하다. 제품명에 '프리미엄'이나 '플러스' 같은 언어적 지위를 붙이는 것이다. 이것만으로도 소비자는 해당 제품을 상위 모델로 인식한다. 왜 이게 효과적인가? 인간의 뇌는 '비싼 것은 더 좋은 것'이라는 견고한 휴리스틱(heuristic, 제한된 시간과 정보 속에서 직관이나 경험에 의존해 결론을 내리는 사고 과정)이 박혀 있다.

와인 실험이 유명하다. 같은 와인을 10달러에 내놓으면 맛 평가에 6점을, 90달러라고 주면 8점으로 수직 상승한다. 실제로 같은 와인을 마시더라도 가격이 비싸다고 제시될 경우 fMRI 뇌 영상에서 쾌락과 관련된 뇌 영역의 활성도가 더 높게 나타난다.[7] 가격, 브랜드, 포장, 라벨에 의해 형성된 기대가 약의 플라시보 효과처럼 실제 경험(맛, 통증, 성능 평가 등)을 바꾸는 현상으로, 마케팅 학계에서는 이를 '마케팅 플라시보 효과marketing placebo effect'라고 부른다. 제품명에 프리미엄을 붙이는 순간, 소비자의 뇌는 이미 더 나은 효과를 체감할 준비를 마친다.

실제로 대단한 기술적 업그레이드가 아니더라도, 제품명에 이런 수식어가 들어가는 순간 '프리미엄 제품'이라는 인식이 먼저 형성된다.

- "프리미엄 ○○○ - 일본판 성능 대비 2배 업그레이드" (위계 정립)
- "○○○ S 플러스 - 금년 차세대 리프팅 솔루션" (진화 증명)
- "VIP 리미티드 ○○○ 프리미엄 - 선착순 1,000명 한정" (희소성 부여)

나도 마케팅 자문을 하면 다음 신제품 출시 때는 이런 식으로 제품명 앞뒤에 다음의 수식어를 덧붙이도록 지도한다.

- **기술력과 성능을 부각할 때**(Performance)
— 울트라ultra · 익스트림extreme: 한계치를 돌파한 성능을 암시한다.
— 하이퍼hyper: '슈퍼'를 넘어선 속도나 효율을 상징할 때 효과적이다.
— 프로pro · 엑스퍼트expert: 전문가급 사양임을 인지시킨다.

- **희소성과 품격을 높일 때(Scarcity&Prestige)**

  – 시그니처signature: 브랜드의 자존심을 건 단 하나의 걸작이라는 인상을 준다.

  – 에디션edition · 리미티드limited: 지금 아니면 안 된다는 결핍 심리를 자극한다.

  – 더 블랙the black · 로열royal: 최상위 계층을 위한 하이엔드 이미지를 구축한다.

  – 헤리티지heritage: 오랜 전통과 축적된 노하우의 느낌을 준다.

- **성분과 신뢰를 강조할 때(Trust&Purity)**

  – 퓨어pure · 오가닉organic: 불필요한 성분을 빼고 본질에 집중했음을 강조한다.

  – 보태니컬botanical · 바이탈vital: 식물성 원료나 생명력을 강조할 때 쓴다.

  – 랩lab · 클리니컬clinical: 연구소에서 철저히 검증된 '메디컬' 수준의 신뢰를 부여한다.

- **시대적 트렌드와 진화를 보여줄 때(Evolution)**

  – 제네시스genesis: 새로운 세대의 시작을 상징한다.

  – 넥스트next · 퓨처future: 시대를 앞서가는 혁신성을 부여한다.

  – 인텔리전트intelligent · 스마트smart: AI나 고도의 로직이 탑재된 느낌을 준다.

만약 '장문정'이 상품이라면 2세대 상품은 '장문정 익스트림 프로',

나중에는 '더 그레이트 장문정 시그니처 에디션 리미티드 클리니컬 솔루션…' 끝도 없이 붙여 마케팅 플라시보를 끌고 나갈 수 있다. 웃었다고? 실제 기업에선 이렇게 하고 있다.

· 천재의 한 수 ·

레퍼런스는 묵혀두면 종잇조각이지만, 꺼내서 잘 쓰면 시장의 빗장을 여는 마스터키가 된다. 해외 판매 실적이 있다면 글로벌 증거로 써라.

1. 숫자로 말하라(Speak in Numbers).
   '해외에서 대박 난 제품'이라는 모호한 수식어 대신 '일본 2만 대 판매 돌파', '아마존 재팬 뷰티 카테고리 1위'처럼 박제된 숫자를 전면에 내걸라.
2. 날것의 현장이 화려한 스튜디오를 이긴다(Raw Reality).
   해외 현지 사진이 없다는 핑계는 게으름의 다른 표현일 뿐이다. 당장 스마트폰을 들고 현지로 날아가거나, 현지 파트너에게 부탁해 매장 진열대 사진이라도 확보하라. 보정된 광고 사진보다 투박한 현장의 숏폼 영상이 고객의 심박수를 더 높인다.
3. 수식어 하나로 제품 '신분'을 높여라(Placebo Naming).
   제품명 앞뒤에 에디션, 프리미엄, 슈프림 같은 수식어로 날개를 달아라.
4. 승전보는 최상단에 배치하라(Lead with Your Wins).
   상세페이지 최상단에 해외 실적을 배치하라. '해외가 먼저 알아본 제품'이라는 인식이 박히는 순간 가치 평가가 시작된다. 만약 해외 실적이 단 하나도 없다면 당장 아마존이나 라쿠텐에 10개라도 등록하라. 10개를 파는 순간 당신은 '글로벌 시장 진입'이라는 합법적 타이틀을 거머쥐게 된다. 해외 인증, 특허 출원, 박람회 참가 이력조차 없다면 당신은 사업을 하는 것이 아니라 기도를 하고 있는 것이다.

편리함의 아이콘으로
부상하라

U의 제품은 이미 일본이라는 혹독한 검증대에서 2만 번의 승전보를 울린 거친 원석이다. U가 가진 무기는 화장을 지울 필요도, 전용 젤도, 충전기도 필요 없는 제로 허들zero hurdle이다. 시장은 기술에 감탄하지만 결국 편리함에 지갑을 연다. 당신도 극강의 편의성을 무기로 만들어 보라.

또 뷰티 디바이스 사업에 관심이 있다면 알아둘 사항이 있다. 최근 뷰티 디바이스 시장은 빠르게 커지고 있다. 팬데믹 이후 피부과나 에스테틱숍을 찾지 않고 집에서 관리하려는 수요가 폭발적으로 증가했다.

삼일PwC와 주요 글로벌 리서치 자료를 종합하면, 한국 뷰티 디바이스 시장이 2024년 약 13억 달러에서 2034년 약 48억 달러로 성장해, 향후 10년간 연 10%대 중반 성장률을 유지할 것으로 본다. 이 정도면 아주 괜찮은 시장이다.

해외 시장은 더 밝다. 글로벌 시장 조사 기관들의 자료를 종합하면, 뷰티 디바이스 시장은 현재 비즈니스 정글에서 가장 가파른 우상향 곡선을 그리는 영역 중 하나다.

포춘 비즈니스 인사이트Fortune Business Insights 등에 따르면, 글로벌 시장 규모는 2024년 약 180억 달러(한화 약 26조 원) 규모에서 2030년경에는 약 450억 달러(한화 약 65조 원) 규모로 비약적인 성장이 예견된다. 주목할 점은 속도다. 연평균 성장률CAGR은 약 15~20%를 유지하고 있는데 이는 일반적인 화장품 산업 성장률(약 4~5%)의 4배에 달하는 수치다. 한마디로 뷰티 디바이스 시장은 화장품 시장보다 4배 빠르게 팽창하는 초성장 지대라는 뜻이다. 이 거대한 파도를 만드는 핵심 동력은 2가지다. 첫째, '셀프케어 self-care' 열풍과 '안티에이징 anti-aging'에 대한 MZ세대의 조기 관심이 시장을 견인하고 있다. 둘째, 강력한 구매력을 갖고 세월의 흐름에 저항하는 액티브 시니어들의 가세다.

이 챕터를 읽고 새로운 비즈니스 영토를 찾아 뷰티 디바이스 시장에 뛰어들고 싶다면 올라탈 만하다고 말하고 싶다. 혹자는 기술 장벽이 높지 않냐고 묻는다. 진입 장벽은 생각보다 낮다. 대부분 브랜드가 공장에서 생산하는 OEM·ODM 방식을 채택하고 있어 누구나 제품을 '만들' 수는 있다. 하지만 진입이 쉽다는 것이지 성공이 쉽다는 뜻은 아니다. 진입은 쉽되 생존은 어려운 시장이다. 저주파 EMS, 고주파 RF, 초음파 HIFU, LED 등 사용되는 기술력이 상향 평준화되었기에 기계가 내뿜는 출력의 차이는 대동소이하다.

승부처는 마케팅의 엣지다. 비슷한 성능의 기기에 어떤 서사를 입히냐에 모든 것이 달려 있다. 시장은 열려 있고 제대로 된 전략만 있다면 이 가파른 성장 그래프의 주역이 될 수 있다. 시장의 파동이 높을 때 노를 젓는다면 이 거대한 뷰티 테크 열풍의 관망자가 아닌 주인공이 될 것이다.

07

팔려고 만들지 않았다.
그래서 팔렸다

: 맘카페를 뒤집어놓은 '진심 마케팅'

$\boxed{\text{사장님의 분투}}$

Q.

이렇게 안전하게 만들었는데,
왜 부모들에게 그 가치가 전달되지 않을까요?

말기 암 선고를 받은 순간, 보통 사람들은 삶이 얼마 남지 않았다고 느끼며 자기 연민에 빠지거나 자신의 삶에만 더 집중하기 마련이다. 하지만 D는 달랐다. 그는 시간을 전혀 다른 방식으로 쓰기 시작했다. 자신보다 세상을 먼저 돌아본 것이다.

흔히 생사의 문제를 겪으면 세상이 달라 보인다고 말한다. 병원 침대에 누워 있을 때, D에게 문제는 오직 자신의 몸 상태뿐이었다. 하지만 병원을 나와 보니 세상이 문제투성이로 보이기 시작했다. 우리가 만지고 숨 쉬는 모든 것이 불안해 보였다.

'이것들이 정말 괜찮을까? 암을 일으키는 건 아닐까?'

특히 어린아이들을 볼 때 그 불안은 더욱 커졌다. 어른들은 자신이 어떤 환경에 놓여 있는지 어느 정도 인지하고, 스스로 위험을 피할 수 있다. 하지만 아이들은 다르다. 아무것도 모른 채 주어진 환경을 그대로 받아들인다. 스스로를 지킬 방법이 없다. 그래서 결심했다. 세상에서 가장 안전한 유아용품을 만들겠다고 말이다.

유아용품은 안전하다는 말, 믿음이지 사실이 아니다

시장을 들여다본 순간, 생각은 확신으로 바뀌었다. 많은 부모가 유아용품이 당연히 안전하다고 믿지만, 실상은 달랐다. '안전한 소재를 사용했습니다'라고 당당히 말하지만, 실제로는 제품의 일부에만 적용됐거나 그 위를 덮은 도료나 추가된 소재가 안전하지 않은 경우가 적지 않았다. 오코텍스(OEKO-TEX, 국제 섬유 안전 인증), FITI(FITI시험연구원, 국내 대표적인 공인 시험·인증 기관), KC(Korea Certification, 국가 통합 인증 마크) 같은 기본 인증조차 없는 제품도 많았다.

D는 공장을 직접 찾아다녔다. 제품 일부가 아니라 전체를 안전한 소재로 만들기 위해서였다. 값싼 소재와의 타협은 없었다. 첫 제품은 유아용 플레이매트와 범퍼 쿠션이었다. 정식으로 출시하기 전 부모들의 반응을 듣고 싶어 와디즈 크라우드펀딩을 진행했다. 결과는 200만 원. 대단한 성공은 아니었지만, 의미 있는 첫걸음이었다.

매출보다 중요한 게 있었다. D는 병원에서 만난 소아암 환자들을 잊을 수 없었다. 사업 초기부터 수익 일부를 기부하기 시작했다. 제품을 사는 순간, 부모들이 더 나은 세상을 만드는 일에 함께한다는 느낌을 주고 싶었다. '아이들의 건강과 안전을 최우선으로 하는 기업', 이것이 D가 만든 회사의 정체성이었다.

2019년 12월, 베이비페어를 통해 본격적으로 브랜드를 알릴 계획이었다. 소비자를 직접 만나고, 제품을 보여줄 절호의 기회였다. 하지만 코로나19가 모든 걸 바꿔놓았다. 행사는 취소됐고, 오프라인 기회는 사라졌다. 좌절할 틈은 없었다. 곧바로 온라인으로 방향을 틀었다. SNS 광고를 늘리고, 오픈마켓에 입점하고, 홈페이지를 구축했다. 블로그와 인스타그램으로 브랜드를 알렸다. 체험단을 모집해 피드백을 받았다.

하지만 판매량은 미미했다. 검색 순위는 밀렸고, 유료 광고 경쟁은 치열했다. 신규 브랜드가 끼어들 틈이 보이지 않았다. 쿠팡만으로는 한계가 있었고, 다른 오픈마켓도 마찬가지였다.

D는 스스로에게 물었다. '소비자들이 이 제품을 제대로 알고 있을까? 제품의 진가가 전달되고 있을까?' 그 순간 깨달았다. 문제는 제품이 아니라 메시지였다. 제품은 최고의 안전성을 갖췄다. 하지만 그 가치를 전달하지 못하고 있었다. 방문자 수를 늘리는 것만으로는 부족했다. 진짜 필요한 건 구매 전환율이었다. 관심을 넘어 실제 구매로 이어지게 만드는 것, 그게 핵심이었다.

상세페이지를 다시 점검했다. 홍보 문구도 훨씬 더 설득력 있게 다듬어야 했다. 감성에만 기대는 방식이 아니라, 데이터를 기반으로 한 명확한 접근이 필요했다. D는 방향을 바꿔야 했다. 이 제품의 가치를 어떻게 전달할 것인가? 답은 바로 그 질문에 있었다.

A.

시즌을 읽고 숫자로 보여주며
'안전'이라는 신념을 일관되게 증명하라

매출이 저조한 분명한 이유가 있었다. 시즌의 영향이었다. 시즌과 무관해 보이는 제품조차 실제로는 계절의 영향을 크게 받는 경우가 많다.

이 제품은 한여름에 의뢰가 들어왔다. 아이는 1년 내내 태어나는데, 시즌이 무슨 상관이냐고 생각할 수도 있다. 하지만 유아용품 시장에도 분명한 흐름이 있다. 9월부터 겨울까지 매출이 오르다가, 연말이 지나면 다시 한 번 꺾인다. 그리고 여름은 가장 힘든 시기다. 유아용품 소비가 가장 둔화되는 계절이다. 여기에다 당시 경기침체까지 겹쳐 시장 분위기가 더욱 위축되어 있었다. 한여름에 광고를 무작정 쏟아붓는다고 해결될 문제가 아니었다.

중요한 건 '얼마나'가 아니라 '언제'와 '어떻게'였다. 1년 내내 같은 방식으로 운영하는 건 비효율적이다. 그래서 방향을 바꿨다. 당장의 성과를 쫓기보다, 다가올 가을 성수기를 준비하도록 했다. 사업에서는 포기가 미덕이 되는 순간도 있다. 여름철 매출 하락을 비관하기보다 어차피 매출이 줄어드는 시기라는 걸 인정하는 것이다. 그 시간에 제품을 정비하고, 프로모션을 기획하며, 콘텐츠를 준비하는 기간으로 활용해야 한다. 이보 전진을 위한 일보 후퇴다.

노력으로 극복되는 일이 있고, 그렇지 않은 일도 있다. 계절의 힘이 그렇다. 겨울에 선풍기, 한여름에 온열매트를 팔아보라. 마케팅 천재의 할아버지라도 쉽지 않다. 그럴 때는 억지로 밀어붙이기보다 포기하고 다음을 준비하는 편이 훨씬 현명할 수 있다. 힘든 계절은 반드시 지나가고, 원하는 계절은 다시 돌아온다.

성공하는 브랜드는 시장의 흐름을 읽는다. D도 그 흐름을 타야 했다. 선택과 집중이 필요했다. 반응 없는 고객에게 광고비를 쓰기보다는, 가장 효과적인 시점을 기다리는 것이 더 나은 전략이었다. D에게 필요한 해답은 더 세게 밀어붙이는 것이 아니라, 기다릴 줄 아는 태도와 재도약을 위한 준비였다.

안전함이 아니라
불안 해소를 팔아라

D의 상세페이지는 분명히 부족했다. 소비자의 마음을 움직이는 힘이 없었다. 정보는 나열돼 있었지만, 설득은 없었다. 정보를 많이 적는다고

팔리는 건 아니다. 스펙을 늘어놓는 것만으로는 의미가 없다. 소비자가 느껴야 할 건 하나다. '지금 사야겠다.'

뻔한 표현은 과감히 버려라

기존 상세페이지 문구들은 어디서나 볼 수 있는 클리셰였다. 차별성이 없었다. 흔한 표현은 소비자의 시선을 붙잡지 못한다. '선사합니다', '선물해주세요' 같은 말은 이미 너무 많이 쓰였다. 무엇을 어떻게 선사한다는 것인지도 분명하지 않다. 이런 문구로는 구매 의욕을 자극하기 어렵다. 소비자가 필요로 하는 건 감상적인 표현이 아니라 '사야 할 이유'다.

예를 들어 기존 문구는 이런 식이었다. "후텁지근한 여름", "한여름의 습기와 더위에 지친 아이들에게 부드러운 즐거움을 선사합니다."

소비자는 이런 문장을 읽고도 아무런 결정을 내리지 않는다. 같은 메시지도 이렇게 바꿀 수 있다.

- "더위는 아이의 성장 리듬을 깨뜨립니다. 쾌적한 수면이 곧 건강한 성장을 만듭니다."

여기에 객관적인 근거를 덧붙인다.

- "유럽연합 기준 0등급 획득. 아이의 맨살에 닿는 섬유는 무조건 안전해야 하며, 한없이 무해해야 합니다."

- "활동량이 많은 아이들이 끊임없이 흘리는 땀을 빠르게 흡수하는 3단계 흡습 기능"

이렇게 말하면 제품이 왜 필요한지가 분명해진다. 다른 문구도 마찬가지다.

"아이들에게 기분 좋은 잠을 선물해주세요."

이 역시 흔하다. 유아용품 상세페이지를 조금만 둘러봐도 비슷한 표현이 넘쳐난다. 이런 문장은 읽히는 순간 흘러간다. 대신 이렇게 접근해야 한다.

- "24개월 이하 영유아의 하루 평균 수면 시간은 11~16시간. 아이 성장의 90%는 잠자는 동안 이뤄집니다."
- "습도와 열대야로 연중 가장 숙면을 방해하는 여름밤은 아이 성장의 큰 적입니다."
- "우리 제품의 목적은 분명합니다. 아기의 편안한 숙면입니다."
- "아기의 땀과 수증기를 빠르게 외부로 배출하는 투습·속건 테스트에서 ○○ 이상을 획득해 숙면에 도움을 줍니다."

이렇게 바꾸면 문구는 감성이 아니라 사야 할 이유가 된다. 상세페이지는 설명하는 공간이 아니다. 소비자가 고개를 끄덕이게 만들고, 결제 버튼을 누르게 하는 설계도다. 이 차이가 매출을 만든다.

추상적인 문구보다 데이터를 어필하라

소비자는 감성에 끌리지만, 마지막 결정은 데이터로 내린다. '편안한 소재'라는 말만으로는 부족하다. 지금의 소비자는 그 편안함이 어디에서 왔는지, 얼마나 검증됐는지를 확인하고 싶어 한다. 객관적인 수치가 반드시 필요하다. 기존의 문구는 이런 식이었다. "깔끔한 디자인과 편안한 소재", "무더위에 지친 아이들에게 편안하고 쾌적한 여름이 될 거예요."

이 문장들은 몽롱하고 추상적이다. 어디에도 확신이 없다. '틀림없다', '확실하다'라고 말해도 살까 말까 한 게 소비자다. 그런데 이렇게 반신반의한 문구로 어떻게 구매를 기대할 수 있을까? 그래서 방향을 바꿔야 한다. 감성 대신 근거를 내세워야 한다. 말이 아니라 숫자로 설명해야 한다. 예를 들면 이런 식이다.

- "지난 ○년간 ○○ 제품 사용 고객 만족도 ○○%"
- "재구매율 ○○%"
- "누적 구매 고객 ○○만 명 돌파"

여기에 사용 이유를 구체적으로 쌓는다.

- "만족도 순위 1위, 한여름에도 잘 자요."
- "만족도 순위 2위, 활동할 때 편안해요."

이렇게 제시된 문구는 주장처럼 보이지 않는다. 결과처럼 보인다. 소비자는 감정적으로 끌린 뒤, 객관적 지표나 통계 수치를 보고 마음을 굳힌다. 상세페이지에서 데이터는 선택이 아니라 필수다.

고객 리뷰는 진리다

소비자는 상세페이지보다 실제 사용자 리뷰를 더 신뢰한다. 아무리 상세페이지를 잘 만들어도, 고객의 생생한 후기가 없으면 구매로 이어질 확률은 낮아진다. 리뷰는 다음의 방법으로 확보했다.

첫째, 포토 리뷰 강화다. 사진이 포함된 리뷰는 신뢰도를 높인다. 포토 리뷰를 남긴 고객에게 할인 쿠폰을 제공해 자발적인 후기를 유도한다.

둘째, SNS 체험단 운영이다. 체험단을 모집해 자연스러운 후기를 확보한다. 단순한 광고성 후기가 아니라, 실제 소비자의 경험이 담긴 리뷰가 필요하다.

셋째, 참여형 이벤트 기획이다. '우리 아이가 가장 좋아하는 ○○ 제품' 같은 이벤트를 통해 생생한 사용자 후기를 수집한다. 부모들이 직접 참여하는 방식은 효과적이다.

· 천재의 한 수 ·

상세페이지에 '선사합니다', '편안한', '안전한', '선물' 같은 뻔한 단어가 있는지 찾아보라. 그리고 뭉툭함은 뾰족하게 바꿔라.

1. 판매 언어에서 죽은 단어를 솎아내라.
   "편안한 소재로 만들었습니다." → "아이 피부는 어른보다 30% 얇습니다. 그래서 유럽 오코텍스 1등급 인증 소재만 사용합니다."

마케팅 없이는 성장도 없다

사람들은 더는 블로그를 신뢰하지 않는다. 돈을 받고 올린 포스팅인지, 순수한 후기인지는 이제 웬만하면 다 구별한다. 특히 광고·협찬 포스팅은 〈표시·광고의 공정화에 관한 법률〉과 공정위 가이드라인에 따라 경제적 대가를 명확히 표기해야 해서, 예전처럼 '순수 후기'로 포장된 광고는 줄어드는 추세다. 블로그의 영향력은 예전 같지 않다.

블로그 체험단은 중단하라

차라리 블로그 체험단보다는 인스타그램 체험단이 낫다. 인스타그램에서는 짧은 영상, 특히 릴스를 통해 실제 사용 장면을 바로 보여줄 수 있다. 여기에 UGC(User Generated Content, 사용자 생성 콘텐츠)가 더해지면 소비자 반응을 끌어내기 훨씬 수월해진다. 실제 UGC를 활용한 마케팅

이 브랜드 인지도와 구매 의도에 효과적이라는 연구들이 늘고 있다.[8]

인스타그램 광고는 필수다

유아용품 시장에서 인스타그램은 효과적인 홍보 채널이다. 광고를 한 달만 쉬어도 매출이 급감하는 사례는 흔하다. 비즈니스 계정으로 전환한 뒤, 홍보 기능을 적극적으로 활용해야 한다.

실제 사례도 있다. 한 독자는 2015년부터 인스타그램 광고를 꾸준히 집행해왔다. 광고를 하는 달에는 월 8,000~9,000만 원 수준의 매출이 나오지만, 광고를 중단하면 매출이 월 1,000만 원대로 곤두박질쳤다. 이 경험을 통해 그는 한 가지 사실을 깨달았다. 광고 유지는 선택이 아니라, 브랜드의 생존이 달린 문제라는 점이다.

신규 브랜드에게 광고는 산소와 같다. 숨 쉬지 않으면 살 수 없듯, 광고를 멈추면 브랜드는 시장에서 존재하지 않는 것과 같다. 소비자는 보이는 것만 산다. 아무리 좋은 제품이라도 눈에 띄지 않으면 없는 것과 다르지 않다.

D는 그동안 유료 광고를 거의 하지 않았다. 하지만 이제는 달라져야 한다고 했다. 유아용품 시장에서 광고는 선택의 문제가 아니다. 효과적인 광고 전략을 지속적으로 최적화하면 단기적인 매출 증가뿐 아니라 브랜드 인지도와 신뢰도까지 함께 쌓을 수 있다.

구체적인 실행 방법은 다음과 같다. 첫째, 비즈니스 계정 전환 또는 메타(페이스북) 광고 관리자를 활용한다. 먼저 인스타그램 계정을 비즈니스 계정으로 전환해야 한다. 인스타그램 앱에서 프로필 우측 상단 메뉴를 눌러 '설정 및 활동'→'계정 유형 및 도구'→'프로페셔널 계정으로 전환'→'비즈니스'를 선택하고 카테고리를 지정한다. 이후 프로필 편집에서 전화번호, 이메일, 주소 등 비즈니스 정보를 입력한다. 비즈니스 계정으로 전환하면 팔로워 연령, 성별, 활동 시간 등 인사이트 데이터 확인이 가능해진다.

광고 집행은 메타 광고 관리자를 활용한다. 광고 계정을 생성하고 결제 수단을 등록한 뒤, 통화와 시간대, 예산 한도를 설정한다. 캠페인 생성 시에는 연령, 성별, 관심사, 위치, 행동 패턴 등을 기준으로 맞춤 타깃을 설정할 수 있다. 예산과 집행 기간은 제품과 목표에 따라 다르지만, 최소 일주일 이상 테스트해보면서 노출·클릭·전환 데이터를 확인하여 최적화하는 것이 중요하다. 참고로 최신 권장 예산과 플랫폼 세부 설정은 메타 광고 관리자 최신 가이드를 참조한다.

둘째, 스토리와 릴스 광고를 적극 활용한다. 유아용품을 포함한 라이프스타일·육아 카테고리에서는 사진보다 짧은 영상 광고의 참여율이 높게 나오는 경우가 많다. 스토리 광고는 광고 위치를 '스토리'로 설정하고, 9:16 비율 이미지와 15초 단위로 끊어지는 영상(최대 60초까지 업로드 가능)을 활용한다. 실제로는 15초짜리 영상이 연속되는 것이지만 말이다. 이때 광고가 사용자의 자연스러운 시청 흐름 속에 노출돼 브랜드 인지도를 높이는 데 효과적이다. '지금 구매', '더 알아보기' 같은 CTA, 즉 구매·클릭을 유도하는 문구는 반드시 포함해야 한다.

릴스 광고는 15~60초 세로형 영상이 가장 많이 쓰이며, 일반 릴스는 90초까지 지원되지만 광고는 60초 이내를 추천한다. 브랜드 느낌이 강한 고퀄리티 영상보다, 실제 사용자가 만든 것처럼 자연스러운 영상이 때론 더 효과적이다. 인물 중심의 구성, 첫 3초에 강한 훅과 빠른 컷 전환, 자막, 텍스트 오버레이(text overlay, 이미지나 영상 위에 글자를 얹는 것)와 트렌디한 BGM 사운드 활용을 권장한다. 특히 릴스 광고는 18~34세 이용자 비중이 높아 이 연령층 공략에 유리하다.

셋째, 인플루언서 협업 및 UGC 콘텐츠를 활용한다. 맘플루언서 등 타깃 고객과 맞는 인플루언서를 선정해 협업한다. 제품을 무상 제공하고, 사용 후기나 언박싱, 일상 속 자연스러운 노출 콘텐츠를 제작한다. 스폰서 게시물, 브랜드 이벤트, 제품 기획 단계부터의 공동 참여 등 다양한 방식으로 운영할 수 있다. 인플루언서의 신뢰도를 활용해 브랜드 친근감과 신뢰를 함께 쌓는 것이 핵심이다. 다만, 표시·광고법·공정위 가이드라인에 맞게 협찬·광고 여부를 명확히 표시하면서도, 인플루언서의 진짜 사용 경험과 솔직한 톤을 살려야 한다.

UGC 콘텐츠도 적극 활용해야 한다. 실제 고객의 사진, 영상, 후기를 광고 소재로 재가공한다. 해시태그 캠페인을 통해 자발적인 참여를 유도하고, 수집된 UGC를 큐레이션해 광고에 재활용하면 공감과 신뢰를 동시에 얻을 수 있다. 단, 고객이 만든 사진·영상·후기를 광고 크리에이티브로 재사용할 때는 초상권·저작권 침해를 피하기 위해 사전에 활용 범위와 기간에 대한 동의를 명시적으로 받아야 한다.

넷째, 재구매 유도를 위한 리타기팅 **retargeting** 광고를 한다. 리타기팅 광고란 이미 관심을 보인 고객에게 다시 노출하는 광고다. 기존 구매 고객이나 장바구니 이탈자를 대상으로 리타기팅 광고를 설정한다. 광고 관리자에서 웹사이트 방문자, SNS 상호작용자 등을 기준으로 맞춤 타깃을 만들 수 있다. 웹사이트 방문·장바구니 이탈·구매 이벤트 기반 리타기팅은 최대 180일까지, 인스타그램·페이스북 상호작용자 기반 리타기팅은 보통 최대 365일까지 설정할 수 있어, 트래픽 규모와 제품 특성에 맞게 14~180일(또는 365일) 범위에서 테스트하는 것이 좋다. 데이터가 쌓일수록 광고 효율은 높아진다.

리타기팅 광고에는 기존 광고와 다른 소재를 사용하는 것이 효과적이다. 구매 후기, 할인 쿠폰, 재입고 알림 같은 메시지가 좋다. 구매 경험이 있는 고객에게는 개인화된 메시지와 CTA를 활용해 재구매를 유도한다. 광고 세트별 소재는 4~5개 이내로 구성하고, 신규 유입 캠페인과는 분리해 운영한다.

검색되지 않으면
존재하지 않는 것

검색 유입을 늘리기 위해 네이버 키워드 광고(파워링크, 브랜드 검색 등)는 대표적인 마케팅 도구다. 다만, 초보자는 직접 광고를 최적화하기가 쉽지 않다. 이 경우 초기에는 전문 대행사의 도움을 받는 것도 전략이 될 수 있다.

실제 사례가 있다. A사는 온라인 쇼핑몰을 운영하며 네이버 검색 광고를 도입했지만, 광고비 대비 효과가 기대에 못 미쳤다. 이후 대행사를 통해 타깃 키워드 분석과 입찰 전략 최적화를 진행했다. '일반 키워드' 대신 '구매 전환율이 높은 세부 키워드', 예를 들면 '브랜드명+추천', '가격 비교 키워드' 등을 활용한 결과 광고 효율이 2배 이상 개선됐다.

네이버 공식 블로그에서도 "롱테일 키워드가 구매에 가까운 타깃을 걸러내는 데 유리하다(예를 들어 '강아지 간식' 대신 '기호성 좋은 강아지 간식')."고 설명한다. 운영 방식은 다음과 같다.

- 초기 대행사 활용하기: 최소 3∼6개월 동안 대행사와 협업해 키워드 분석과 광고 최적화를 진행한다.
- 데이터 학습 후 직접 운영하기: 광고 노출 수, CTR(Click Through Rate, 광고를 본 사람 중 실제로 클릭한 비율), 전환율 등 핵심 지표를 지속적으로 확인한다.
- 소규모 테스트 진행하기: 특정 키워드에 소액 광고를 집행해 ROI(Return On Investment, 투자 대비 효과)를 분석한다.

단, 키워드 광고로 유입된 랜딩 페이지에서도 광고에서 말한 가격·조건 등을 그대로 명확히 표시하고, 과장·오해 소지가 없도록 표시·광고 관련 법규를 준수해야 한다. 초기에는 전문가의 도움을 받아 시행착오를 줄이고, 이후 직접 운영하며 데이터를 분석해나가면 광고 비용은 줄이면서도 효율적인 검색 유입을 확보할 수 있다.

브랜드 히스토리는
쥐어짜서라도 만들어내라

소비자는 제품 자체보다, 그 제품이 가진 이야기에 끌린다. 브랜드의 역사와 철학은 고리타분한 연혁이 아니라 선택의 명분이 된다. 브랜드가 무엇을 추구하고 어떤 가치를 지켜왔는지를 전달해야 한다. 그래야 소비자는 감성적으로 교감하고, 그 브랜드를 선택한다. 히스토리가 없는 회사는 존재하기 어렵다. 없다면 만들어야 한다.

D를 다시 보자. 그에게는 이미 강력한 브랜드 히스토리가 있었다. 말기암 선고부터 시작된 이야기, 남은 시간을 어떻게 쓸 것인가의 고뇌, 세상의 모든 불안으로부터 아이들을 지키겠다는 소명, 200만 원의 첫

매출, 소아암 환자들을 위한 기부…. 이 모든 것이 브랜드 히스토리를 만드는 재료들이다. 문제는 D가 이 보물 같은 이야기를 서랍 속에만 넣어두었다는 점이다. 상세페이지나 홈페이지 어디에도 이런 이야기가 없었다. 그저 수많은 유아용품 중 하나로 묻혀버렸다.

당신의 '왜'가 곧 브랜드다. '왜 이 제품을 만들었는가?', '왜 이 험난한 사업을 시작했는가?' 그 대답이 브랜드의 심장이다. 신생 브랜드에 역사는 없다. 하지만 시작의 진실함은 있다. 그것만으로도 충분히 히스토리가 된다. 차^{tea} 브랜드를 예로 들어보자.

"○○식품 51년째 입맞춤, 날마다 고맙습니다. 이른 아침 물이 끓는 소리에 저는 언제나처럼 당신을 기다립니다. 51년간 한결같이 해온 입맞춤인데도 당신과 마주하는 건 여전히 가슴이 뜁니다."

이 문장만으로도 브랜드의 시간이 느껴진다. 단지 51년이라는 숫자가 아니라, 매일 아침 차를 기다리는 마음이 히스토리를 만든다. 연혁을 표현하는 방식도 중요하다.

'○년차 브랜드'라고 말하는 것보다 '○○ since 2016'이 더 낫다. 숫자를 나열하는 것보다, 시간을 견뎌온 느낌을 주는 표현이 신뢰를 만든다. 하지만 더 중요한 건 숫자가 아니다. 'since'보다 중요한 건 '왜'다. 2016년에 시작했다는 사실보다, 왜 2016년에 시작했는지가 더 중요하다. 그 이유를 말할 수 있다면, 당신은 이미 브랜드 히스토리를 가지고 있는 것이다.

브랜드 히스토리는 소설이 아니다. 당신의 과거 속에 숨겨진 결정적 장면을 발굴하는 작업이다. 다음 3가지 질문에 답해보라.

1. 이 제품을 만들게 된 결정적 순간은?

    D는 말기암 진단 후 아이가 만지는 모든 것이 공포로 다가왔다. 당신을 움직이게 만든 가장 절박했던 시점을 떠올려보라.
2. 기존 시장의 어떤 거짓말에 화가 났는가?

    D에게 유아용품이 안전하다는 건 믿음일 뿐이었다. 남들은 대충 넘어가는 문제 중 당신만 용납할 수 없었던 지점을 떠올려보라.
3. 당신을 믿어준 첫 번째 구원자는 누구였나?

    D에게는 크라우드 펀딩 매출 200만 원이었다. 첫 고객의 한마디와 첫 순간을 기록하고 초심으로 새겨라.

당신이 적은 이 세 문장이 당신의 브랜드 히스토리다. 이것을 홈페이지 'About' 페이지 상단, 인스타그램 프로필, 상세페이지 인트로에 새겨라. 당신의 시작점이 당신이 이미 가진 최고의 자산이다.

맘카페의 지배력
: 옆집 엄마 한마디가 공중파 광고보다 강하다

유아용품 시장에서 맘카페는 무시할 수 없는 권력이다. 동시에 지뢰밭이다. 많은 소사장이 이곳에 광고하러 들어갔다 영구 탈퇴라는 수모를 당하고 쫓겨난다. 맘카페에서 신뢰는 광고비로 살 수 없다. 몇 년 전 국내 대형 통신사의 유·아동 서비스를 컨설팅한 적이 있다. 전국 지역 맘카페와 특정 주제의 맘카페를 중심으로 접근했고, 그 결과 홈쇼핑 청약률이 눈에 띄게 올라갔다. 그만큼 맘카페의 영향력은 강력하다.

왜 그럴까? 맘들은 광고를 보지 않는다. 다른 맘의 경험만 본다. 같은 고민을 하는 부모가 "이거 써봤니? 참 좋더라."라고 말하면, 그게 곧 구매 결정이 된다. 브랜드 스스로 아무리 외쳐도 소용없다. 옆집 엄마의 한마디가 10억 원 광고보다 강하다.

맘카페를 다음의 방식으로 운용시켰다. 첫째, 진짜 고객의 입소문이 중요하다. 아이디를 여러 개 돌려쓰며 자문자답하는 방식은 이제 통하지 않는다. 맘카페 운영자에게 차단당한다. 대신 맘카페 내 활동 우수 회원들과 협력해야 한다. 그들의 진짜 입을 빌려 그들의 일상 속에 실사용 경험이 자연스럽게 나오게 하는 것이 고수의 문법이다.

둘째, 소비자가 직접 참여하는 이벤트 기획이다. 대놓고 제품 이름을 언급하면 그 제품은 공짜 브랜드가 되어 추후 맘들이 돈 주고 안 산다. 대신 '우리 아이 여름나기 꿀템 공유' 같은 이벤트를 통해 자연스럽게 제품 사용 후기를 나누게 하라.

셋째, 일상 속에 녹아든 홍보 전략이다. 완벽하게 광고로 보이는 문구는 치워라. '피부 예민한 우리 아이 드디어 정착템 찾았네요'라는 문구처럼 철저히 부모의 언어로 가라. 제품명을 밝히지 않아도 이슈가 되면 내 제품은 자연히 부각된다. 맘카페는 검색이 아니라 관계다. 공감을 나누는 공동체다. 시간을 들여 신뢰를 쌓아야 한다. 하지만 한 번 신뢰가 쌓이면, 그 효과는 어떤 광고보다 오래 지속된다. 현재 네이버 맘카페외에도 카카오톡 오픈채팅방, 인스타그램 육아 계정 커뮤니티 등 맘들이 모이는 플랫폼이 다양해졌다. 각 플랫폼의 성격에 맞게 맘카페를 활용해보기 바란다.

아이들을 위한
밝은 미래를 기대하며

성공은 하루아침에 이루어지지 않는다. 결국 남는 건 꾸준한 노력과 성실함이다. 이것이 가장 강력한 무기다.

내가 알고 있는 한 유아의류 업체 대표가 있다. 젊은 나이에 자녀 셋을 키우며, 2015년 자본금 300만 원으로 사업을 시작했다. 사무실 하나 없이 홀로 뛰어다녔지만, 지금은 동대문에 사무실을 두고 직원도 늘었다. 매출은 코로나19 팬데믹으로 다소 주춤했지만, 해마다 수십억 원대 매출을 기록하고 있다. 감탄스러웠던 건 그녀의 꾸준함이었다.

매일 포스팅을 한다. 매일 광고를 집행한다. 주말과 공휴일을 가리지 않는다. 인스타그램에서 소비자와의 소통도 빠르다. 질문이 오면 바로 답한다. 관계의 끈을 놓지 않는다. 반짝이는 실력만큼이나 이런 무던한 성실함은 결코 당할 수가 없다.

이 세상에는 아이들을 지키겠다는 신념 하나로 제품을 만드는 사람들이 분명히 있다. 도테라doTERRA는 전 세계 아이들과 가정을 위해 더 안전한 대체 의약품을 제공하겠다는 사명감에서 시작한 브랜드다. 화학 성분이 많은 기존 약품과 스킨케어 제품 대신, 천연 오일을 기반으로 한 건강 솔루션을 개발해왔다. 개발도상국의 아동 건강 문제를 해결하기 위해 '힐링핸즈 재단Healing Hands Foundation'을 설립했고, 수익의 일부를 기부해 의료 서비스가 부족한 나라의 아이들을 돕고 있다.

8억 명을 위한 한 끼Plate for the Eight 역시 같은 결의 브랜드다. 전 세계 8억 명이 굶주리고 있다는 문제의식에서 출발해, 국제 NGO와 식품 과학자들이 함께 개발한 대체식 브랜드다. 고영양·고단백 대체식을 개발해 빈곤 지역 아동들에게 공급하고 있다. 기존 분유보다 훨씬 저렴하고, 물만 부으면 간편하게 섭취할 수 있도록 설계했다. 특히 일반 소비자도 구매할 수 있게 해 하나를 구매하면 하나를 기부하는 구조를 만들었다.

D 역시 그 숭고한 대열에 서 있다. 아이들을 지키겠다는 분명한 신념으로 이 사업을 시작했다. 문제는 그다음이다. 매출이 늘고 아이템이 커질수록, 처음 가졌던 신념은 생각보다 쉽게 흐려진다. 상업성이 앞서기 마련이다. 그래서 더더욱 '아이들의 건강과 안전을 최우선으로 하는 기업'이라는 정체성을 매일, 매순간 소비자에게 보여줘야 한다. 말로만이 아니라 행동과 제품, 소통으로 말이다.

D의 브랜드는 한 걸음씩, 천천히 그러나 확실하게 나아가고 있다. 아이들을 위한 더 안전한 세상을 만들기 위해서다. 그가 시작한 이 작은 브랜드가, 그가 품었던 큰 신념이, 더 많은 아이에게 닿기를 바란다.

당신의 제품이 정말로 세상을 이롭게 한다면, 그 신념을 말하라. 신념이 담긴 제품은 배신하지 않는다. 당신의 진심을 세상에 보낼 차례다.

동네 족발집이
온라인에서 잘나가는 비결

: 편견을 수익으로 바꾸다

Q.

이 족발의 가치가 오프라인을 넘어
온라인에서도 통하게 만들 수 있을까요?

J는 중견기업에서 인사팀장으로 누구보다 바쁜 일상을 살아왔다. IT기업과 금융기관이 빼곡한 회색 도시 한가운데서, 빈틈없고 단정한 커리어를 쌓아온 사람이었다. 그런데 지금의 J는 족발을 삶고, 썰고, 손님을 맞이한다. 얼핏 보면 전혀 관련 없는 선택처럼 보일지도 모른다.

여느 날과 다르지 않은 퇴근길이었다. 회식 자리에서 소주 한잔과 함께 족발을 먹고 있었다. 테이블을 둘러보니 어두운 조명, 시끌벅적한 소음, 아무렇게나 놓인 소주병들이 눈에 들어왔다. 늘 보아오던 익숙한 풍경이었다. 문득 이런 생각이 들었다. '왜 족발은 늘 이런 분위기에서만 먹어야 하지? 와인은 공간과 분위기를 갖춰 마시는데, 족발은 왜 늘 투박해야 할까? 족발도 충분히 세련되고 우아하게 즐길 수 있지 않을까?' 아주 사소한 질문이었다. 하지만 그 질문은 쉽게 사라지지 않았다.

그날 이후 이 생각은 계속 머릿속을 맴돌았다. 그리고 결국 하나의 결론으로 이어졌다. 족발을 우아하게 즐길 수 있는 공간을 직접 만들어보자는 결심이었다. 족발이라는 음식의 이미지를 바꾸고 싶었다. 그렇게 J는 '우아하게 족발을 먹는 공간'을 떠올리기 시작했고, 그 작은 질문은 결국 족발집 창업으로 이어졌다.

예민한 후각이
만든 차별화

창업 초기 J는 가게의 모든 것을 꼼꼼하게 준비했다. 동네의 인구 구조와 경쟁 상황을 철저히 분석했고, 족발에 대한 소비자들의 인식을 바꿔보겠다는 의지도 분명히 했다.

가게는 대단지 아파트 초입에 자리 잡았다. 덕분에 노출 효과가 좋았고, 배달 가능 지역의 세대 수만 약 2만 가구에 달했다. 이 입지 조건을 바탕으로 J는 '고급스럽고 격이 있는 족발'을 만들어 소비자들의 신뢰를 얻고자 했다.

좋은 음식은 정직함에서 나온다는 철학 아래, 재료 선택부터 타협하지 않았다. 1등급 국내산 생족을 매일 공수해 사용했고, 화학조미료는 일절 배제했다. 족발의 잡내를 없애기 위해 조리 과정도 유난히 섬세했다. 누린내가 조금이라도 느껴지면 아깝더라도 과감히 폐기했다.

하지만 J에게는 다른 족발집 사장들이 갖지 못한 독특한 '품질 기준'

이 있었다. 예민한 후각이었다. 이것은 J에게는 큰 핸디캡이었다. 병적이라고 할 만큼 냄새에 극도로 예민했다. 냄새 때문에 음식을 제대로 먹지 못하고 식당을 나오는 일도 잦았다. 조금만 신선도가 떨어지거나 누린내가 느껴지면 주방을 뛰쳐나오기도 했다.

창업 초기, 직원들은 이런 J의 모습을 이해하기 힘들어했다. "사장님, 손님들은 이 정도면 괜찮다고 하는데요." 하지만 J는 단호했다. '나 자신이 편하게 먹을 수 있는 족발이 아니면 내보내지 않겠다.' 이 기준은 타협의 여지가 없었다.

하지만 이 약점은 곧 강점이 됐다. 자신의 예민한 후각을 기준으로 삼아, 스스로 아무 불편 없이 맡을 수 있는 향긋한 냄새의 족발을 만들기 시작한 것이다. 일반적인 족발집 사장들이 '이 정도면 괜찮다'고 판단하는 지점에도 J는 '아직 부족하다'고 하며 조리법을 다시 손봤다. 그렇게 조리법을 다듬고 또 다듬으며, 냄새부터 깔끔한 족발을 완성해나갔다.

인기 메뉴인 숯불족발은 실제 숯을 사용해 깊은 풍미를 더했고, 신선한 야채 역시 믿을 수 있는 공급업체를 통해 매일 들여왔다. 족발을 삶고 조리하는 데 하루 평균 3~4시간이 걸렸지만, 언제나 최고의 맛을 내는 것을 기준으로 삼았다. 더 정확히 말하자면, '자신이 불편 없이 먹을 수 있는 맛'을 기준으로 삼았다.

그 결과, 고객들의 반응은 매우 좋았다. 일반적인 기준보다 훨씬 엄격한 잣대로 만들어진 족발이었기 때문이다. 나는 서울의 유명 족발집과 TV에 소개된 족발들을 웬만큼 다 먹어봤지만, 이곳만큼 인상적인 곳은 드물었다. 정말 맛있다.

"사장님이 직접 만드세요?"
: 편견과의 싸움

그런데 가게를 운영하며 J는 생각지도 못한 장벽에 부딪혔다. 이유는 다름 아닌 J의 지나치게 도시적이고 세련된 외모였다. 손님들은 J의 외모를 보고 '족발집이랑 어울리지 않는다', '직접 음식을 조리하지 않을 것 같다'는 선입견을 가졌다. 딱 인사팀장이 족발을 내놓는 모습처럼 보였던 것이다. J가 아무리 직접 족발을 삶고 정성 들여 음식을 내더라도, 손님들은 다른 곳에서 족발을 납품받아 파는 집이라고 생각해버렸다. 그러다 보니 족발 전문점으로서의 이미지가 좀처럼 자리 잡히지 않았다.

J는 이 문제를 정면 돌파하려 했다. SNS에 조리 과정 사진을 올렸다. 새벽부터 족발을 삶는 모습, 정성스럽게 손질하는 장면을 꾸준히 공유했다. 그럼에도 모델이 사진만 찍고 실제로는 다른 사람이 만드는 거라 치부되었다.

상황이 이렇다 보니, 매장에 손님이 있으면 J는 일부러 주방 밖으로 나가지 않기도 했다. 얼굴을 보이면 오히려 신뢰도가 떨어지는 역설적인 상황에 자신이 사장이라는 사실을 굳이 드러내지 않았다.

이 문제를 어떻게 해결할 수 있을까? 직원들과 주변 거래처, 지인들은 오히려 이 점을 강점으로 삼아 J의 모습을 영상으로 찍어 SNS 광고를 해보자고 권했다.

"요즘 시대에 이런 반전 매력이 오히려 좋은 거 아니에요? 깔끔한 외모의 사장이 족발을 만든다는 게 스토리가 되잖아요?"

틀렸다. 마케팅 관점에서 보면 소비자의 편견은 깨려 해서 되는 게 아니다. 애써 노력해도 공력만 소비되고 실패하는 경우가 대부분이다. 간혹 성공한 사례가 있긴 하다. 성공했으니 신문에 실린 거다. 성공하면 신문에 나올 만큼 편견을 극복하는 일은 어렵다. J는 결국 깨달았다.

'내가 바꿔야 할 건 사람들의 생각이 아니라 상황 그 자체구나.'

알베르트 아인슈타인은 "편견을 극복하는 일은 원자를 쪼개는 것보다 어렵다."고 말했다. 그래서 선택한 방법은 편견을 깨는 것이 아니라, 아예 세팅을 바꾸는 것이었다.

과거 모델 출신 여자 연예인이 김치 브랜드를 론칭했다. 집안 살림과는 거리가 멀어 보이는 젊은 연예인이 만든 김치가 맛있을 리 없다는 편견 탓에 매출은 고전을 면치 못했다. 그래서 브랜드는 그대로 두고, 김치를 만든 사람이 친정엄마라는 설정으로 바꿨다. 친정엄마를 방송에 출연시키고 광고 모델로 전면에 내세우자 매출은 상승했다.

J 역시 같은 전략을 택했다. 편견을 억지로 깨기 위해 시간과 비용, 노력을 쏟기보다는 더 빠르고 현실적인 대안을 선택한 것이다. 족발에 딱 어울리는 남자 주방장을 고용했다. 마치 소 잡다 온 사람처럼 수염이 거뭇하고 배 나온 남자를 실장으로 들였다. 이후로 고객들의 편견은 단번에 사라졌다. 이제 J는 오해를 해명하는 데 에너지를 쓰지 않아도 됐고, 다음 단계인 사업 확장에 집중할 수 있게 됐다.

오프라인에서 온라인으로
족발에 날개를 달자

족발 브랜드를 오픈한 지 3년이 지나자 매출이 비교적 안정적인 흐름을 보였다. 하지만 오프라인 매장이 잘되면 누구나 한 번쯤 온라인 판매를 고민하게 된다. J 역시 같은 고민에 놓였다.

온라인 시장에는 분명 기회가 많다. 그러나 족발처럼 신선도와 품질이 중요한 음식은 배송과 마케팅에서 훨씬 더 많은 공이 들어간다. 진입장벽도 낮아 경쟁에서 두각을 드러내기 쉽지 않다. 그럼에도 J는 가능성을 봤다. 시그니처 메뉴인 냉채족발과 매운족발은 다른 곳에서 쉽게 따라 할 수 없는 맛을 가지고 있었기 때문이다. 이 두 메뉴를 중심으로 온라인 브랜드를 키울 수 있다는 확신이 생겼다.

또 하나의 판단 근거도 있었다. 대부분의 족발 프랜차이즈 업체들이 오프라인 가맹사업에 집중하고 있었고, 온라인 판매를 본격적으로 하는 곳은 많지 않았다. 내부적으로 분석해보니 온라인 시장의 경쟁 강도는 생각보다 높지 않았다. J는 온라인에서 브랜드를 확실히 알리기 위해 키워드 광고와 SNS 콘텐츠를 활용하기로 했다.

'가장 우아한 족발 한 상', '냉채족발, 매운족발의 절대강자' 같은 문구로 소비자들의 시선을 끌고자 했다. 물론 온라인 판매에서도 신선도와 정직함, 브랜드의 기본 가치를 지키는 것은 당연했다. 하지만 그것으로 판매를 장담할 수는 없었다. 온라인에서 어떤 키워드를 써야 하는지, 어떤 방식으로 브랜드를 알릴지에 대해서는 여전히 물음표가 남아 있었다.

A.

산지·시간·과정을 전부 공개해
'신선함을 증명하는 족발'로 온라인의 신뢰를 선점하라

요즘 고객들은 단순한 설명이나 문구만으로는 쉽게 설득되지 않는다. '1++등급 국내산 생족 사용', '화학조미료 무첨가' 같은 표현이 아무리 사실이라도, 워낙 흔하게 쓰이다 보니 진정성이 잘 전달되지 않는다. 차별화의 핵심은 말이 아니라 물증이다.

예를 들어 우리가 컨설팅했던 한우 판매업체는 '최고급 한우를 선별해 제공합니다'라고 주장하는 데 그치지 않았다. '대통령상·국무총리상 수상 농가 인증서', '농촌진흥청장상 수상 인증서', '친환경 농산물 인증서', 'HACCP(식품안전관리인증기준) 승인', 'CLEAN 사업장 인증서' 같은 공신력 있는 자료를 전면에 내세웠다. 내가 진행한 라이브 방송에서는 당일 도축 판정 성적서를 직접 보여주며 신선도와 품질을 증명했다. 방송 중에는 전날 도축한 한우를 4등분 해서 걸어두고 진행했고, 틈

틈이 칼로 베어 육회로 먹으며 식감을 설명했다. 말보다 훨씬 강력한 설득이었다.

상품의 가치를
증명하라

J의 족발 사업에도 동일하게 접근할 수 있다. 만약 '국내산 1++등급 생족' 문구를 사용한다면, 그에 대한 공신력 있는 서류나 인증서를 매장과 온라인에 명확히 게시해야 한다. 라이브 방송을 통해 당일 사용하는 재료의 상태와 품질을 실시간으로 보여주는 방식도 충분히 활용할 수 있다. 나아가 도축장에서 원물을 직접 고르는 장면을 촬영해 매장이나 콘텐츠로 활용하는 것도 제안했다.

　하나 알아야 할 점은 '당일 도축 상품'이란 말은 거짓이다. 나도 한우를 팔아봐서 구조를 잘 아는데 '당일 도축 당일 판매'는 불가능하다. 여러 필수적인 과정을 거쳐야 하기 때문에 도축일로부터 최소 하루는 지나야 판매할 수 있다. 시중의 '당일 도축'은 대개 '어제 도축해서 오늘 판정받은 고기'를 의미한다. 거짓말하다 걸리지 마시길 바란다.

상세페이지를
살아 숨 쉬게 하라

마트에서 회를 살 때 우리는 날짜만 보지 않는다. 몇 시에 회가 진열되었는지까지 확인한다. 그만큼 신선함은 '날짜'가 아니라 '시간'의 문제다. 상세페이지 역시 날짜라는 정지된 정보에 시간이라는 흐름을 더해야 페이지가 살아 움직인다. 앞서 언급한 한우 업체 역시 소고기 이력제와 연동해 도축일을 상세페이지에 지속해서 업데이트한다.

"2026.03.18 도축한 한우 판매"

"오늘 오전 10시 이전 주문 시 내일 새벽 배송"

이런 식으로 신선함을 구체적으로 보여준다.

상세페이지에서 고객의 신뢰를 얻는 비결은 과장된 표현이 아니라 언어의 신선함과 정성에 달려 있다. 시계 매장도 진열을 자주, 새롭게 바꾼다는 것을 아는가? 스와치는 동일 제품을 3개월 이상 진열하지 않는다. 끊임없이 최신 트렌드를 반영하기 때문이다. 공산품도 이러한데, 신선도가 핵심인 식품은 더 말할 것도 없다.

J에게도 동일한 전략을 제시했다.

신선함을 강조하는 실시간 정보를 표시하라

단순한 날짜 표기가 아니라 시간 단위까지 추가하면 신뢰도는 분명히 달라진다. "오늘 드시는 족발은 3월 12일 도축된 싱싱한 경북 ○○산"처럼 말이다. 여기에 시간을 더하면 신선도는 훨씬 구체적으로 보인다.

- "오전 10시 입고, 오후 3시 조리 완료"
- "금일 오전 5시 직접 삶아낸 촉촉한 족발"

차별화의 핵심은 '신선하다'는 말이 아니다. 고객이 직접 시간을 확인하며 믿을 수 있게 만드는 것이다. 몇 시에 조리됐고, 몇 시에 출고되는지를 명확히 보여주면 신선도는 설명이 아니라 사실이 된다.

상세페이지에 실시간 업데이트와 라이브 요소를 추가하라

J가 상세페이지에 고객이 방문할 때마다 새로운 정보가 보이도록 구성하자, 페이지는 살아 움직이는 공간이 되었고 신뢰도도 자연스럽게 올라갔다. 내가 제안한 방법은 크게 3가지였다.

첫째, 사이트 내 '오늘의 족발' 코너를 운영한다. "오늘 입고된 국내산 생족발: 3월 18일 오전 6시 도축", "현재 숙성 중인 육수: 12시간 우려낸 깊은 맛", "현재 삶아지고 있는 족발: 오후 2시 조리 시작"과 같은 문구를 그대로 노출했다. 고객이 접속할 때마다 달라지는 정보를 보면서 '지금 막 만들어지고 있구나'라는 현장감을 느끼게 된다.

둘째, 라이브 카운트 기능을 추가한다. "현재 오늘 판매된 족발 127개", "지금 막 삶아진 족발 15개 남았습니다."와 같이 수치를 통해 현장감을 전달했다. 숫자가 실시간으로 변하는 것을 보면, 고객은 자연스럽게 '지금 주문해야겠다'는 생각을 하게 된다.

셋째, 주문 상황을 실시간으로 노출한다. "현재 12명이 이 족발을 보고 있습니다.", "방금 ○○○님이 냉채족발을 주문했습니다."라는 문구로 실제 주문 흐름을 보여줬다. 다른 사람들이 주문하는 모습을 보면 신뢰도는 자연스럽게 올라간다.

차별화의 핵심은 정적 정보가 아니라 변화였다. 사이트에 접속할 때마다 새로운 정보가 뜨자, 고객들은 이 브랜드가 제대로 관리되고 있다고 느꼈다. 여기에 실시간 데이터가 더해지면서, 고객의 마음속에는 자연스럽게 '지금 사야겠다'는 판단이 섰다.

고객 참여 유도로 신선함을 증명하라

고객이 직접 참여하면서 신선도를 확인할 수 있도록 유도하자. J에게 제안한 방법은 고객을 '신선도 증명의 주체'로 만드는 것이었다.

첫째, 고객이 받는 족발의 도축일을 확인하게 한다. 개별 주문서에는 "고객님이 받으실 족발은 오늘 아침 7시에 삶아졌습니다."라고 표기했다. 고객이 자신의 족발에 대한 구체적 정보를 받으면, 신뢰는 개인화된다.

둘째, 포장지에 추적 가능한 단서를 심는다. 고객이 포장지의 QR코드를 찍으면, 오늘 사용된 원육의 도축일과 산지 정보를 확인할 수 있도록 했다. "지금 드시는 족발, 어디에서 왔을까요?"를 클릭하면 '이번주 사용된 원육 리스트'를 제공했다. 고객이 직접 확인하는 순간, 의심은 신뢰로 바뀐다.

셋째, 고객 인증 이벤트를 진행한다. 배달된 족발과 시간이 표시된 상세페이지를 찍어 인증하면 할인쿠폰을 지급하는 이벤트를 운영했다.

고객이 막 잡은 신선육 족발을 먹었다는 인증숏과 글을 SNS에 올리면 혜택을 제공했다.

QR코드를 활용해 '당신이 먹는 족발의 신선함을 직접 확인할 수 있다'는 점을 강조하자 신뢰는 더욱 높아졌다. 그 결과 고객 스스로 '이 족발이 신선하다'고 증명하는 콘텐츠를 만들어내기 시작했고, 자연스럽게 바이럴로 이어졌다.

신선도를 활용해 스토리텔링 마케팅을 하라

신선도를 강조하되, 고객이 재미있게 기억할 수 있도록 스토리텔링을 활용하면 마케팅 효과는 더 강력해진다. 딱딱한 정보 전달이 아니라, 족발이 나오는 과정을 이야기로 풀어내는 것이다.

첫째, 캐릭터를 설정하고 브랜드 스토리를 활용한다. 예를 들면 이런 식이다. '이 족발은 오늘 아침 6시에 태어났습니다', '12시간 정성껏 우려낸 한방 육수에서 4시간 전신욕 후 지금 나왔습니다'와 같은 이야기를 만든다. 족발을 의인화하면 고객은 정보가 아닌 이야기로 기억한다.

둘째, SNS에서 신선도와 관련한 재미있는 콘텐츠를 제작한다. 예를 들면 '당신이 먹는 족발, 몇 시간 전에 삶아졌을까?'라는 퀴즈를 진행했다. 또한 '내가 받은 족발은 며칠 몇 시에 도축되었을까요?'를 맞히는 고객에게 할인 혜택을 제공했다. 게임처럼 만들면 참여도가 올라간다.

셋째, '우리 족발은 공장에서 찍어내지 않습니다'를 강조한다. '이 족발이 오기까지'라는 주제로 도축부터 입고, 조리까지 전 과정을 담은 타임랩스 영상을 제작했다. '지금 이 순간, 당신의 족발이 삶아지고 있습니다'라는 실시간 조리 방송을 라이브로 진행했다.

차별화의 핵심은 고객이 신선함을 직접 체험하게 만드는 것이다. 여기에 스토리텔링과 유머를 적절히 더하자 브랜드에 대한 기억도가 높아졌고, 영상과 SNS를 통한 확산도 자연스럽게 뒤따랐다.

검색어 전략으로
족발 마케팅에 성공하다

소비자가 무엇을 검색하는지를 아는 것은 성공적인 마케팅의 출발점이다. 그래서 J에게도 족발과 관련된 검색어를 3가지 관점에서 분석하고 활용하면 온라인 노출을 극대화할 수 있다는 점을 알려줬다.

첫째는 검색어 분류와 활용이다. 우선 네이버 키워드 도구, 블랙키위, 키워드마스터 등에서 본인이 익숙한 도구를 하나 골라 키워드를 검색한다. 이때 월간 검색 수를 기준으로 내부 기준에 따라 '대·중·소' 검색어 구간을 나누고, 대략 3:4:3 비율로 섞어 선택한다. 예를 들어 '순살족발', '미니족발', '무뼈족발' 같은 대표 키워드를 잡고, '매운 족발', '족발 도시락' 같은 세부 키워드를 조합한다. 여기에 'ㅇㅇ(지역명) 족발'처럼 지역명을 붙인 롱테일 키워드를 추가해 틈새를 공략한다. 각 도구에서는 검색량 대비 발행량이나 상품 수 등으로 계산한 경쟁 지표를 제공하므로 이 수치가 낮은, 즉 경쟁이 약한 키워드를 우선적으로 선택하면 검색 노출 가능성을 높일 수 있다.

둘째는 지역 및 세부 검색어 활용이다. J가 활동하는 지역이 안산인데, '안산 족발 맛집'처럼 포괄적인 검색어는 이미 경쟁이 치열하다. 대신 '안산 사동 족발', '상록구 매운 족발 맛집'처럼 더 잘게 쪼갠 세부 검색어를 타깃으로 설정해야 한다. 여기에 '족발 만드는 법', '매운 족발 만들기', '족발 잡내 제거', '족발 삶는 방법' 같은 정보성 키워드도 함께 넣는다. 구매 목적의 검색뿐 아니라 정보 검색을 하는 사람들까지 자연스럽게 끌어들이기 위함이다. 정보를 찾다가 '여기서 사면 되겠네'라고 생각하게 만드는 것이다.

셋째는 블로그와 SNS 전략이다. 검색 순위를 유지하려면 꾸준한 업데이트가 중요하다. 블로그에는 조리 과정이나 꿀팁, 조리법 영상을 올리고, 정기적으로 신선한 콘텐츠를 제공한다. 제목을 어떻게 잡느냐, 어떤 실시간 정보를 담느냐에 따라 소비자의 유입은 크게 달라진다.

크게 본다면 핵심은 2가지다. 검색 수와 경쟁 강도를 분석하고, 이를 바탕으로 효과적인 키워드 전략을 세우는 것이다. 여기에 지속적인 키워드 분석과 콘텐츠 관리가 더해져야 한다. 이것이 족발 사업을 돋보이게 만드는 매우 중요한 전략이다. 경쟁에서 앞서가기 위해서는 부지런한 업데이트와 틈새 검색어 공략이 필요하다. 검색 노출은 단순한 광고가 아니라, 전략의 결과이기 때문이다.

키워드 찾기는 3단계면 된다. 30분 투자로 3개월 쓸 키워드를 확보해보자.

1. 무료 도구로 후보 키워드 찾기
- 네이버 광고(searchad.naver.com) 접속 → 도구 → 키워드 도구
- 업종 대표 키워드 입력

  예를 들어 '족발', '빵', '반찬', '농산물'처럼 내 업종을 가장 잘 설명하는 단어를 3~5개 입력한 후 연관 키워드 목록을 모두 내려받는다.
- 월간 검색량과 경쟁 강도 확인

  내 블로그 지수·광고 예산이 낮다면 너무 큰 검색량 키워드는 과감히 버리는 것이 좋다. 권장 예시는 이렇다.
  - 월간 검색량 100 이상(조기 블로그·소상공인 기준, 상황에 따라 100~2,000 구간 우선 추천)
  - 경쟁 강도 '낮음' 또는 '중간'
  - '주문', '예약', '배달', '직거래', '추천', '가격'처럼 구매 의도가 비교적 뚜렷한 단어 위주로 표시해둔다.

2. 큰·중간·틈새 키워드로 나누기
- 분류 기준(심플 버전)
  - 큰 키워드: 월간 검색량 상위 10~20%, 경쟁 '중간~높음'.
  - 중간 키워드: 월간 검색량 상위 20~50%, 경쟁 '중간' 수준
  - 틈새 키워드: 검색량 적지만 경쟁 '낮음', 지역명·구체 상황·정보성 단어가 붙은 것. 이들은 검색 의도가 구체적이어서 전환율이 높은 경우가 많다.
- 업종별 예시
  - 음식점

    큰: '족발 맛집', '반찬 배달'

    중간: '매운 족발', '집반찬'

    틈새: '안산 사동 족발', '족발 잡내 제거법'

- 제과점
  큰: '빵집 추천', '케이크 주문'
  중간: '생크림 케이크', '단팥빵'
  틈새: '○○동 빵집', '빵 보관법'
- 농산물
  큰: '딸기 직거래', '사과 배송'
  중간: '유기농 딸기', '꿀사과'
  틈새: '충주 사과', '딸기 보관 방법'

3. 검색어 전략 시트로 정리
- 간단한 표 만들기
  세로열의 예시로는 키워드, 유형(큰·중간·틈새), 월간 검색량, 경쟁 강도, 비고 (구매 의도, 지역 등)를 설정한다.
- 활용 원칙만 메모
  - 광고·상세페이지·메인 카테고리: 큰 키워드 중심으로 조합한다.
  - 일반 콘텐츠·블로그·정보 글: '중간+틈새' 키워드 위주로 조합한다.
  - 지역·니치 공략: 틈새 키워드를 묶어서 별도 캠페인 또는 다른 콘텐츠 세트로 사용한다.

거창한 분석보다 꾸준한 업데이트가 중요하다. 1일 1포스팅이 검색 노출의 비결이다.

딴 우물
파도 된다

'한 우물만 파야 성공한다'는 말은 유통기한이 지난 격언이다. 이토록 변화무쌍한 시대에는 기존의 업을 털고 전혀 다른 길을 선택해 성공하는 사례가 훨씬 많다. 중요한 건 경력의 일관성이 아니라, 새로운 기회를 발견했을 때 자신의 과거와 이별할 수 있는 용기다.

마윈은 IT 전문가도, 비즈니스 엘리트도 아니었다. 평범한 영어 교사 출신이었으며, 컴퓨터 프로그래밍도 몰랐다. 대학 입시에도 두 번이나 실패했다. 하지만 그는 인터넷이 세상을 바꿀 거라 믿었고, 결국 알리바바를 창업해 세계적인 기업으로 키워냈다.

줄리아 차일드는 2차 세계대전 당시 미국 OSS, 즉 지금의 CIA 전신에서 정보 분석 요원으로 일했다. 전쟁이 끝난 뒤 요리에 대한 열정을 발견했고, 프랑스 요리 학교에서 공부한 후 세계적인 요리 연구가이자 스타 셰프가 되었다.

처음 밝히는 이야기인데, 나 역시 30년간 마케팅과 유통 업계에서 이름을 날려왔지만 어디에서도 내 첫 전공을 드러낸 적은 없다. 고백하자면 나는 전기공학과를 전공했고, 대학원에서는 전기공학 석사를 전공했다. 적성에 전혀 맞지 않았다. 그럼에도 대학과 대학원 모두 장학생으로 들어가 장학생으로 나왔다. 첫 직장도 공학 분야 연구소의 연구원이었다. 일도 잘해 모범사원 표창도 받았다.

하지만 뜻하지 않게 마케팅에서 두각을 나타내며 전업하게 되었고,

이후 홈쇼핑 쇼호스트를 하면서 또 다른 재능을 발견해 매출 기네스북에 올랐다. 지금은 마케팅 컨설팅 회사를 운영하며 기업들의 마케팅 컨설팅 섭외 0순위를 달리고 있다. 예전의 나를 아는 사람들은 놀란다. 말수 적고 공부만 하던 선비 같은 사람이 어느 날 TV에 나와 강한 퍼포먼스를 보이며 매출 기록을 세우니, "저 사람이 정말 옛날 그 사람이 맞나?" 하고 묻는다.

J 역시 마찬가지다. 기존 업과는 전혀 다른 선택을 했다. '족발도 품격 있는 음식이 될 수 있다'는 믿음 하나로 인사팀장에서 요식업 전문가로 방향을 틀었다. 그리고 외모에 대한 편견과 싸우는 대신 상황을 바꿨고, '잡내 없는 족발'이라는 품질로 그 지역의 2만 세대를 사로잡았다.

J의 창업 초기의 어려움은 더 단단한 가게로 성장하기 위한 디딤돌이 되었다. 아직 규모는 작지만 대기업이 흉내 낼 수 없는 장인의 방식이 있다. 기계가 아니라 사람의 손으로, 열정으로 손질하고 우려내며 긴 시간을 기다려 만든다. J는 자신만의 기준을 타협하지 않는다. '나 자신이 감동하는 족발이 아니면 내보내지 않는다'는 원칙이 지금의 J를 만들었다.

고인 물은 깊어질 수 있어도 넓어질 수 없다. 틀 밖으로 나온 사람이 새로운 길을 만든다. 당신은 익숙한 궤도를 이탈할 용기가 있는가? 궤도를 벗어난 행성만이 스스로 빛나는 항성이 될 수 있다.

09

골목의 작은 오븐이
세상을 지배하는 법

: 프랜차이즈가 흉내 낼 수 없는 단 하나의 무기

$$\boxed{\text{사장님의 분투}}$$

Q.

빵은 잘 만드는데,
왜 안 팔릴까요?

낯선 동네를 지나가다 프랜차이즈가 아닌 개인 빵집을 보면, 당신은 보통 2가지를 생각한다. '요즘도 동네 빵집이 있네.' 그러고 나서 곧바로 이어지는 생각은 '얼마나 버틸까?'이다. 그만큼 자영업이 힘들다는 걸 당신도 이미 알고 있다는 뜻이다. 그에 더해 늘 다니던 익숙한 길에서, 새로 문을 연 동네 빵집을 발견했을 때 드는 생각은 보통 이렇다.

'아이고, 무모하다.'

그 예상을 뒤집은 이야기다. 퇴근길에 P는 배가 고팠다. 기운이 없었고, 딱히 땡기는 것도 없었다. 그러다 우연히 작은 빵집 하나를 발견했다. 갓 구운 빵 한 조각을 사서 한입 베어 물었다. 따뜻하고 부드러운 식감, 고소한 향이 입안에 퍼지자 하루의 피로가 스르르 풀리는 기분이 들었다. 그 한 입이 P의 인생을 바꿨다. 20년 직장생활 처음으로 '내가 만들고 싶다'는 욕망을 느낀 순간이었다.

이야기는 그렇게 시작됐다. 처음부터 빵을 만들겠다는 계획이 있었던 것도 아니고, 제빵을 배운 적도 없었다. 그저 평범한 직장인이었다. 하지만 배고픔을 달래기 위해 무심코 먹었던 빵 한 조각이 생각보다 깊은 울림을 남겼고, 그 감정은 머지않아 행동으로 이어졌다.

그날 이후 P는 빵을 단순한 취미가 아니라, 제대로 배워야 할 대상으로 보기 시작했다. 퇴근 후 시간이 날 때마다 제빵 관련 서적을 찾아 읽었고, 주말이면 수없이 빵을 구우며 스스로 실험했다. 그러다 독학만으로는 한계가 있다는 걸 인정하고, 전문 제빵 교육을 받기로 결심했다. 학원에서 기초부터 다시 배웠고, 다양한 빵을 만들며 맛과 공정을 하나씩 익혀갔다. 그렇게 작은 호기심이었던 제빵은, 점점 인생의 새로운 목표로 자리를 잡아갔다.

문제는 현실이었다. 프랜차이즈 빵집이 대세가 되어버린 지금, 동네 빵집이 과연 설 자리가 있을까 하는 의문이었다. 개인이 운영하는 빵집은 찾기조차 어렵고, 그나마 살아남은 곳들은 이미 오랫동안 자리를 지켜온 터줏대감들이었다. 프랜차이즈도 아니고, 단골이 쌓인 동네 빵집도 아닌 새로운 가게라니…. 이도 저도 아닌 상태로 문을 연다는 건 누가 봐도 무모한 도전처럼 보였다. 과연 가능할까?

그럼에도 P는 '맛' 하나로 승부를 보고 싶었다. 전부를 쏟아 만든 빵이라면, 고객은 결국 알아줄 거라는 믿음이었다. 그런 뚝심 하나로 마음을 굳혔고, 꿈을 현실로 만들기로 결단했다. 스스로는 이미 충분히 만족스러운 빵을 만들고 있다고 느꼈다. 하지만 다른 고민이 뒤따랐다. '내

가 만족하는 이 빵을, 과연 다른 사람들도 좋아해줄까?'

P는 번듯한 회사원이었고, 안정적인 월급을 받으며 살고 있었다. 회사에서 회사로 옮기는 것도 쉽지 않은 선택인데, 잘 다니던 직장을 그만두고 모든 책임을 혼자 져야 하는 사업을 시작한다는 건 더 큰 결단이었다. 두렵기도 했고, 머릿속은 복잡했다. 하지만 결국 P는 자신의 심장이 뛰는 쪽을 따르기로 했다.

한 번뿐인 인생이라면, 좋아하는 일을 해보자는 결심이었다. 그렇게 안정적인 직장을 떠났고, 작은 가게를 임대해 본격적으로 동네 빵집을 시작했다.

정글의 한복판에서 불을 지피다

가게를 낸 곳은 서울의 한 구청 인근이었다. 주거 지역이 대부분인 동네였고, 주변에는 오래된 개인 빵집과 프랜차이즈 빵집들이 이미 빽빽하게 자리 잡고 있었다. 동네 빵집이 새로 들어와 살아남기에는 결코 쉬운 환경이 아니었다. 그럼에도 P에게는 나름의 자신감이 있었다. '맛' 하나만큼은 누구에게도 지지 않을 거라는 확신이었다.

P는 가게를 열며 3가지 원칙을 세웠다. 매일 직접 만든 빵만 판매할 것, 첨가제나 방부제를 쓰지 않은 건강한 빵을 만들 것, 마가린이나 쇼트닝 대신 프랑스산 자연발효 버터를 사용해 풍미를 살릴 것.

오픈 이후 반응은 조금씩 나타나기 시작했다. 이 원칙을 고수한 덕분에 가게는 서서히 입소문을 탔다. 처음에는 단골 한두 명이 늘어나는 정도였지만, '먹어보고 깜짝 놀랐다'는 말들이 오가며 손님 수는 조금씩 늘어갔다.

하지만 현실은 생각보다 훨씬 냉정했다. 첫 달부터 예상치 못한 위기가 찾아왔다. 새벽부터 준비한 빵들이 정오도 되기 전에 모두 팔려버린 날이 있었다. 처음엔 기뻤지만, 뒤이어 찾아온 손님들에게 "이미 품절되었습니다."라고 말해야 했고, 실망한 표정들이 오래 마음에 남았다. 그래서 어떤 날은 더 많은 양을 준비했다. 그러자 이번에는 빵이 남았다. 결국 상당량을 폐기해야 했다. 수요 예측은 어떻게 해야 하는지, 재고 관리는 어떻게 해야 하는지 도무지 감이 잡히지 않았다. 하루하루가 계획 없이 흘러가며 위기의 연속처럼 느껴졌다.

가격 문제도 부담이었다. 좋은 재료를 쓰다 보니 원가는 자연스럽게 높아졌고, 소비자 가격을 쉽게 낮출 수도 없었다. '동네 빵집치고는 너무 비싸다'는 말을 남기고 돌아서는 손님들도 있었다. 그럴 때마다 재료와 타협할까 하는 유혹이 고개를 들었다. 하지만 품질만큼은 포기할 수 없었다. 정말 맛있는 빵을 만들겠다는 초심을 지키기 위해, P는 마케팅과 홍보를 다시 고민하기 시작했다.

돌아보니 가장 큰 문제는 바로 자신이었다. 빵을 잘 만드는 것과, 그 빵을 잘 파는 것은 전혀 다른 일이었다. 손님들이 들어와 빵 앞에서 망설일 때도 먼저 말을 건네지 못했고, 밝게 웃으며 응대하는 일도 어색했다. 하루 종일 뜨거운 오븐 앞에서 일하다 보면, 손님을 맞이할 때조차 얼굴에 여유를 띄우기 어려웠다. 표정은 굳어 있었고, 가게 분위기 역시 자연스럽게 무거워졌다. 빵 굽는 솜씨는 프로였지만 사람 대하는 건 초보였다. 한번은 단골 할머니 한 분이 말로 때렸다.

"사장님, 빵은 맛있는데 얼굴은 왜 그렇게 늘 무섭게 하고 있어요?"

P는 방향을 바꿨다. 손님을 설득하는 법을 배우기 위해 마케팅 강의를 듣고, 잘되는 빵집들의 운영 방식을 하나씩 연구했다. 완벽하지는 않았지만 조금씩 태도를 바꾸려 노력했다. 그 변화는 서서히 결과로 나타났고, 단골손님도 다시 늘기 시작했다.

다음 목표는 온라인 판매였다. 지역을 넘어 전국의 고객들에게 자신의 빵을 전하고 싶었다. 이를 위해 오프라인 매장부터 차근차근 준비를 시작했다. 매장 입구에는 포스터와 배너를 설치해 시선을 끌었고, 인스타그램을 통해 신제품을 꾸준히 알렸다. 포인트 적립과 월별 쿠폰 이벤트도 기획했다. 바쁜 일정 속에서 시간을 쪼개 유튜브 촬영도 병행했다.

맛있는 빵으로 작은 행복을 전하는 것, 그것이 P가 이 가게를 운영하는 가장 큰 이유다. 하지만 그 마음을 지키기 위해서는, 결국 더 많은 사람과 소통하고 더 잘 알려야 하는 과정이 필요했다. 문제는 여전히 그 지점이 막막하다는 점이었다. 맛으로는 이길 수 있었다. 하지만 그 맛을 믿어야 할 이유를, 어떻게 보여줘야 할까? 더 큰 비전을 향해 나아가기 위해 P는 새로운 해답이 필요했다.

A.

맛있어도 팔리지 않는 건,
그 맛을 믿어도 될 이유가 눈앞에 보이지 않기 때문이다

나는 과거에 프랜차이즈 베이커리를 컨설팅한 적이 있다. 그때 매장에서 고객이 가장 많이 하는 질문 1위는 이것이었다.

"이 빵은 언제 만든 거예요?"

그 질문을 받을 때마다 사장님은 답한다.

"방금이요."

"조금 전에 나왔어요."

하루에도 몇 번씩 같은 말을 반복하다 보면 직원도 지치고 피곤해진다. 그렇다면 "매일 직접 만든 빵만 판매합니다." 이 문구를 크게 붙여두면 해결될까? 효과 없다. 고객들은 흘려보낸다. 그래서 접근을 바꿨다. 말로 설명하는 대신, 고객이 스스로 확인하게 만드는 방식이었다. 의심은 말로 풀리지 않는다. 증거를 보아야 풀린다.

시간을 보여주는
작은 장치들을 활용하라

첫째, 타임 깃발로 고객 질문을 선점하라. 빵마다 생산 시간을 표시한 타임 깃발을 꽂아두라 했다.

> 샌드위치 오전 07:00
>
> 식빵 오전 10:00
>
> 크로아상 오후 02:00

효과는 즉각적이어서 고객들은 더는 "언제 만든 거예요?"라고 묻지 않았다. 시간을 투명하게 공개하는 것만으로 사장의 입은 편해지고 고객의 손은 바빠진다. 또 매장 한편에 디지털 보드나 타이머를 설치해 빵 제조를 실시간으로 중계하는 것도 빵이 살아 움직인다는 느낌을 준다.

둘째, 감각적 언어로 골든타임을 강조하라. 감각적인 표현도 힘이 있다. '오늘 만든 빵'이라는 표현만으로는 부족하다. 정보는 전달되지만, 먹고 싶다는 감정까지 건드리지는 못한다. 대신에 "식기 전에 먹는 빵집", "2시간 안에 태어난 빵을 만나는 곳", "빵마다 만들어진 시간을 확인할 수 있는 곳"이라는 문구는 빵의 신선함을 설명하는 동시에, 지금 이 순간이 아니면 누릴 수 없다는 인상을 준다. 이런 문구는 매장 안에서도 쓸 수 있고, 온라인이나 SNS에서도 그대로 활용할 수 있다. 복잡한 설명 없이도 신선함과 차별화를 함께 전달하는 방식이다.

셋째, 방문 전에 선제적으로 기대감을 심어라. 신선함을 미리 고지하는 방법이다. 고객이 매장에 오기 전에 갓 구운 빵이 언제 나오는지 알 수 있도록 인스타그램 스토리, 문자 알림, 카카오톡 채널 등을 활용한다. "10분 후, 따끈한 식빵이 나옵니다!" 같은 알림을 보내는 방식이다. 실제 이 방식을 사용하여 평소보다 오후 방문객이 30~40% 늘었다. 고객들은 시간에 맞춰 찾아왔고, 목적했던 빵만이 아니라 다른 제품도 함께 구매했다.

여기서 한 걸음 더 나아갈 수 있다. 매장에서는 '갓 나온 빵 예약' 방식을 운영하는 것이다. 특정 빵이 나오기 전에 고객이 미리 주문하고 정확한 시간에 방문해 따끈한 빵을 받아가는 시스템이다. 고객 입장에서는 품절 걱정 없이 가장 신선한 상태의 빵을 받을 수 있었으며, 매장 입장에서는 수요를 예측할 수 있어 폐기량도 획기적으로 줄어들었다.

타이머를 활용한 이벤트도 효과적이다. '방금 나온 크로아상! 첫 3명 무료 증정' 같은 방식으로, 특정 시간에 맞춰 방문한 고객에게 혜택을 주는 것이다. 타이머가 0이 되는 순간을 고객이 기다리게 만드는 전략은 신선함을 정보가 아니라 이벤트로 만든다.

재료를 드러내는 실물을 전시하라

재료 자체를 보여주어라. '첨가제나 방부제 없이 건강한 빵'이라는 문구는 평범하다. 고객 입장에서는 '요즘 방부제 안 넣는 음식이 어디 있어?'라는 의문이 먼저 든다. 그래서 이 경우에는 주장보다 빵 내부를 확인시켜줘야 한다.

첫째, '재료 원산지 보증' 라벨을 부착한다. 매장 내 제품마다 원재료 라벨을 부착해, 소비자가 한눈에 어떤 재료를 사용했는지 확인할 수 있도록 한다. 예를 들어 "이 빵은 프랑스산 자연발효 버터와 국내산 밀가루로 만들었습니다."처럼 구체적으로 표기한다. 막연한 '건강한 빵'이 아니라 '좋은 재료로 만든 빵'으로 인식되는 순간, 고객의 태도는 달라진다. 여기에 QR코드를 추가해 스캔 시 원재료 정보와 사용 공정, 생산 일자까지 확인할 수 있도록 구성한다. 투명하게 공개할수록 의심은 줄어든다.

더 직접적인 방법도 있다. 매장 한쪽에 작은 진열대를 마련하고, 실제 사용하는 재료의 포장지와 원산지 증명서를 전시하는 것이다. 프랑스산 발효 버터의 수입원장, 국내산 밀가루 인증서, 유기농 설탕 포장지…. 고객이 원하면 언제든 가까이서 확인할 수 있도록 한다. 실제로 이 방식을 도입하자 "수입원장까지 보여주는 곳은 처음이다.", "진짜 사용하고 있구나. 믿음이 간다."는 평이 늘었다.

둘째, 컨설팅 현장에서 자주 사용하는 방식은 제조 과정을 타임랩스 영상으로 만드는 것이다. 단순히 빵이 만들어지는 장면을 보여주는 것이 아니라, 첨가제 없는 재료로 빵이 어떻게 완성되는지를 처음부터 끝까지 보여주는 콘텐츠를 만든다. 예를 들어 '우리는 합성 첨가물 대신 이런 방식으로 빵의 식감을 만듭니다'라는 설명과 함께 밀가루 숙성 과정, 천연발효 과정을 타임랩스 영상으로 담아 유튜브와 매장 내 TV에서 반복 노출한다. 설명 없이도, 과정을 보는 것만으로도 차이가 전달된다.

셋째, 온라인으로 확장해 신뢰를 강화한다. 온라인 쇼핑몰이나 인스타그램 프로필에 '모든 제품은 제조 과정을 온라인에서 직접 확인할 수 있습니다. 그만큼 재료와 공정에 자신이 있습니다' 같은 문구를 활용해 신뢰 메시지를 정리한다.

더 나아가 원재료 인증 페이지를 별도로 개설하는 방법도 있다. '이 빵은 이런 과정을 거쳐 만들어집니다'라는 정보 페이지를 제공하는 것이다. 각 원재료의 공급업체, 원산지, 인증 여부를 상세히 표기한다. 제품을 클릭하면 '이 빵은 국내산 밀가루와 프랑스산 버터를 사용해 ○○ 공정으로 만들어졌습니다'라는 식의 정보를 확인할 수 있도록 구성한다. 고객은 주장이 아니라 증거를 원한다.

빵이 아니라
재료를 먹여라

'마가린이나 쇼트닝이 아닌 프랑스 자연발효 버터로 더 깊은 풍미가 있다'라는 표현을 강조하면, 소비자는 오히려 의구심을 가질 수 있다. '정말 이 작은 빵집에서 그런 질 좋은 재료를 사용할까?'라는 생각이 들기 때문이다. 이럴 때는 재료의 민낯을 체험시키는 파격이 필요하다.

첫째, '이 빵의 버터를 직접 확인하세요!' 시식 코너를 운영한다. 매장 한편에 작은 시식 공간을 마련하고, 빵에 사용되는 프랑스산 자연발효 버터를 보란 듯 쌓아두고 고객이 직접 맛볼 수 있게 한다. 고객이 원하면 빵에 사용되는 버터를 직접 만져보고 향을 맡아볼 수 있도록 작은 체험 공간을 마련한다.

나이프로 버터를 잘라 크래커나 빵 한 조각과 함께 시식할 수 있도록 하면, 설명 없이도 차이가 전달된다. '세상에, 저 비싼 버터를 저렇게 쌓아놓고 쓴다고?'라는 경탄이 나오게 하되 보기 좋게 전시하는 것까지는 필요없다. 막 창고에서 꺼낸 듯한 투박함이 더 진실되게 보인다.

둘째, 버터 인증마크를 노출시켜 차별화를 명확히 한다. 프랑스산 자연발효 버터를 사용한 제품에는 별도의 인증마크를 부착한다. 예를 들어 'Real French Butter(진짜 프랑스산 버터)' 같은 표시를 통해 한눈에 구분할 수 있도록 한다. 재료의 물증은 맛의 계급을 결정한다. 나아가 재료명을 제품명에 넣는다. 버터 크로아상이 아닌 버터명을 활용한 에쉬레 크로아상이나 레스큐어 데니쉬로 명명한다. 유명 가죽이 명품 가방의 가치를 증명하듯, 재료가 빵의 가치를 증명한다.

셋째, 매장의 시청각 장치에 정통을 입혀라. 프랑스풍 메뉴판, 샹송 음악, 프랑스식 앰버 글로우amber glow 조명을 활용해 매장 분위기를 연출한다. 예전에 매장 컨설팅을 하면서 익힌 노하우인데 사람은 노을 같은 노르스름한 황금색golden brown 빛을 보면 편안함과 안도감을 느낀다. 매장 조명이 그런 맛있는 색일 때 고객은 긴장을 풀고 충동 구매에 너그러워지는 심리 상태가 된다.

당신이 강조하고 싶은 것이 무엇인지 먼저 정하라. 신선함인가, 재료의 급인가, 아니면 기술인가? 결정했다면 이제 물증을 꺼내라. 의심하는 고객에겐 설명이 아니라 목격시키는 것이 답이다.

1. 계산대 옆에 '물증'을 무심하게 던져두라. 빵집이라면 수입원장, 카페라면 원두 포장지, 음식점이라면 식재료 인증서를 말이다. 고객 동선에 강제 노출되면서 비용은 들지 않고, 신뢰도는 올라간다. 지인이 운영하는 두부요리전문점도 계산대 옆에 파주 장단콩 포대 자루를 쌓아놓은 뒤로 손님들이 줄을 서기 시작했다.
2. 매장을 중계하라. 제품 생산 시간을 공개하거나 주방의 활기를 SNS에 실시간으로 올리거나 주방 내부를 모니터를 통해 보여주는 방식이다.
3. 고객의 오감을 사로잡을 체험의 덫을 놓아라. 시식 코너든, 샘플 제공이든, 무료 시연이든. 한 번 경험한 고객은 설명 없이도 이해한다. 고객은 자신의 눈과 혀를 통한 경험만을 믿는다.

시간을 팔면
가격은 정당해진다

6,000원짜리 바게트는 비싸다. 하지만 72시간 숙성한 바게트라면 같은 가격도 받아들인다. 차이는 한 줄, 시간이라는 스토리다. 고객은 밀가루 덩어리가 아니라 그 빵을 위해 셰프가 오븐 앞에서 보낸 시간의 밀도에 지갑을 연다. 문제는 그 시간이 보이지 않는다는 것이다. 그래서 보이지 않는 시간을 보이게 만들어야 한다.

직원에게 명찰이 달린 유니폼을 입혀라

빵의 정성을 시간으로 표현했다면 그 시간을 책임지는 직원에게 권위를 부여하는 작업이 필요하다. 유니폼은 직원이 프로가 되었음을 의미한다. 여기에 이름과 역할이 함께 적힌 맞춤형 명찰을 더하면 프로는 완성된다.

"김○○ 크로아상 마스터", "이○○ 식빵 장인", "박○○ 바리스타"

이러한 방식은 직원별로 가장 자신 있는 메뉴나 특기를 드러내는 데 도움이 된다. 고객은 누구에게 무엇을 물어보면 될지 자연스럽게 알게 되고, 질문이나 대화로 이어가기 쉽다. 또한 직원이 자신의 역할과 전문성을 명확히 인식한 상태에서 일할 수 있도록 돕는다. 그 결과 고객에게는 신뢰를 주고, 직원은 알바가 아니라 '장인'의 이미지로 인식된다.

빵에 스토리를 부여하라

스토리는 시간에 정서적 무게를 더한다. 예전에 프랜차이즈 빵집에 도입했던 "임금님도 즐겨 먹던 개성 도넛", "엄마랑 장 볼 때 먹던 그때 그 도넛" 같은 문구도 그런 시도였다. 과거 그 시절의 추억으로 빠져들게 했다. 소비자는 설명보다 장면에 반응했고, 결과는 매출로 이어졌다. 이야기를 전하는 방식은 어렵지 않다. 빵을 구매하는 고객에게 해당 빵의 유래나 제조 배경을 간단히 소개한 미니 카드를 함께 제공하는 것이다.

"이 바게트는 프랑스 농부들이 하루 노동을 마치고 가족과 나누어 먹던 빵에서 영감을 받았습니다."

이 정도 문장만으로도 빵의 성격은 분명해진다. 매장 안에 작은 설명 패널을 두는 것도 같은 맥락이다.

"이 도넛은 1970년대 장터에서 어머니가 아이에게 사주던 달콤한 간식에서 착안했습니다."

고객은 탄수화물을 사는 게 아니라, 누군가의 추억과 연결된 시간을 산다.

시간의 경과를 보여주는 타임라인을 활용하라

반죽과 발효 과정을 드러내는 방식도 있다. 발효와 숙성의 흐름을 매장 안에서 보여주는 것이다. 예를 들어, '이 반죽은 현재 48시간 동안 저온 숙성 중입니다'와 같이 현재 상태를 표시하면, 빵이 만들어지는 시간을 고객이 직접 인식하게 된다. 벽 한쪽에 발효 과정의 흐름을 보여주는 것도 같은 효과를 낸다.

0시간: 밀가루와 물이 만남

12시간: 천연 발효균 활성

24시간: 풍미 형성

48시간: 완성

이처럼 시간의 경과를 보여주면, 빵은 '기다림의 결과물'로 보인다. 고객은 빵 한 조각에 담긴 48시간을 이해하고, 가격에 대한 저항은 자연스럽게 낮아진다. 제품 설명에도 시간을 넣을 수 있다.

"5일간 숙성하여 건강한 자연발효균이 최대치이며 깊은 풍미와 향을 즐길 수 있습니다."

72시간이든 5일이든, 구체적인 숫자가 들어가는 순간 고객은 그 시간에 가치를 매긴다. 실제 '72시간 저온 숙성'이라는 설명을 붙인 뒤, 가장 비싼 빵의 판매량이 20~30% 증가했다.

심리학과 행동경제학 연구에 따르면 사람은 특정 시점을 시간적 이정표temporal landmark로 인식할 때 변화 의지(구매 의지)가 높아진다. 다시 말해 빵이 만들어진 시점이 고객에게는 구매 이정표가 된다는 뜻이다. 시간은 보이지 않는 노력을 보이게 만드는 가장 간단한 방법이다.

· 천재의 한 수 ·

당신의 제품이나 서비스에 들어간 시간을 숫자로 보여줘라. 노력은 배신하지 않지만, 노력은 알리지 않으면 모른다.

1. 주력 상품을 골라 제작에 걸린 시간을 노출하라. 빵집이라면 발효 시간, 음식점이라면 육수 끓인 시간, 공방이라면 제작 소요 시간이다. 그 숫자를 메뉴판이나 제품 설명에 추가하라.
2. 직원 명찰에 이름과 함께 역할을 넣으라. 'ㅇㅇㅇ 전문가' 또는 'ㅇㅇㅇ 마스터'처럼 직원의 가슴에 전문성의 훈장을 달아주면 노동자도 아티스트로 변신한다.
3. 주력 상품 2, 3개에 비하인드 스토리를 소개하라. 유래, 영감의 출처, 특별한 제조 과정이 그렇다. 결과물만 진열하면 무미건조하지만 사연을 얹으면 진열대는 가치 있는 시간의 전시장이 된다.

동네 빵집도
브랜드가 될 수 있다

코칭한 모든 전략이 자리를 잡아가자 P의 매장을 바라보는 소비자의 시선이 달라졌다. 신뢰가 쌓이기 시작했고, 매출 증가와 함께 단골 고객층도 점차 두터워졌다. 특히 신선함을 강조한 언어 선택과 스토리를 덧입힌 브랜딩이 고객에게 자연스럽게 받아들여졌다.

언어를 바꾼 변화는 매장 안에서 더 분명하게 드러났다. '갓 구운 빵'은 '5시간 전 발효 시작'으로, '맛있는 빵'은 '72시간 숙성'으로 바뀌었다. 언어가 바뀌니 고객 평가도 변신했다. '동네 빵집치고는 괜찮네'라는 반응은 '여기가 그 발효 빵집이구나'로 바뀌었고, '빵 하나에 6,000원은 비싸다'는 말은 '72시간 숙성이면 이 가격이 이해된다'로 달라졌다. '사람이 많아 기다리기 싫다'는 생각도 '줄 서는 데는 이유가 있다'는 인식으로 옮겨갔다. 언어 하나로 빵집 사장님의 장인 정신이 보이기 시작한 것이다. 타이밍을 강조한 마케팅도 변화를 만들었다. 고객이 시간에 맞춰 매장을 찾는 루틴이 생겼고, 이는 자연스러운 방문으로 이어졌다.

코칭을 받기 전, P에게는 폐업을 고민하던 시기도 있었다. 그러나 지금은 2호점, 3호점을 고민하고 있다. '언어' 하나로 작은 빵집이 이렇게 달라질 수 있다는 사실이 놀랍다.

물론 시장 상황이 녹록한 것은 아니다. 행정안전부 자료에 따르면, 지난해 전국에서 문을 닫은 빵집은 3,500여 곳으로 폐업률이 18.5%에

달한다. 인건비와 재료비 상승으로 수익성이 악화됐다는 분석이 많지만, 치밀한 준비 없이 쉽게 뛰어든 경우도 많았으리라 본다. 그럼에도 동네 빵집이 지역 랜드마크를 넘어 전국적 팬덤을 거느린 브랜드로 거듭나는 사례는 끊이지 않는다.

1956년 대전역 앞 천막에서 찐빵을 팔다 대전의 명물이 된 성심당, 국내 최고最古 빵집으로 알려져 군산 여행 지도를 바꾼 이성당, 부산 남천동 작은 빵집에서 시작한 토종 베이커리로 유럽풍 격조를 입혀 전국구로 도약한 옵스OPS, 제주 동문시장 골목 도넛 가게에서 시작해 서울을 접수하고 글로벌 진출까지 성공한 아베베Abebe. 모두 골목의 작은 오븐이 세상을 지배하는 국가대표 브랜드가 됐다. 마진이라는 성장의 열매는 달콤하다. 성심당은 2024년 매출 약 1,940억 원, 영업이익 약 480억 원을 기록해 웬만한 중견기업을 압도한다.

행정안전부 자료에 따르면, 2025년 전국에서 영업 중인 빵집은 1만 9,430곳으로 약 2만 곳에 이른다. 최근 1년 사이 새로 생긴 빵집은 2,142곳으로, 전년 같은 기간 신규 빵집 1,711곳보다 25.1% 늘었다.[9] 도전을 선택하는 사람은 여전히 많고, 그중에 성공의 문턱을 넘는 이들은 반드시 나온다.

누군가는 아침마다 오븐을 켜며 폐업률 18.5%를 걱정하지만 누군가는 그 안에서 숙성되는 72시간의 기적을 믿는다. 통계는 시장의 평균을 말할 뿐, 시간을 구워낸 진심의 무게까지는 측정하지 못하니 말이다. 누구는 '위기'라 읽지만 누구는 그 위기 위에 자신의 이름을 새길 '기회'라 읽는다.

10

"이 세상에 싸고 맛있는 게 어딨어?"에 답하다

: 5평 가게로 5개 분점까지 늘린 돈카츠 가게

Q.
이 가게를 왜 기억해야 하는지
한 문장으로 말하지 못하겠어요

C는 일본 여행에서 돌아왔지만, 희한하게도 그날 먹었던 수제 돈카츠의 기억이 지워지지 않았다. 요즘 일본 여행을 안 가는 사람이 드물고, 가서 돈카츠 한 번 안 먹는 사람도 거의 없다. C도 마찬가지였다. 특별한 기대가 있었던 건 아니다. 맛집을 검색해보고 자연스럽게 돈카츠집에 들어갔다.

그 식당은 비좁고 허름했다. 가격도 쌌다. 솔직히 기대할 이유가 없어 보였다. 그런데 돈카츠 한 조각이 입안에 들어오는 순간 생각이 달라졌다. 바삭한 빵가루, 부드러운 생등심, 적당한 두께로 튀겨진 돈카츠가 만들어내는 풍미가 놀라울 정도였다. 고급스러웠고 깊었다. 무엇보다 가격이 저렴했다. 가게를 나오며 기분까지 좋아졌다.

문제는 한국이었다. 이렇게 고품질의 돈카츠를, 가볍고 빠르고, 저렴한 가격에 먹을 수 있는 곳을 찾기 어려웠다. 그때부터 C의 머릿속에 생각 하나가 자리 잡기 시작했다. '이 세상에 싸고 좋은 건 없다는 말, 내가 한번 깨볼까?'

보통 싸면 음식의 질이 떨어지고, 음식이 훌륭하면 가격이 비싸다. 가격과 품질은 늘 저울처럼 여겨진다. 한쪽을 택하면 다른 쪽은 포기해야 한다고 믿는다. 가성비와 품질을 동시에 만족시키는 건 거의 불가능에 가깝다. 그래도 C는 생각했다. 맛과 품질을 높이면서 가격은 낮추고, 서비스는 빠른 음식점이 불가능하지는 않을 거라고 말이다. 두 마리 토끼를 잡아보기로 했다. C는 가게 위치로 신촌 대학가를 선택했다. 지갑 사정이 넉넉지 않은 20대가 가장 많이 모이는 곳에서 학생들이 부담 없이 즐길 수 있는 고품질 돈카츠를 만들고 싶었다.

C의 돈카츠는 일반적인 냉동 돈카츠와는 달랐다. 일본에서 먹었던 그 맛을 떠올리며, 매장에서 직접 신선한 생등심을 손질했다. 대형 프랜차이즈가 수입 냉동육을 kg당 몇천 원대에 들여오는 반면, C는 국내산 생등심을 kg당 수만 원에 사다 썼다. 1kg 기준으로 원육 단가가 여러 배 차이 났다. 게다가 최고급 빵가루를 사용해 바삭함을 살렸고, 좋은 품질의 오일을 골라 느끼함을 줄였다. 주문과 동시에 튀겨 바로 내는 방식으로, 신선함을 끝까지 가져갔다.

하지만 돈카츠만 맛있다고 식사가 완성되는 건 아니었다. 평범한 된장국 대신 얼큰한 얼갈이 된장국을 내기로 했다. 은은한 매콤함이 기름진 돈카츠와 잘 어울렸고, 식사를 한층 더 든든하고 개운하게 마무리해주었다.

혼밥도 부담 없이,
빠르고 맛있게

가게를 열기 전, C는 3가지 가치를 정했다. 빠르고, 맛있고, 푸짐하게. 특히 혼밥을 선호하는 사람이 많아진 만큼, 혼자 와도 부담 없이 먹을 수 있는 공간을 만들고 싶었다. 우드 트레이에 1인용 돈카츠 정식을 정갈하게 담아냈고, 좌석도 마주 보는 자리보다 벽을 향한 1인석 위주로 배치했다.

또한 C는 주문부터 제공까지의 시간을 최대한 줄이기로 했다. 주문 후 음식이 나오기까지 걸리는 시간을 수분 내로 맞추기 위해 연습을 반복해서 다른 가게보다 획기적으로 줄였다. 다만 한 가지가 늘 걸렸다. 가게는 여느 식당과 다르게 만들고 싶었지만, 정작 매장의 가치를 한 문장으로 표현하는 일이 쉽지 않았다. 원하는 음식은 담아냈지만, 원하는 가치를 아직 담아내지 못한 느낌이었다.

C가 고민한 문구는 여러 가지였다. "업그레이드된 돈카츠의 맛!"은 고품질을 강조하지만, 조금 더 직관적이고 기억에 남는 표현이 필요해 보였다. "빠르다, 맛있다, 즐겁다."는 어디서나 쓸 수 있는 말처럼 느껴졌다. C가 원한 건 단순한 문구가 아니었다.

한 문장만으로도 '아, 여기는 돈카츠를 빠르고 맛있게 먹을 수 있는 곳이구나'라는 인식이 자연스럽게 떠오르는 말이었다. 짧고, 분명하고, 기억에 남는 한마디가 없었다.

A.
시각, 후각, 미각, 청각…
한 번에 모든 감각을 건드려라

C의 매장은 맛은 증명했다. 문제는 그다음이었다. C는 문구를 몇 번이나 바꿨다. '국내산 생등심 사용', '최고급 빵가루 사용', '신선한 재료'라고 적어봤다. 반응이 미지근했다. 하지만 맛있는 음식을 만든다는 사실만으로 성장이 보장되지 않는다. 그 가치를 어떻게 보여줄 것인가가 부족했다. 이 사례에서 C의 고민을 전문가의 시선에서 다시 들여다보자.

남들이 다 하는 말을
왜 하는가?

많은 외식 브랜드가 '국내산', '최고급', '숙성 과정' 같은 표현을 쓴다.

하지만 이런 말은 이미 너무 흔하다. 소비자는 비슷한 문구를 수없이 봐 왔다. 단순한 정보 전달을 넘어서, 공감할 수 있는 이야기가 필요하다.

첫째, '국내산 생등심'이라는 표현만으로는 차별점을 만들기 어렵다. 대신 원산지와 유통 과정을 구체적으로 드러내는 편이 낫다. 다음처럼 말이다.

- "신선한 국내산 한돈" → "오늘 아침 생돼지 딱 80장만 두드립니다."
- "매주 월요일 휴무" → "매주 월요일은 도축장에 돼지 보러 가는 날(○○농장 직거래)"

이런 표현은 재료의 질을 직접 주장하지 않는다. 대신, 고르는 과정과 기준을 보여준다. 그 자체로 신뢰가 만들어진다.

둘째, '바삭한 식감'을 감각적으로 전달한다. '육즙 가득', '두툼한 식감' 같은 말은 너무 많이 쓰였다. 의미는 전달되지만, 감각까지 건드리지는 못한다. 이럴 때는 수치와 장면이 도움이 된다. 예를 들면 이렇다.

- "1200℃ 무쇠냄비에서 190초 만에 튀겨낸 돈카츠"
- "마트 돈카츠 평균 두께 0.9cm, ○○ 돈카츠 3cm"

셋째, '최고급 빵가루'라는 표현 역시 막연하다. 대신, 무엇이 다른지를 말할 수 있어야 한다. 다음처럼 말이다.

- "○○호텔 체인에 납품되는 동일한 빵가루 사용"
- "밀가루가 아닌, 직접 갈아 만든 생빵가루를 씁니다."

일반 빵가루는 마른 빵을 갈아 만든다. 식빵을 바로 갈아 쓰는 생빵가루는 튀길 때 기름 흡수율이 낮아 덜 느끼하다. 그 점을 어필하자 손님들은 '그래서 덜 느끼했구나' 하고 고개를 끄덕였다.

이처럼 설명이 가능한 언어로 바꾸면, 소비자는 믿을 근거를 갖게 된다. 신뢰는 주장으로 쌓이지 않는다. 확인할 수 있을 때 생긴다.

· 천재의 한 수 ·

당신 매장 벽의 메뉴판을 쳐다보라. '국내산', '최고급', '신선한' 같은 묽은 단어들이 있다면 돈 들여 만든 메뉴판에 아까운 자리를 내주지 마라.

1. 족보를 팔라.
   국내산은 법이 정한 최소한의 의무지 자랑이 아니다. 고객이 알고 싶은 건 공급처다. 어디서 언제 어떻게 왔는지 팩트를 자랑하라.
   "신선한 국내산 생등심" → "경북 예천 ○○농장에서 15일에 올라온 얼리지 않은 싱싱 한돈 1등급"
2. 숫자로 비교하라.
   뇌는 비교할 때만 반응한다. 두께, 온도, 시간, 무게 중 하나를 고른다. 측정 가능한 것이면 뭐든 좋다. 그리고 경쟁사나 일반 제품과 비교하라.
   "두툼하고 바삭한 돈카츠" → "편의점 돈카츠 두께는 0.8cm라고? 우리는 3.2cm로 승부합니다."

메뉴판은 가격표가 아니라 고백서여야 한다.

언어유희로 재미와 개성을 더하라
: 누가 봐도 먹고 싶게

C가 지향하는 분위기는 분명하다. 혼자 와도 부담 없고, 가볍게 머물 수 있는 공간이다. 그렇다면 메뉴 이름도 너무 무거울 필요는 없다. 신촌과 함께 대표적인 대학가로 꼽히는 건대 상권에는 "이모 부르다 지쳐 내가 차린 술집", "다 맛있는데 왜 안 시켜!" 같은 이름이 자연스럽게 자리 잡고 있다. 이런 표현은 특별한 설명이 없어도 기억에 남는다. 사진을 찍게 만들고, SNS에 올리게 만든다. 메뉴 이름 하나가 가게의 성격을 대신 말해준다.

C는 처음에 메뉴명을 평범하게 지었다. '로스카츠 정식', '치즈카츠 정식', '매운 돈카츠'는 나쁘지 않다. 하지만 기억에 남지도 않았다. 그래서 메뉴명에 위트 있는 문구를 덧댔다.

- "로스카츠 정식 9,900원" → "첫 점은 소금만 찍으세요. 육즙 터지니까."
- "치즈카츠 정식 10,900원" → "치즈 폭포, 어디까지 늘려봤니?"
- "매운 불카츠 11,900원" → "스트레스 박살! 땀 뻘뻘 주의보!"

메뉴명 하나 바꿨을 뿐인데, 손님들이 가게를 설명하는 방식이 달라졌다. "신촌에 치즈 엄청 들어간 돈카츠집 있어." 대신 "오늘 거기 가서 치즈 어디까지 늘어나나 내기할래?"로 바뀌었다. 한 줄이면 시선이 고정되고, 발걸음이 느려진다.

슬로건을 새롭게 정의하라
: 돈카츠처럼 바삭하게!

C가 고민 중인 슬로건은 "업그레이드된 돈카츠의 맛", "빠르다, 맛있다, 즐겁다."였다. 의미는 전달되지만, 인상은 옅다. 슬로건은 설명이 아니라 인식이다. 한 번에 감각을 건드려야 한다.

- "신촌 전역에 퍼지는 바사삭 소리, 한입이면 압니다."
- "겉은 바삭, 속은 촉촉. 씹는 순간 육즙이 먼저 나옵니다."

읽는 순간 씹는 장면이 떠오른다. 이 문장을 매장 입구 유리창에 크게 붙였다. 메뉴판 맨 위에도 넣었다. 중요한 건 이 슬로건이 거짓말이 아니라는 점이다. C의 돈카츠는 실제로 겉이 바삭하고 속이 촉촉했다. 슬로건은 약속이다. 지킬 수 없으면 쓰지 말아야 한다.

한편 나는 C의 자랑인 '빠르다'는 메시지를 버리라 했다. 요즘 소비자는 속도보다 과정을 본다. 너무 빨리 나오는 음식은 정성이 없어 보인다. 기다림이 조금 생기면, 기대감도 함께 올라간다. 급하게 만들었다는 인상보다는, 제대로 만들고 있다는 신호가 더 낫다.

지나가는 발걸음을
멈추게 하라

사람들은 글보다 영상에 먼저 반응한다. 짧고, 반복되고, 직관적인 장면에 시선이 향한다. 그래서 C는 내 조언대로 매장 내부에 외부를 향한(외부 설치는 옥외 광고법 위반) LED TV를 설치했다. 설명 대신 과정을 보여주기 위해서였다.

첫째, 두께를 비교하는 영상을 보여준다. 일반 돈카츠와 C의 돈카츠를 나란히 보여준다. 일반 돈카츠는 1cm, C의 돈카츠는 3cm다. 자로 재는 장면까지 넣는다. 말 없이도 차이가 보인다. 눈으로 확인되니까.

둘째, 손님이 돈카츠를 베어 무는 순간을 담은 짧은 클립을 보여준다. 표정이 곧 설명이 된다.

셋째, 속살 컷을 보여준다. 돈카츠를 칼로 반 가르는 장면에서 겉은 바삭, 속은 분홍빛 생등심이 보인다. 김이 올라오는 슬로모션 영상을 통해 속까지 촉촉하다는 말이 필요 없어진다. "속까지 보여드립니다."라고 자막만 적으면 끝이다.

이 화면들은 광고처럼 보이지 않는다. 대신 '확인'에 가깝다. 지나가던 사람은 멈추고, 보고, 고개를 끄덕인다. 그리고 그 가게에 들어간다.

광고물을 외부에 함부로 설치하면 법적으로 문제가 생길 수 있다. 하지만 매장 유리벽 안쪽에 밖을 향하게 설치한 TV는 매장 내부 설치물이니 문제없다. 과거 LG유플러스 컨설팅 때도 내가 자문해서 효과를 본 방식이다. 저녁부터 밤 시간에는 어두운 거리에서 확연히 눈에 띄며, 반복 노출이 되어 에펠탑 효과(eiffel tower effect, 처음에는 무관심했지만 반복 노출되면 호감도가 증가하는 현상)를 만든다. 같은 길을 계속 지나다 보면 나도 먹어볼까 하는 무의식 심리가 발동된다. 중고 TV는 40만 원에 샀고 전기료도 한 달에 몇천 원도 안 든다.

그러나 LED TV만으로 충분하지 않았다. 다른 장치들도 함께 작동해야 했다.

'한 끼의 가격'을
분명히 보여줘라

메뉴판은 안이 아니라 밖에 있어야 한다. 많은 사람은 들어가기 전에 이미 결정을 끝낸다. 가격과 구성, 그리고 분위기를 보고 판단한다. 이때 메뉴판은 단순한 가격표가 아니다. 가게의 성격을 미리 보여주는 첫 장면이다. 궁금증을 줄이면 진입 장벽도 낮아진다.

요즘 소비자는 메뉴보다 '한 끼'를 계산한다. 그래서 메뉴판에는 가격보다 만족감을 먼저 보여주는 문구가 잘 작동한다. 예를 들면 이런 식이다.

- "만 원 한 장으로 해결되는 한 끼"
- "9,900원으로 먹는 갓 튀긴 생돈카츠 정식"

한 문장이지만, 가격, 신선함, 구성을 다 담았다.

음식점,
지금 차려도 될까?

C의 작은 식당을 무시하지 말자. 5평이면 식당이 아니라 수술실이다. 주방 3평, 홀 2평에 1cm도 허용하지 않는 초정밀 설계를 했다. 영혼까지 끌어모은 8석 자리는 주방을 가운데 두고 손님이 사장을 에워싸는 ㄷ자 구조로 되어 있다. 홀직원 필요 없고 사장이 손만 뻗으면 고기 튀기고 밥 푸고 계산까지 다 한다. 얼마나 손이 빠른지 앉자마자 음식이 나오고 먹자마자 자리에서 일어난다.

점심 2시간에만 28명이 먹고 간다. 1만 2,000원짜리 정식 80개면 일매출 96만 원, 월 25일 영업하면 월매출 2,400만 원이다. 덩치는 작지만 고정비는 극도로 낮춘 구조 덕분에 매출 대비 수익률은 40%에 이른다. 고정비의 저주로 수익률 15%도 안 나오는 대형 매장보다 손에 쥐는 것이 짭짤하다. 가게의 평점은 5점 만점에 4.9에 이르고, 분점도 5곳으로 늘었다. 그 변화를 확인하며 마음이 좋았다.

그동안 한국외식산업경영연구원에서 십수 년간 많은 요식업 대표를 만나왔다. 처음에는 작았지만, 지금은 상상하기 어려운 규모로 성장한 사례도 적지 않았다. 공통점은 하나였다. 끊임없이 고민했고, 고민을 실행으로 옮겼다는 점이다. C 역시 그 흐름 위에 있다. 이렇게 집요하게 생각하고, 차분하게 탐구하는 사람이 잘되지 않을 이유는 많지 않다. 앞으로의 행보가 자연스럽게 기대된다. 그렇다면 대표적인 서민 창업 업종인 음식점, 지금 시작해도 될까?

요즘 뉴스를 검색해보면 '음식점 10곳 중 9곳이 망한다'는 기사가 넘쳐난다. 그렇다면 요식업 창업은 애초에 꿈도 꾸지 말아야 할까? 결론부터 말하면, 그런 기사는 사실과 거리가 멀다. 정확히 말하면, 통계를 잘못 읽은 결과다.

2024년 국세청 통계를 보면 신규 창업이 약 14만 3,000곳, 폐업이 약 15만 3,000곳이다. 폐업이 약 1만 곳 더 많다. 이 숫자만 보면 '음식점이 계속 줄어들고 있다'는 표현이 가능해 보인다. 하지만 이 비교 자체가 성립하지 않는다.

첫째, 한 해 창업 수와 한 해 폐업 수는 비교 대상이 아니다. 폐업한 15만 3,000곳이 모두 2024년에 새로 창업했다가 망한 가게가 아니다. 10년, 20년, 30년 전부터 운영하다 문 닫은 노포들까지 몽땅 포함한 숫자다.

예를 들어보자. 2024년에 폐업한 음식점 중 한 곳이 1994년에 창업해서 30년 만에 문을 닫았다면, 이 가게를 '2024년 한 해 창업 대비 폐업률'에 넣는 건 완벽히 틀린 산수다. 정확히 비교하려면 30년 동안 창업한 전체 음식점 수와 비교해야 한다. 그렇게 계산하면 폐업률은 말도 안 되게 낮아진다.

둘째, 이 통계는 '서류상 폐업'만을 기준으로 한다. 실제 현장에서는 세금 문제, 점포 이전, 업종 전환, 법인 전환 등의 이유로 사업자 등록과 폐업 신고를 반복하는 경우가 매우 많다. 장사는 잘되는데도 사업자만 바뀌는 경우가 적지 않다. 그래서 연간 폐업 수가 크게 잡히는 것이다. 성장의 과정이 폐업일 수도 있는 것이다.

나 역시 법인 전환 전까지 여러 차례 사업자 등록과 폐업 신고를 반복했다. 하지만 그 과정에서 한 번도 망한 적은 없다. 사업은 계속 성장세였다. 이런 사례는 현장에 넘쳐난다. 속지 말고 흔들리지 말자.

C의 가게가 성공한 이유는 맛은 기본이고 그 가치를 보여주는 기술을 찾았기 때문이다. 낭중지추囊中之錐라 했다. 날카로운 송곳이 주머니를 뚫고 빠져나오게 된다는 말로 실력을 갖춘 사람은 아무리 어두운 곳에 숨어 있어도 결국 남의 눈에 드러나게 된다는 뜻이다. 당신의 송곳은 준비되었는가?

CHAPTER 3

틈새 시간을
'비즈니스로 전환한'
사람들

내가 안 만들어도,
잘 팔면 내 장사다

: 탈모샴푸 위탁판매로 매출을 만든 구조의 힘

Q.

남들도 다 파는 똑같은 상품을 팔면서
어떻게 1등을 할까요?

B는 30세다. 마케팅 회사를 운영하고 있다. 그의 본업은 브랜드를 만들고, 광고를 설계하고, 판매 전략을 짜는 일이었다. 나처럼 마케팅 컨설팅을 해오던 사람이다. 일에서는 철두철미했고, 스스로에 대한 확신도 분명했다. 그런데 고객사들과 일하며 같은 질문을 반복해서 듣게 됐다.

"제품은 정말 좋은데, 왜 안 팔릴까요?"

잘 만든 제품이라도 마케팅이 없으면 시장에서 묻힌다. 그는 늘 고객사의 브랜드를 자기 일처럼 키워왔다. 그러다 문득 이런 생각이 들었다. '내가 직접 유통을 하면 어떨까? 내가 직접 팔아보면?' 그 질문이 계기가 되어 B는 유통업에 뛰어들었다. 기다렸다는 듯, 첫 번째 제품이 눈앞에 나타났다.

B가 ○○제약을 처음 알게 된 건 몇 년 전이다. 마케팅 컨설팅을 하던

시절, 우연한 기회로 ○○제약의 신제품 런칭을 돕게 되면서 인연이 시작됐다. 제약사는 규제가 많고 절차도 까다롭지만, 그만큼 업력이 쌓여 있고 연구도 탄탄하다. 대체로 신뢰도가 높다. 무엇보다 '제품은 좋은데, 마케팅이 부족하다'는 점이 B의 문제의식과 정확히 맞아떨어졌다.

그러던 어느 날, ○○제약의 이사에게서 연락이 왔다. "이번에 탈모 샴푸 하나 만들었는데, 한번 봐줄래?" 가벼운 제안처럼 들렸지만, S는 직감적으로 반응했다. '이거다!' 제품을 받아들고 가장 먼저 성분부터 살폈다. 해당 샴푸는 기능성 화장품으로 전환되기 전, 의약외품 인증을 받은 제품이었다. 탈모 완화 효과도 검증됐고, 모근 강화 성분과 모발 성장에 도움을 주는 성분도 들어 있었다.

문제는 따로 있었다.

첫째, 광고 문구가 제한적이다. 관련 법규상, 효능을 전면에 내세울 수 없었다. "그래도 괜찮다. 한번 해보자." 좋은 제품은 결국 살아남는다는 믿음이 있었다.

둘째, 독점이 아니었다. 같은 샴푸를 다른 셀러들도 함께 판매할 수 있었다. 경쟁은 피할 수 없었다.

'이걸 어떻게 차별화해야 하나?'

B는 가격 경쟁을 하지 않기로 했다. 다른 셀러와 경쟁하기보다, 자신이 가장 잘하는 방식으로 팔아보기로 했다. 그러나 B는 몰랐다. 위탁판매consignment sales에서 이기는 법은 제품을 '누구 것'으로 만드느냐에 달려 있다는 것을.

거대한 시장에
첫발을 내딛다

전략은 단순했다. B는 가능한 한 모든 소셜커머스와 오픈마켓에 제품을 등록했다. 무엇보다 중요한 건 '검색에 걸리는 것'이었다. 스마트스토어를 중심으로 네이버, SNS, 구글, 카카오까지 닿을 수 있는 채널은 전부 활용했다. 이 영역은 B가 가장 자신 있는 분야였다.

하지만 곧 한계를 느꼈다. 온라인 판매만으로는 부족했다. 공동구매 제안도 선택지에 있었다. 파급력이 크다는 건 알고 있었다. 하지만 고민이 됐다. '신뢰도 높은 사람이 써보고 추천한다'는 구조가 과연 자신의 전략과 맞는지 고민이 됐다. 브랜드 가치를 쌓는 방향인지, 아니면 단기적인 가격 경쟁으로 흘러갈 위험은 없는지 판단이 필요했다. 하나씩 준비하며 B는 3가지 문제에 봉착했다.

첫째는 가격 구조다. 당시에는 이랬다.

온라인 최저가: 29,800원

공동구매가: 23,900원

위탁배송가: 14,000원

셀러 수수료: 4,780원(20%)

남는 금액: 5,120원

겉으로 보면 이익은 남는다. 하지만 광고비를 제하고 나면 과연 남는 게 있을까? 할인율을 조정해야 할까? 가격을 올리면 소비자 반응이 식을까? 반대로 가격을 낮추면 브랜드 가치가 무너질까? 생각은 꼬리에 꼬리를 물었다.

둘째는 상세페이지다. 제품을 팔려면 정보가 필요하다. 하지만 이 제품은 마음껏 말할 수 있는 문장이 많지 않았다. 탈모 개선 효과는 직접적으로 표현할 수 없었다. 법을 지키면서도 소비자에게 신뢰를 줄 수 있는 언어를 찾아야 했다.

셋째는 광고 카피다. 판매의 시작은 결국 시선이다.

"머리 빠지기 전에, 붙잡아라.", "30일 후, 거울 앞에서 미소 짓다.", "당신의 마지막 탈모샴푸"

문구 후보는 많았지만, 어떤 말이 가장 효과적일지는 알 수 없었다. 너무 강하면 광고 심의에 걸리고, 너무 약하면 눈에 띄지 않는다. 감각이 아니라 검증이 필요했다. B 앞에는 선택지가 많았다. 하지만 그가 고민하는 선택지 중 상당 부분은 처음부터 하지 말았어야 할 것들이라는 사실을 그는 몰랐다.

A.

위탁판매는 물건을 빌려오는 사업이지, 당신의 철학까지 빌려주는 사업이 아니다

B는 공동구매로 물량을 한 번에 빼는 것이 나을지, 잘못 선택했다가 손해를 보지는 않을지 고민하고 있었다. 유통법인을 오래 운영해온 입장에서 보면, 이런 갈림길에서의 선택이 이후 흐름을 크게 좌우한다. 그래서 차분하게 따져볼 필요가 있다.

공구는 마지막 카드지 첫 번째 카드가 아니다

우선 숫자부터 보면 조건은 상당히 좋다. 1차 마진이 54%다. 위탁판매 구조에서 이 정도 마진은 거의 나오지 않는다. 사실상 위탁이라기보다 사입에 가까운 공급가다. 제조사가 꽤 너그러운 조건을 제시한 것도 맞다. 문제는 여기서다. 이 좋은 조건을 굳이 공동구매로 써야 하느냐는 것이다. 한때는 '공구만 하면 다 팔리던' 시절이 있었다. 하지만 지금은 다르다. 공구는 더는 만능 해법이 아니다. 잘못 시작하면 오히려 3가지 문제를 동시에 안게 된다.

첫째, 가격이 무너진다. 정상가 29,800원에서 공구가 23,900원으로 가격이 한 번 내려가면, 다시 올리기가 거의 불가능하다. 추후 정상가로 판매할 때 소비자는 "이거 23,900원이었잖아. 지금은 왜 비싸?"라며 구매를 미룬다. 결국 할인하며 마진을 계속 깎아야 하고, 추가 프로모션의 늪에서 헤어 나오지 못한다.

둘째, 출혈 경쟁이 시작된다. 지금 이 제품을 B만 판매하는 것은 아니다. 같은 제품을 취급하는 다른 셀러들도 있다. 그리고 제조사는 대개 이렇게 말한다. "이 가격, B님께만 드리는 조건입니다."

하지만 현실은 다르다. 다른 셀러들도 비슷한 조건을 받고 있을 가능성이 높다. 공구가가 한 번 공개되는 순간, 가격은 빠르게 퍼진다. 그리고 그다음은 거의 정해진 수순이다. 가격 경쟁이다. 가격 경쟁이 시작되면 벌어지는 일은 분명하다. 출근부터 퇴근까지 가격 모니터링을 하게 된다. 마진을 줄이는 경쟁에 들어가면 브랜드 평판까지 함께 떨어진다.

셋째, 습관화가 된다. 한 번 공구를 하면 소비자는 기다리기 시작한다. '다음 공구는 언제 하지?'라는 생각에 구매를 미룬다. 공구 소식이 없으면 제품은 자연스럽게 잊힌다. 그러면 다시 공구를 해야 하고, 할인은 반복된다. 어느 순간 제품은 '프로모션용 샴푸'가 된다.

피부과에도 비슷한 사례가 있다. 이른바 '덤핑 피부과'다. 1년 내내 할인으로 승부를 본다. 손님은 몰리지만, 가격이 싸기 때문에 의사든 관리사든 쉴 틈이 없다. 고객 인식도 자연스럽게 떨어진다. 싸서 가는 곳이지, 신뢰해서 찾는 곳은 아니기 때문이다.

그럼 어떻게 해야 할까? 공동구매도 작전이 필요하다

탈모샴푸 시장은 이미 과포화 상태다. 대기업 브랜드부터 스마트스토어 투잡 셀러까지, 제품은 넘쳐난다. S의 제품은 분명 고급 포지션에 가깝다. 그런데 소비자 눈에는 '비싼 샴푸'로 인식될 여지도 있다. 이 상황에서 공구로 가격을 낮추는 게 과연 맞는 선택일까?

분명한 건, 처음부터 공구 시장에 뛰어들면 안 된다는 점이다. 반짝 매출은 맛볼 수 있지만, 단기 매출의 유혹에 넘어가면 브랜드는 금방 소모된다. 업계에서 흔히 하는 말이 있다. 공동구매는 대상을 특정하지 않고 '아무 데나 찍을 때' 쓰는 방식이라고. 상품 생애주기가 끝나 단종을 앞두었거나, 마지막 재고를 정리할 때 쓰는 수단이라는 뜻이다. 공동구매 자체가 나쁜 건 아니다. 다만 공구는 전략 없이 쓰면 장사가 아니라 재고떨이로 전락한다.

만약 공구를 선택한다면, 반드시 몇 가지 전제가 필요하다.

30일은 정상가로 굴려보라

첫판부터 공구를 진행하면 값으로 승부하는 상품임을 자백하는 꼴이다. 최소 30일은 제값 받고 버텨라. 상세페이지를 다듬고 실제 이용자가 자발적으로 남긴 후기를 모은다. 이 제품은 원래 이 가격이 맞다는 신뢰의 닻을 내리는 기간이다. 가치로 설득할 근거도 없이 가격부터 꺾으면 세일 품목이 된다.

'한정'으로 프레임을 잡아라

'이 가격, 단 500개 한정', '설 연휴 전날까지만'처럼 조건을 분명히 해야 정상가를 지킬 수 있다. 애매하면 할인만 기억에 남는다. 그리고 공구가 끝나자마자 또 할인하면 정상가는 무력화된다. 소비자는 가격을 신뢰하지 않게 된다.

가격은 내려도 격은 내리지 마라

공구를 해도 브랜드 포지션은 지켜야 한다. 할인하는 순간, 많은 셀러는 가치가 아니라 가격으로 말하기 시작한다.

- **탈모샴푸**

  "저렴한 샴푸" → "제약회사가 만든 두피 치료제"
- **수제 가방**

  "특가 세일" → "디자이너의 한정 컬렉션"
- **유기농 식품**

"할인 상품" → "농부가 직접 키운 제철 먹거리"

가격을 내리더라도 당신이 누구인지는 바꾸지 말라. 고객이 지갑을 여는 건 할인액이지만 마음을 붙잡는 건 당신의 정체성이다.

상세페이지, 3초 안에 잡아라

상세페이지는 정독하는 게 아니다. 쓱 훑어보고 나간다. 그 몇 초에 '제약회사 샴푸'가 보여야 한다. 그런데 B의 페이지는 그렇지 못했다. 어떻게 바꿔야 할까?

설득 순서가 틀렸다

상세페이지에서 가장 중요한 건 정보의 '순서'다. 소비자는 특징 → 차별점 → 신뢰의 순서를 따른다. 샴푸에 적용하면 이렇다.

"이 샴푸 뭐가 좋아?" → "다른 샴푸랑 뭐가 달라?" → "그래서 믿을 수 있어?"

이 3단계를 그대로 따라가야 한다.

• 1단계: 이 샴푸, 무엇이 특별한가?

가장 앞에 나와야 할 건 단 하나다. 제약회사가 만든 샴푸라는 사실이다.

식약처 승인 탈모증상 완화, 모발 강화·두피 케어, ○○제약 20년 연구 노하우. 이 지점에서 소비자는 이 제품을 '화장품'이 아니라, 관리 제품으로 인식하게 된다. 시작부터 끝까지 '제약회사 제품'이라는 이미지를 놓지 말아야 한다.

- **2단계: 기존 제품과 뭐가 다른가?**

"16가지 한방 성분 시각화" 이 한 줄로는 소비자의 시선을 붙잡기 어렵다. 좋은 성분이 많다고 끝이 아니라, 왜 들어갔는지가 보여야 한다. 각 성분이 어떤 역할을 하는지 하나씩 풀어줘야 한다. 다르다고 말하지 말고, 왜 다른지를 보여줘야 한다.

- **3단계: 그래서 믿을 수 있는가?**

○○제약 생산 공정, 연구원 개발 과정, 공장 전경 이미지. '이윤이 아니라 건강을 만든다'는 말은 여기서 설득력이 생긴다. 사람이 아니라 시스템을 보여줄 때 신뢰는 완성된다.

소비자가 기억하길 원하는 것을 동어 반복하라

상세페이지에서 소비자가 기억하는 건 많아야 2, 3가지다. 그래서 키워드는 반복해야 한다. '탈모증상 완화'는 한 번으로 끝내면 안 된다. 상단에 한 번, 중간에 한 번, 하단에서 다시 한 번, 소비자는 스크롤을 내리며 키워드만 훑는다. 반복될수록 기억에 남는다. 예를 들면 이런 식이다.

- "식약처 심사 완료 탈모증상 완화 샴푸" (상단)
- "탈모증상 완화를 위한 제약사의 처방" (중단)
- "탈모증상 완화, 선택이 아니라 관리입니다." (하단)

같은 말이라도 형태를 바꿔 계속 노출하는 게 핵심이다. 참고로 '식약처 인증'은 사용 금지다. 식약처는 인증하지 않는다. '식약처 심사 완료'가 정확한 표현이고, 법적으로도 안전하다.

후기는 선택이 아니라 필수다

광고 문구보다 강한 건, 실제 사용자의 이야기다. 비포·애프터 사진은 반드시 포함하고 사용 기간별 후기(15일, 30일, 3개월 단위)를 구분해 보여준다. 또 "머리 빠지는 양이 눈에 띄게 줄었어요." 같은 실제 표현을 이미지와 함께 활용한다. 후기 사진과 리뷰가 쌓일수록, 설득력은 기하급수적으로 올라간다. 포토 후기 이벤트를 적극적으로 활용해 진심 어린 후기 자산을 만들어가야 한다.

여기에 계절감을 더하면 공감은 배가 된다. 상세페이지도 계절에 맞게 고쳐야 한다. 가을이라면 이런 메시지가 효과적이다.

- "가을은 탈모의 계절. 수분은 말라가고, 영양을 받지 못한 모발은 낙엽처럼 떨어진다."
- "한 해 모발 농사는 가을에 결정된다. 가을 탈모만 막아도 인생이 달라진다."
- "가을 탈모, 한 올의 희망. 그 시작은 여기서"

• "가을 머릿결보다 가을 자존심을 지켜주는 첫 샴푸"

이런 문구는 기능을 설명하지 않는다. 대신 상황에 공감하게 만든다.

여기에 하나를 더 얹어야 한다. 가령 제품 콘셉트가 탈모에 효과가 있다고 알려진 '진생화'인데 소비자는 진생화를 '탈모에 좋은 꽃' 정도로 막연히 받아들일 가능성이 높다. 그래서 이름에 담긴 뜻을 풀어줄 필요가 있다. 왜 진생화인지, 어떤 철학과 히스토리가 담겨 있는지 설명해야한다.

또한 누적 고객 수, 누적 판매액, 몇 년간 이어져온 브랜드 히스토리, 그리고 이번 제품이 기존 진생화 라인의 업그레이드 버전이라는 점까지 함께 풀어주면 좋다. 이렇게 하면 소비자는 이성적으로는 신뢰하고, 감성적으로는 공감하게 된다.

· 천재의 한 수 ·

위탁판매 중이라면 제품명에서 '검색용 태그'를 벗겨 차별화하라. 아직도 당신의 제품명이 '국내산', '특가', '무료배송' 같은 누더기를 걸치고 있는가? 누가봐도 '뭐 하나라도 걸려라'라고 하는 것처럼 보인다. 남들과 똑같은 것을 팔고있다면 나만의 고유명사로 바꿔라.

1. 흔하디 흔한 '중국산 캠핑용 조명'
• 남들의 제품명: [당일발송] 캠핑 랜턴, LED 조명, 무드등, 차박 감성, 야외용, 강력자석
• 당신의 고유명사: 텐트 안의 작은 태양, 선셋 오리진sunset origin
2. 위탁판매로 셀러가 100명이 되는 '목 마사지기'

- 남들의 제품명: 저주파 목 마사지기, 어깨 통증 완화, 무선 충전식, 부모님 명절 선물
- 당신의 고유명사: 거북목의 해방일지, 리셋 넥 ^{reset neck}
3. 도매에서 떼온 '가정용 칼갈이'
- 남들의 제품명: [특가] 주방용 칼갈이, 다이아몬드 숫돌 코팅, 3단 만능 가위갈이, 연마기
- 당신의 고유명사: 무딘 칼의 심폐소생, 식칼 닥터 ^{sharp knife doctor}

위탁판매 상세페이지는 대개 애정이 안 느껴지는 것이 특징이다. 하지만 남의 물건을 팔더라도 이름만큼은 내 자식처럼 지어라.

카피는 소비자 머릿속
순서를 따라가라

B는 짧은 카피에 대해 늘 고민이 많았다. 광고에서 한 줄이 전부가 되는 순간이 얼마나 잦은지 잘 알고 있었기 때문이다. 문제는 기존 카피가 길고, 한 번에 꽂히지 않았다는 점이었다. 기존 문구는 이런 식이었다.

- "미의 절대 요소! 아름다운 피부도, 명품 옷도, 값비싼 액세서리도 풍성한 머릿결을 못 당한다."
- "건강 헤어, 탈모 제로 선언! 진생화 탈모 완화 샴푸"
- "탈모엔 약국이 정답! 명약을 만드는 ○○제약의 탈모 완화 샴푸 진생화"

소비자가 광고를 보는 짧은 순간에 멈춰 서게 만드는 문장이 필요했다. 조금 더 짧고 직접적이어도 좋다.

- "제약회사는 약을 만듭니다. ○○제약이 만든 탈모샴푸"
- "제약회사는 개선합니다. ○○제약이 만든 탈모샴푸"
- "탈모 전문 제약회사가 작정하고 만든 샴푸"
- "머리가 풍성하면, 삶도 풍성해진다."
- "피어나는 머리카락. 이제 빗이 걸린다."

코칭에서 가장 중요하게 짚은 포인트는 3가지였다. 첫째, 식약처 심사 완료라는 표현을 정확히 쓰는 것이다. 둘째, 제약회사가 만든 제품이라는 정체성을 전면에 내세우는 것이다. 셋째, 성분을 소비자 언어로 풀어 설명하는 것이다.

S는 이 3가지를 빠르게 받아들였고, 그 결과는 숫자로 바로 나타났다. 제품의 완성도가 높았던 만큼 평점은 4.75를 유지했고, 리뷰가 늘어날수록 신뢰도는 더 단단해졌다. 특히 흥미로운 변화는 40~50대 탈모 진행자뿐 아니라, 20~30대 탈모 '우려자'까지 고객층이 확장되기 시작한 것이다. 이제는 개인 구매를 넘어 가족 단위 구매도 늘고 있다. 탈모 커뮤니티에서는 자발적인 후기가 돌고, 체험단은 자연스럽게 브랜드의 홍보대사가 됐다. 상품이 아니라 커뮤니티가 만들어지고 있는 단계다.

셀러로 남을 것인가, 브랜드가 될 것인가?

위탁판매라는 망망대해에서 대다수의 셀러는 최저가라는 구명보트에 매달려 버틴다. 위탁판매 시장은 같은 시험지를 든 수만 명의 수험생과 같다. 제조사가 뿌린 똑같은 상품 상세페이지를 복사해서 붙여 파니, 셀러들은 가격 비교 사이트밖에 안 된다. 하지만 남들이 가격표를 고칠 때 B는 고객의 뇌 속에 입력될 '프레임'을 고쳤다. 같은 재료로 남들은 끼니를 때울 때, 그는 요리를 한 것이다.

그는 물건은 빌려와도 전략은 빌려오지 않았다. 단기 매출 사탕인 '공동구매'를 쳐냈다. 대신 제품명에서 잡동사니 검색어를 걷어내 '신분'을 높였고, 인트로 첫 줄에 '제약회사'라는 권위를 불어넣었다. 키워드를 세뇌하듯 변주하고, 딱딱한 성분표를 읽히는 스토리로 치환했다. 제값 주고 산 고객들이 남긴 진심 어린 후기로 타 사이트를 누르고 선택받았다. 남의 물건으로 이만큼 성과를 냈다면 다음 질문이 나온다. 언제까지 남의 집 잔치에 손님으로 머물 것인가? 다시 말해 B 같은 위탁판매업자도 기능성 샴푸를 제조할 수 있을까?

과거에는 대형 제약사나 중견기업 이상만 넘보던 기능성 이미용 제조의 높은 벽이 허물어졌다. 2020년대 기능성 화장품 관련 고시 개정으로, 일정 성분과 함량 기준을 충족하면 탈모샴푸를 기능성 화장품(탈모 증상의 완화에 도움을 주는 기능성 화장품)으로 만들 수 있는 제도가 마련되었다. 식품의약품안전처의 모발 및 여드름 기능성 화장품 관련 규정에 따르면, 비오틴, 덱스판테놀, L-멘톨, 징크피리치온액(50%) 등으로 구성된 고시 성분 조합을 정해진 함량에 맞게 배합하면 "탈모 증상의 완화에 도움을 준다."는 문구를 표시한 기능성 탈모샴푸로 유통할 수 있다.

이 원료들에 대한 상세한 내용은 《보는 순간 사게 되는 1초 문구》에서 다룬 바 있다. 그런 원료들을 가지고 어떻게 샴푸를 만들 수 있을까? 생각보다 쉽다. 지금 잘 팔리는 샴푸통 뒷면을 보라. 거기 적힌 화장품 제조원에 전화를 걸어 약속을 잡고 찾아가라. 아마 공장장이 친절하게 원료 배합부터 법적 절차까지 지도하면서 만들어줄 것이다. 다만 좋은 콘셉트와 마케팅은 들고 가라. 생산라인은 공장에 빌려줘도 그 상품의 뇌는 당신이 설계하는 것이다.

위탁판매는 자신의 비즈니스를 위한 일종의 인턴 과정이다. 성공한 분들은 말한다. 남의 물건을 잘 파는 사람은 자기 물건은 미친 듯 판다고. 위탁판매는 남의 심부름이 아니다. 내 브랜드를 쏘아 올리기 전 시장의 흐름을 읽는 정밀한 시뮬레이션이다. 1인 셀러 방구석 책상이 글로벌 브랜드 본사가 되지 못할 이유는 하나도 없다. 남의 물건 뒤에 숨는 일이 지겹다면 당신 이름의 간판을 들고 나오라. 위탁은 연습이고 브랜드는 실전이다.

12

퇴근 후 주스 한 잔이
인생을 바꾸다

: 직장인 부업자에서 사장으로 가는 길

$\boxed{\textbf{사장님의 분투}}$

Q.

나는 주스를 파는 걸까,
건강 얘기만 하고 있는 걸까요?

사람들은 각자 퇴근 후의 시간을 다르게 쓴다. 누군가는 드라마를 몰아서 보고, 누군가는 헬스장에 간다. 또 누군가는 친구들과 치맥을 즐긴다. M은 퇴근하면 주스를 판다. 56가지 야채와 과일, 식이섬유, 유산균이 들어간 파워 칵테일이다. 여기에 숙면과 해독, 다이어트와 혈액순환을 돕는 역할까지 더해진다. 구성만 보면 '주스계의 어벤저스'라 불러도 무리가 없다.

건강을 위해 시작한 선택

처음부터 주스를 팔 계획은 아니었다. 돈이 된다면 무엇이든 해보자는 마음이 컸다. 하지만 회사에서 종일 일하고 야근까지 하고 집에 돌아오는 생활이 반복되면서 몸 상태가 눈에 띄게 나빠졌다. 출근하면 커피로 버티고, 점심은 대충 먹고, 저녁은 배달 음식이나 라면으로 때우는 날이 이어졌다. 영양 균형은 무너졌고, 체력은 점점 떨어졌다. 이 상태로 계속 가면 오래 버티기 어렵겠다는 생각이 들었다.

건강은 챙기는 만큼 돌아온다. 문제는 그것이 생각보다 어렵다는 점이다. 무엇을 어떻게 먹어야 하는지 알아보는 것도 번거롭고, 장을 보고 요리하는 일은 더 귀찮았다. 그러다 우연히 한 프리미엄 건강기능식품 주스를 접하게 됐다. 여러 가지 영양소를 한 번에 섭취할 수 있다는 점이 눈에 들어왔다. 한 잔으로 끝난다는 단순함이 M의 생활 방식과 잘 맞았다. 마시기 시작한 지 일정 기간이 지나자 몸이 가벼워지고 피로도가 줄어드는 변화를 느꼈다. 그때 또 하나의 생각이 떠올랐다. '이거, 나도 팔 수 있겠는데?'

건강도 중요했지만, 수익을 만들 수 있다는 점이 결정적인 계기가 됐다. 이 제품은 회원 가입 기반으로 판매 수익 및 후원 수당을 받는 네트워크 마케팅 방식으로 판매됐다.

판매 채널로 인스타그램을 선택했다. 기존에 사용해본 적은 없었지만, 건강한 라이프스타일을 제안하는 방식이라면 가능성이 있겠다 싶었다. 하지만 실제로 판매를 시작하자 어려움도 없었다.

첫째는 문구였다. 사람들의 시선을 멈추게 할 한 줄을 만들지 못했다. 인스타그램에서는 긴 설명보다 짧고 강한 문장이 필요하다. '56가지 야채와 과일이 들어간 건강 주스'라는 설명은 누구에게도 특별하게 다가

가지 않았다. 팔려고 쓰는 문장이 아니라, 사고 싶어지게 만드는 문장이 필요했다.

둘째는 홍보와 정보의 균형이었다. 판매를 앞세우면 거부감이 생기고, 정보만 전달하면 구매로 이어지지 않는다. 제품 설명만 나열하면 광고처럼 보이고, 건강 정보만 제공하면 제품은 배경으로 밀려났다. 두 영역 사이의 균형점을 찾는 일이 쉽지 않았다.

M은 매일 밤 퇴근 후 인스타그램 앞에 앉았지만, 뭘 써야 할지 막막했다. "나는 주스를 파는 걸까, 건강 얘기만 하고 있는 걸까?" 직장인 신분으로 SNS에서 건강 이야기를 하고 제품을 소개하는 일이 익숙하지 않았다.

그런데 주변을 돌아보니 다들 각자의 방식으로 움직이고 있었다. 누군가는 쿠팡 파트너스로, 누군가는 블로그로, 누군가는 직접 판매로 돈을 벌고 있었다. M도 그 흐름에 올라타보기로 했다. 어떻게 해야 사람들의 시선을 붙잡을 수 있을까? 어떻게 해야 설득력 있게 전달할 수 있을까? 그리고 어떻게 해야 필요성을 느끼게 만들어 구매로 이어지게 할까? 그리고 나와 함께 답을 찾기 시작했다.

$$\boxed{\text{마케팅 천재가 풀다}}$$

A.

팔리는 이유는 제품이 아니라, 매일 반복되는 루틴에 있다

M이 가장 궁금했던 건 인스타그램 마케팅의 본질이었다. 특히 짧은 시간 안에 시선을 붙잡는 문구는 어떻게 만들어야 하는지, 그리고 그 문구가 실제로 구매까지 이어지게 하려면 어떤 전략이 필요한지가 핵심이었다.

자각 소구를 써라

권하지 마라, 먼저 깨닫게 하라. 이것이 문제의식의 내재화problem internalization를 이용한 자각自覺 소구다. 고객은 평온한 자신의 일상이 사실은 문제가 있다는 것을 깨닫는 순간 해결책을 찾기 시작한다. 그때 비로소 우리 상품을 권하는 것이다. 소비자가 '어? 이거 내 얘기인데?'라고 깨닫는 순간, 뇌는 '선별적 주의selective attention' 모드로 전환된다. 문제 심기가 먼저다. 이 방식을 이용해 다음처럼 설득의 흐름을 만들어줬다.

"비타민은 세상에서 가장 예민한 영양소다. 물, 공기, 열에 가장 먼저 반응하고 가장 먼저 파괴된다. 믹서에 갈 때, 채소를 씻을 때, 조리할 때마다 비타민은 줄어든다. 냉장고에 보관만 해도 시간이 지나면 자연스럽게 파괴된다. 그래서 음식만으로는 충분하지 않다. 비타민은 따로 챙겨야 한다."

이처럼 자각 소구는 소비자의 현재 상태와 불편을 먼저 인식시키고, 그다음에 해결책을 제시하는 방식이다. 현대인은 바쁘다. 끼니를 거르거나, 식사를 대충 때우는 게 일상이다. 영양 섭취가 부족해도 당장 아프지 않기 때문에 문제를 문제로 인식하지 못한다. 피로가 쌓이고 면역력이 떨어져도, 그 원인이 영양 결핍이라는 사실까지는 잘 연결하지 않는다. 그래서 마케팅의 출발점은 '설명'이 아니라 '자각'이다. 자신의 문제를 인지해야만 해결책에도 관심이 생긴다.

이런 문구를 만들어주니 효과가 있었다.

"5가지 필수 영양소 중, 배고픔을 느끼지 못하는 건 비타민과 미네랄뿐이다. 배고프면 밥을 찾고, 고기를 찾는다. 하지만 비타민과 미네랄은 부족해도 신호를 보내지 않는다. 그래서 대부분은 모자란 상태로 살아간다. 비타민은 '챙기지 않으면 항상 부족한' 영양소다."

구체적으로 문제를 명확히 드러내는 문구도 만들어줬는데, 일부는 이랬다.

"비타민은 열에 약하다. 오렌지 주스를 60°C 이상으로 가열하면 대부분의 비타민이 사라진다. 밥, 국, 찌개, 나물. 한국 식단은 대부분 열을 거치는 구조다. 그래서 비타민은 식사만으로 채워지기 어렵다. 의도적으로 보충해야 한다."

통계와 데이터를 활용하는 방법도 있다.

"전 세계 인구의 3분의 1은 미네랄 결핍 상태다. 여성 2명 중 1명은 비타민 A가 부족하다. 폐경 여성의 95%는 비타민 D 결핍이다. 비타민과 미네랄은 매일 섭취해야 하는 필수 영양소다. 그런데 대부분은 매일 부족하다."

이 모든 문구의 공통점은 하나다. 제품을 먼저 말하지 않는다. 먼저 '당신의 상태'를 보여준다. 문제를 스스로 인식하게 만들고 나서야, 대안이 자연스럽게 읽힌다. 인스타그램에서 팔리는 문구는 제품 설명이 아니라, 자기 얘기처럼 느껴지는 문제 제기에서 시작한다.

· 천재의 한 수 ·

당신의 제품과 연결된 '불편한 현실' 하나를 찾아라.

1. 고객이 불편해하지만 당연하게 받아들이는 것
2. 문제인 줄 모르고 지나치는 것
3. 해결하고 싶지만 방법을 몰랐던 것

그 불편을 3줄로 써라. 마지막 문장에 해결을 암시하면 된다. 업종별 변주를 하면 이렇다.

• 수면 제품: "잠은 뇌의 청소시간이다. 자도 피곤하고 개운하지 않다면 당신

의 뇌는 지금 쓰레기장이다."
- 관절 제품: "연골에는 신경이 없다. 통증을 느끼는 순간 이미 수리할 수 있는 선을 넘었다는 신호다."
- 다이어트 제품: "적게 먹어도 살이 찐다면 의지의 문제가 아니다. 지방을 태우는 공장이 멈춘 대사 마비 상태인 것이다."

가르치지 말고 발견하게 하라
: 정보 제공자에서 건강 큐레이터로

내가 두 번째로 M에게 내린 처방은 '콘텐츠 주권'을 고객에게 넘겨주라는 것이었다. 그동안 M이 제품 홍보만 하면 사람들이 피했다. 그래서 건강 정보를 주기 시작했지만, 반응은 시큰둥했다.

"아침 공복 물 한 잔! 장 건강에 좋습니다."

"하루 30분 걷기, 체지방 감소에 도움을 줍니다."

도덕책 같은 소리를 정보라 착각하니 그런 훈계는 소음으로 여겨질 뿐이었다. 대신 내가 알려준 방식에 반응이 폭발적이었다. 신체 신호 해독body signal decoding이다. 일명 자가진단 체크리스트였다. 참고로 정보형 콘텐츠 중에서는 체크리스트 형식이 특히 반응이 좋다.

"손바닥이 붉으십니까? 손바닥 홍반은 간이 보내는 마지막 경고일 수 있습니다. 간 이상으로 호르몬 불균형이 손바닥 실핏줄을 확장시킨 것입니다. 간질환은 간암, 간농양, 알코올성간질환, 지방간, 간염, 급성간염, 전격성간염, 간기능상실, 간경화, 간섬유화, 간경변, 기타 간장애,

A·B·C·E형 간염 등 15가지가 넘습니다. 간 검사를 마지막으로 받아보신 게 언제입니까?"

"손바닥에 땀이 많으십니까? 갑상선 이상일 수 있습니다. 몸의 체온과 심장 박동, 호흡 등을 조절하는 갑상선 호르몬 분비에 이상이 있는 겁니다. 여성에겐 너무나 흔한 병이지만 요즘은 남성 비율도 높아졌습니다. 갑상선 검사는 환자가 추가 요구를 하지 않는 이상 기본 채혈 항목에 들어가지 않습니다. 검사를 받아보셨습니까?"

"손바닥이 하얗습니까? 흰빛에 가깝다면 폐 건강을 의심해봐야 합니다. 몸에 한기를 자주 느끼는 사람이 그렇습니다."

"손톱 색이 희고 창백합니까? 손톱은 살구빛을 띠어야 정상입니다. 희다면 체내에 산소포화도가 떨어졌다는 뜻으로 철분 결핍성 빈혈을 의심해봐야 합니다. 스스로 실험해보세요. 손톱을 꽉 눌러 하얗게 만들어줍니다. 그리고 본래의 손톱 색으로 돌아오는 시간을 체크하는 겁니다. 10초 이상 걸린다면 철분 부족입니다."

"손톱에 가느다란 줄이 많으십니까? 스트레스와 피로가 많다는 뜻입니다. 미국스트레스연구소AIS에 따르면 1차 진료의를 찾아가는 경우의 90%는 스트레스 때문에 병이 생긴 걸로 추정합니다. 비타민 섭취가 필요합니다."

그리고 그 해답으로 M의 제품을 제시하게 했다. 왜 통했을까? 사람들은 건강 정보보다 MBTI 같은 자기 진단을 좋아한다. 호기심을 일으켜, 광고 텍스트를 읽는 데서 끝나지 않고 직접 참여하게 만들기 때문이다.

이 상품에는 단발성 홍보보다, 건강 정보를 꾸준히 전달하는 방식이 훨씬 잘 어울린다. 건강 팁이나 제품 활용법을 정기적으로 제공하면, 고객은 이 브랜드를 단순한 판매자가 아니라 자신의 건강을 돕는 파트너로 인식하게 된다. 유용한 정보가 쌓일수록 브랜드에 대한 신뢰와 호감도는 자연스럽게 높아지고, 이는 재구매와 입소문으로 이어진다.

나는 많은 스크립트를 전달했고 M은 그것을 지속적으로 피드에 올렸다.

- **1단계: 미시적 습관**Micro-Habit **제안**

"카페인 대신 녹차 한 잔. L—테아닌이 뇌파를 안정시켜 당신의 집중력을 날카롭게 세워줍니다."

- **2단계: 제품 활용 레시피**

"파워칵테일을 신선한 과일과 함께 스파클링 워터에 섞으면, 홈 카페 완성!"

"건강한 한 끼! 파워칵테일을 요거트, 견과류와 함께 먹으면 영양 UP!"

"운동 후 필수! 파워칵테일을 차가운 얼음물과 함께 마시면 흡수율이 더 높아져요!"

- **3단계: 커뮤니티 소속감 구축**

"내 몸 사랑 챌린지 – 혼자 하면 작심삼일, 함께 하면 루틴. 매일 아침 주스 한 잔을 인증해주세요."

"레시피 콘테스트 – 당신이 만든 최고의 조합을 찾습니다. 선정되면 무료 제품 증정!"

"건강 팁 영상 챌린지 – 간단한 꿀팁을 영상으로 공유하면 경품 증정!"

이런 콘텐츠는 판매를 직접 언급하지 않아도, 자연스럽게 '건강 관리'에 대한 관심을 끌어올린다. 그 관심의 끝에 제품이 놓이면, 구매는 훨씬 부드럽게 이어진다.

· 천재의 한 수 ·

당신의 제품과 연결된 자가진단 체크리스트를 만들라.

- 관찰 가능한 현상처럼 눈에 보이는 증상을 예로 들라.
  "눈 밑이 떨린다면?", "양치할 때 피가 난다면?"
- 데이터의 권위로 연구 기관의 이름이나 통계 수치를 넣어라. 체크리스트의 무게가 달라진다.
- 공포를 조장하는 대신 결과가 N개 이상이면 문제 상태라고 인지시켜라.
- 위협하지 말고 해석하라. 그것은 병이 아니라 특정 영양소의 결핍 신호라고 말이다.

리뷰는 구매로 한 방에 가는
심리적 하이패스

내가 가장 먼저 한 것은 후기 활용 전략을 바꾼 것이었다. '제품 사용 후기 남겨주세요. 쿠폰 드립니다'처럼 보상만 바라는 후기는 기계적인 말들 일색이다. 따라서 후기 수집 방법을 바꾸게 했다.

"이 제품을 먹고 가장 달라진 점 하나만 말해주세요. 사진 없어도 됩니다."

결과는 성공이었다. "좋아요." 같은 형식적 리뷰 대신 "마시고 1시간 뒤면 손끝이 찌릿하며 정신이 확 깨네요.", "파운데이션 23호 쓰는데 21호 쓰냐고 물어봐요. 안색이 맑아졌어요." 같은 누가 봐도 진짜인 구체적 리뷰로 바뀌었다. 내용이 진솔해지고 후기 개수도 늘었다. 제품 문의도 늘었다. 왜 통했을까?

사람들은 광고 문구보다, 다른 사람의 경험을 통해 제품의 신뢰도를 판단한다. 한국소비자연맹 조사에 따르면, 온라인 쇼핑 이용자의 97.2%가 구매 전 후기를 확인한다. 그만큼 만족한 고객의 생생한 경험을 어떻게 보여주느냐가 중요하다.

고객은 '현상유지 편향'이라는 심리를 가지고 있다. 익숙한 방식을 선호하고, 새로운 사이트에 가입하거나 추천인 코드를 입력하는 일을 번거롭게 느낀다. 이런 장벽을 넘기 위해서는 기존 고객들의 긍정적인 경험을 반복적으로 노출하며 신뢰를 쌓아야 한다. M에게 전수한 후기 활용 방법은 크게 3가지다.

상품 목록에 후기 평점과 개수를 먼저 보여주어라

고객은 제품을 고를 때 후기 개수와 평점을 가장 먼저 본다. 쿠팡, 네이버 쇼핑, 아마존 모두 상품 리스트에서 별점과 후기 개수를 전면에 노출한다. 무신사는 여기에 실착 사진까지 함께 보여주고, 세포라Sephora는 '베스트셀러' 태그와 리뷰 수를 결합해 신뢰를 만든다.

M은 인스타그램 프로필과 판매 링크 상단에 신뢰의 지표를 박았다. "누적 후기 ○,○○○개 | 평점 ○.○점 | 재구매율 ○○%"

숫자로 된 증거는 고객의 뇌에 '이미 수만 명이 검증했으니 당신은 고민할 필요가 없다'는 안심을 준다. 이 수치를 노출한 뒤 프로필 링크 클릭률이 34% 이상 상승했다.

베스트 리뷰를 선별해 전면에 배치하라

평점이 높은 리뷰보다 공감도가 높은 리뷰가 구매 결정에 더 큰 영향을 준다. 무신사와 지그재그는 신뢰도 높은 리뷰를 상단에 고정하고, 아마존은 '가장 유용한 리뷰helpful review'를 별도로 표시한다. 아이허브iHerb는 전문가 리뷰와 고객 리뷰를 분리해 신뢰를 쌓는다. 진정성 있는 리뷰를 전면에 배치하면, 다른 고객의 판단은 훨씬 빨라진다.

M은 가장 구체적이고 진솔한 후기 3개를 인스타그램 하이라이트 최상단에 고정했다. 여기에 실제 사용 사진이나 영상도 함께 노출했다.

후기를 상황별로 정리하라

고객은 자신과 비슷한 상황에 처한 이들의 후기를 찾는다. 그래서 고객이 쉽게 그런 후기를 찾을 수 있도록 상황별로 구분했다.

- 주스별 후기를 자동으로 연동한다(다양한 사용 경험을 한 번에 보여주기).
- 공복 섭취, 운동 후 섭취 등 상황별 후기 필터를 제공한다.
- 연령대나 건강 관심사 등 고객 정체성별 후기 필터를 제공한다.

나이키는 같은 모델의 다른 색상 후기까지 함께 보여주고, 유니클로는 사이즈, 연령대별 후기를 정리해 제공한다. 유사한 제품의 후기를 한 곳에서 확인할 수 있으면 구매 결정은 훨씬 쉬워진다.

· 천재의 한 수 ·

고객에게 5점 만점 리뷰를 직접적으로 요구하지 마라. 대신 이런 식으로 후기를 콘텐츠로 격상하라.

1. "어디가 좋아졌나요?"라고 묻지 말고 이 제품이 없던 작년과 지금 무엇이 가장 다른지 구체적으로 질문한다.
2. 100% 찬양만 있는 후기는 가짜로 보인다. "맛이 너무 시큼해요."라는 후기에 "비타민 함량이 높아 그렇습니다. 탄산수와 섞어보세요."라는 답변을 다는 순간, 그 후기는 정보형 콘텐츠가 된다.
3. 가장 좋은 후기는 캡처해서 메인에 걸라. 당신이 쓴 백 마디 카피보다 힘이 세다.

남들 노는 시간이
내겐 돈 버는 시간

M은 다양한 블로그와 플랫폼에서 실제 고객 후기를 중심으로 한 홍보를 하고 있으며, 내가 조언했던 것처럼 후기를 적극적으로 활용한 전략으로 효과를 보고 있다. 네이버 스마트스토어와 쿠팡 등 주요 플랫폼에서 꾸준히 판매되고 있으며, 리뷰 수는 수천 개에 이른다. 실제 한 판매업체의 경우 리뷰 수가 6,000개에 가까운데, 평균 평점은 4.81이다.

'비타민은 열에 약하다'는 단순한 사실을 '한국 음식은 대부분 끓여 먹기 때문에 비타민 섭취가 필수'라는 메시지로 연결하자 고객의 반응이 달라지기 시작했다. '한번 생각해볼게요'에서 '이건 없으면 안 되겠다'로 인식이 바뀌었고, 한 박스 체험 구매에서 여러 박스, 특히 세트 구매로 이어지기 시작했다.

네이버 스마트스토어에는 "온 가족 필수템이 됐어요." 같은 리뷰가 빠르게 늘고 있다. 블로그에서도 '1년 복용 후기'처럼 장기 사용 경험을 다룬 글이 지속적으로 올라오고 있다. M이 성공한 비결은 3가지였다.

첫째, 자각 소구다. 제품을 설명하지 않고 문제를 먼저 인식시켰다.

둘째, 정보 제공이다. 건강 팁과 체크리스트로 신뢰를 쌓았다.

셋째, 후기 활용이다. 다른 고객의 진솔한 경험을 전면에 배치했다.

이는 주스뿐 아니라 어떤 제품에도 적용할 수 있다. 스타벅스도 음료 대신 브랜드 스토리를 팔았고, 나이키도 신발이 아니라 한계를 돌파하는 정신을 팔았다. 공차는 팔로워 참여형 콘텐츠로 브랜드 커뮤니티를 만들었다. 이들의 공통점은 제품이 아니라 이야기를 쌓고, 관계를 만들었다는 것이다. 차이가 있다면 규모일 뿐, 원리는 같다.

퇴근 후 주스를 파는 일은 용돈벌이가 아니라 수동적 소득^{passive income}의 파이프라인을 구축하는 엔진을 다는 행위다. 내가 소통해온 대표들 중에도 부업으로 시작해 전혀 다른 삶을 만들어낸 사례가 많다. 본업 외 시간에 유튜브를 시작해 구독자 10만 명을 넘기며 월 500만 원 이상의 수익을 내는 회사원이 있고, 초기 자본 100만 원으로 온라인 쇼핑몰을 시작해 9개월 만에 안정적인 수익 구조를 만든 직장인도 있다.

간호사로 일하던 분은 블로그를 시작해 6개월 만에 월 조회수 10만 회를 달성했고, 광고 수익과 전자책 출판으로 추가 수익을 만들었다. 요리를 좋아하던 직장인은 퇴근 후와 주말을 활용해 소규모 쿠킹 클래스를 열었고, 다이어트 도시락 클래스로 호응을 얻으며 레시피 키트 판매로까지 확장했다.

미국 고용 통계에 따르면, 2027년까지 미국 노동 인구 절반 이상은 독립적인 프리랜서나 1인 기업가가 된다. 한국 역시 'N잡러'가 더는 선택 사항이 아니다. 퇴근 시간은 누군가에겐 하루의 종료지만 M에게는 새로운 하루의 개막이다. 건강한 주스 한 잔이 누군가의 일상을 바꾸듯, 작은 도전은 자신의 삶을 새로운 궤도로 밀어 올리고 있다.

당신에게도 퇴근 후 2시간이 있다. 누군가는 넷플릭스 시청으로 채우지만 누군가는 자본가로 환골탈태하는 시간이다. 그 생산적인 시간은 훗날 경제적 자유로 바뀌어 있을 것이다. 당신 손의 스마트폰이 누군가의 주머니를 채워주는 도구인지, 당신의 주머니를 채울 주머니인지는 스스로 물어보라. 월급은 내 몸의 가격이지만 부업은 내 이름의 가치다. 퇴근 후 2시간이 당신의 다음 20년을 결정할 수 있다. 당신은 시간을 지출하고 있는가, 아니면 투자하고 있는가?

13

빗물을 팔아
월 5,000만 원 남기는 법

: 고객의 뇌를 공략하는 프레임의 마법

Q.
지구를 지키겠다는 '선한 의도'가
왜 내 통장의 잔고로 이어지지는 않는 걸까요?

쏟아지는 빗줄기 속에서 건물 입구를 드나드는 사람들의 움직임은 부지런하지만 단조롭다. 젖은 우산을 빗물받이 비닐에 쑤셔 넣은 사람들이, 나갈 땐 비닐을 벗겨 통에 산더미처럼 쌓아 올린다. "저게 다 환경오염 주범인데…." 비 오는 날, 카페에 앉아 창밖을 보며 사업 구상을 하던 R에게 30년지기 친구가 던진 말이다. "다이옥신, 발암물질…, 결국 돌고 돌아 사람한테 다시 오잖아. 비만 오면 생기는 쓰레기야."

환경 이야기였다. R의 귀에는 다른 신호로 들어왔다. 환경이 아니라, 규제가 보였다. 친구가 한마디를 더 얹었다.

"앞으로 저런 우산 빗물받이 비닐 사용이 금지된대."

"뭐라고?"

순간 빗소리가 돈 세는 소리로 들렸다. 금지가 시작되면 대안이 필요해지고, 대안이 필요해지면 시장이 생긴다. 전국에 건물이 몇 개인가? 공공건물, 학교, 병원, 지하철 역사까지, 비 오는 날이면 모두가 같은 문제를 안고 있다. 누군가는 반드시 대체재를 찾을 것이다. 그 대안을 먼저 만들면 된다. 그렇게 우산 빗물 제거기 사업이 시작됐다.

사업을 시작하면 누구나 부딪히는 질문이 있다. '어디에 팔 것인가'다. R의 전략은 무식할 정도로 단순했다. 최대한 많은 곳에 깔자. 온라인과 오프라인을 가리지 않았고, 공공기관과 민간 시장을 나누지도 않았다. 네이버와 쿠팡 판매도 시작했다. 제품을 '볼 기회'만 늘리면 시장이 따라올 거라고 믿었다.

시장 반응은 잔인할 만큼 갈렸다. 공공기관과 학교는 환경보호와 정책 이행이라는 숙제 덕분에 비교적 쉽게 문을 열었다. 하지만 민간 시장에서는 질문이 달랐다. "굳이 이걸 왜 써요?", "그냥 우산 툭툭 털면 되잖아요?" 친환경, 다이옥신에 관한 이야기를 해도 소비자에게는 자기 일상과 상관없는 이야기처럼 들렸다. 고객이 사야 할 이유를 설계하지 못한 채 공급자의 정의감만 쏟아부었으니 먹힐 턱이 있나. 그 지점에서 막혔다. '이걸 어떻게 해야 하지?' 고민이 시작됐다.

당신의 상세페이지는 '전시관'인가, '사건 현장'인가?

온라인 판매에서 상세페이지는 설명서가 아니라 고객을 결제창으로 끌고 가는 최후의 영업사원이다. R 역시 가성비, 디자인, 관리의 편리함을 강조하며 상세페이지를 구성했다. 하지만 매출이 오르지는 않았다. 안 팔리는 상세페이지를 보면 열에 아홉은 비슷하다. 제품 자랑은 넘치는데 고객의 고통은 보이지 않는다는 것이다.

당시 R의 상세페이지는 무슨 환경단체 팸플릿 같았다. 지구가 비닐로 오염되고 토양이 병든다는 고상한 이야기 잔치였다. 소비자는 제품 구매할 때 북극곰 발이 시려울까보다 내 신발 젖을까부터 걱정한다. 내 일상의 불편이 해소되지 않는데 환경보호라는 대의大義가 무슨 소용인가? 이 점을 명확히 느끼지 못하면 구매는 일어나지 않는다. 행동경제학의 거두 대니얼 카너먼Daniel Kahneman이 말한 '손실 회피loss aversion' 심리를 전혀 건드리지 못한 것이다.

그동안 R은 관공서와 학교를 주력 시장으로 삼아왔다. 하지만 당시 대형마트를 포함한 민간 시설에서도 우산 비닐 사용이 금지될 가능성이 거론되고 있었다. 민간 시장의 수요는 분명 커질 수밖에 없는 상황이었다. 그럼에도 소비자 반응은 여전히 비슷했다.

"굳이 이게 필요해?"

R은 이 질문을 피하지 않기로 했다. 오히려 정면으로 받아들이고 풀어야 할 문제라고 판단했다. 그가 해결해야 할 건 2가지였다.

어떻게 하면 사람들이 '이거 필요하네!'라고 느낄까?

어떻게 하면 자연스럽게 구매로 이어지게 할까?

A.

결핍을 시각화하라

결론부터 말하자면 나는 친환경 이야기는 버리라 강하게 지적했다. 시대 흐름을 거스르는 소리처럼 들리는가? 하지만 시장은 당신의 도덕심과 다르게 움직인다. 행동경제학에는 '사회적 선호social preference'라는 개념이 있다. 내가 먹고, 내 아이가 바르는 제품이라면 친환경에 기꺼이 지갑을 연다. 하지만 타인이 쓰고 버리는 물건, 나와 직접적인 이해관계가 없는 공공의 영역으로 넘어가면 인간의 이타심은 급격히 증발한다. 이것이 소비자의 민낯이며, 마케터가 직시해야 할 '실전 데이터'다. 우리 회사가 실제로 반복 조사하고 소비자를 분석해온 결과물들도 한결같이 그렇다고 말한다. 환경 운동가인 척하다간 망한다.

R은 한때 이런 문구를 전면에 내걸었다. "우산 비닐 커버 대신, 친환경 ○○○을 사용하세요." 반응은 미미했다. 이유는 분명했다. 건물주는

지구가 얼마나 친환경적으로 지켜지는지에 큰 관심이 없다. 건물주가 보는 건 훨씬 현실적인 문제다. 빗물이 내 건물 바닥에 얼마나 덜 떨어지는지, 청소 인력이 얼마나 줄어드는지, 우산 비닐이 사라지면서 공간이 얼마나 깔끔해지는지. 관심사는 늘 그 지점에 있다.

소비자는 지구를 지키는 특공대가 아니다. 자신의 삶에만 관심이 있다. 그건 B2C든 B2B든 크게 다르지 않다. 마케팅 석학 시어도어 레빗**Theodore Levitt**은 "사람들은 4분의 1in(인치) 드릴을 원하는 게 아니라, 4분의 1in 구멍을 원할 뿐"이라 했다. 제품을 팔고 싶다면, 메시지는 '세상'을 향하면 안 된다. 착한 제품은 박물관으로 가고, 내게 필요한 제품만 장바구니에 담는다. 지구를 구하는 명분보다 '개인의 일상'을 공략해야 한다.

고객이 겪는 불편을
부각시켜라

제품을 구매하는 사람은 기본적으로 문제 해결을 원한다. 그래서 상세 페이지의 출발점은 늘 같다. 고객이 이미 겪고 있는 불편을 얼마나 정확하게 짚어내느냐다. 그 불편이 선명해질수록, 제품의 필요성도 자연스럽게 따라온다.

R의 기존 상세페이지에는 '양동이보다 낫다'는 원색적 표현이 있었다. 하지만 이런 비교는 오히려 역효과를 낳는다. 소비자는 제품에서

'대안'을 기대하지, '차선책'을 원하지 않는다. 이 장치는 과학적으로 설계돼 있고, 특별한 구조 덕분에 우산의 빗물을 효과적으로 제거해줄 것이라는 기대를 줘야 한다. 그런데 겨우 양동이보다 낫다고 말하는 순간, 구매 이유는 사라진다. 그 정도라면 굳이 살 필요가 없기 때문이다.

비 오는 날 건물 입구를 떠올려보면 바닥에는 물기를 머금은 우산 비닐이 여기저기 흩어져 있고, 벗겨낸 비닐로 쓰레기통은 금세 넘쳐난다. 관리자는 매번 치워야 하고, 바닥은 미끄러워진다. 하지만 이 장면은 너무 익숙해서 문제로 인식되지 않을 뿐이다. 상세페이지는 바로 이 지점을 건드려야 한다. 고객이 무심코 지나쳤던 불편을 다시 보게 만들어야 한다. 그래야 '왜 필요한가'에 대한 답을 스스로 찾게 된다. 문제는 환경이 아니다. 비용이고, 관리이고, 사고다.

끝없는 우산 비닐 재구매, 물 먹은 비닐 처리로 늘어나는 관리 비용, 바닥과 입구 미관을 해치는 비닐 쓰레기, 미끄러짐 사고로 이어질 수 있는 안전 문제를 보아야 한다. 여기에 시간의 문제를 더해야 한다. 이건 어쩌다 한 번 쓰는 물건이 아니다. 아열대 기후로 접어든 대한민국에서 비 오는 날은 해마다 늘고 있다. 연평균 강우일수만 100~120일이다. 비가 올 때마다 발생하는 우산 비닐 비용과 청소 비용은 일회성 지출이 아니라, 반복되는 고정 비용이다. 그래서 메시지는 이렇게 정리했다. '비 오는 날마다 드는 비용을, 한 번의 선택으로 끝낼 수 있다' 이처럼 나는 고상한 철학은 제품 뒤로 숨기고, 고객의 코앞에 '직접적인 이익'이라는 고기를 매달게 했다. R에게 그 지점부터 상세페이지를 다시 쌓아 올리게 했다.

법은 강력한
세일즈맨이다

시장은 늘 위기와 함께 움직인다. 그리고 위기는 언제나 기회를 만든다. 중요한 건 그 변화를 얼마나 빨리 포착해, 설득의 도구로 바꾸느냐다. 이럴 때 필요한 것이 바로 '분위기 마케팅'이다. 아직 모두가 움직이기 전, 미리 결정해야 하는 이유를 먼저 보여주는 방식이다.

R의 제품이 출시될 즈음, 상황은 절묘하게 맞아떨어졌다. 우산 비닐 커버 사용이 단계적으로 금지되기 시작한 것이다. 이때 메시지는 명확해야 했다. '모두가 준비하고 있는데, 당신만 손 놓고 있다'는 불안감을 자연스럽게 심어줘야 했다. 선택의 문제가 아니라, 준비의 문제라는 인식이 필요했다.

이 지점에서 중요한 건 막연한 경고가 아니다. 법은 감정이 아니라, 근거로 작동한다. 그래서 구체적인 법령을 명시하는 방식이 효과적이다. 어떤 법의 몇 조 몇 항에 따라 금지되는지, 위반 시 어떤 처벌이 따르는지, 과태료는 얼마인지, 반복 위반하면 영업 정지까지 이어진다는 것을 정확히 보여주는 것이다. 막연히 '문제가 될 수 있습니다'라고 말하는 것보다 훨씬 강력한 설득력이 생긴다.

다만 이 모든 설명에 앞서, 가장 먼저 작동하는 문장이 있다. 내가 미국에서 마케팅할 때도 먹힌 문구다. "이것은 법이다." 컨설팅 당시 시점 기준 상세페이지를 최후통첩처럼 구성하도록 했다.

"이것은 법입니다! 공공장소 내 일회용 우산 비닐 사용 전면 금지 시행. 위반 시 최대 300만 원 과태료 부과"

과거의 사례를 떠올리게 하는 방식도 효과적이다.

"2020년 봄, 마스크 착용 의무화 이후 마스크 한 장을 구하지 못했던 상황을 기억하십니까? 법은 반드시 시행되며 법 시행 이후에는 강제력이 행사됩니다. 우산 비닐 한 장이 300만 원 벌금이 되는 마법, 당해보시겠습니까?"

마지막으로는 현실적인 결과를 보여준다.

"민원 신고는 누구나 할 수 있습니다. 지자체 민원 접수 시, 과태료는 즉시 부과됩니다. 최대 300만 원의 과태료가 부과될 수 있습니다. 일회용 우산 비닐 한 장이, 어느 순간 300만 원의 비용이 됩니다. 빗물 제거기는 '살까 말까'의 문제가 아닙니다. 반강제가 아닌 강제입니다."

백 마디 논리는 한 장면을 이기지 못한다

인간의 뇌는 글자보다 이미지에 6만 배 빠르고 강력하게 반응한다. 가용성 휴리스틱**availability heuristic**, 즉 눈에 보이는 선명한 정보를 근거로 판단하는 본능을 공략해야 한다. 고객은 설명을 신뢰하지 않는다. 오직 자신의 눈으로 확인한 '결과'만 믿는다. 그래서 성능을 설명하는 문장보다 직접 보여주는 실험 장면이 훨씬 효과적이다.

다이슨 청소기는 강력한 흡입력을 강조하기 위해 먼지통을 투명하게 만들었다. 청소 직후 쌓인 먼지가 직관적으로 확인되니 사람들이 성능에 대해 확신을 가졌다.

제습기를 홈쇼핑에 처음 소개했을 때도 비슷했다. 초반 반응은 크지 않았지만, 제습기 가동 후 물통에 모인 물의 양을 보여주자 바로 전화가 쏟아졌다. 설명은 지루하지만 증거는 짜릿하기 때문이다. 이 방식은 빗물 제거기에도 그대로 적용할 수 있다.

다음처럼 연출하도록 했다.

- **대조의 미학**(Contrast)

  검은 잉크물을 묻힌 우산을 빗물 제거기에 턴 뒤, 흰 종이 위에 펼쳐 깨끗해진 모습을 보여준다.

- **고통의 수치화**(Visualization of Pain)

  젖은 우산 하나에서 떨어지는 빗물의 양에 하루 방문객 수를 곱해, 그 총량을 2L 페트병 수십 개에 담아 가시적으로 보여준다. 몇 시간 사용 후, 물받이에 고인 빗물을 한 번에 쏟아버리는 장면을 담는다. 건물을 썩게 만드는 침수 사고의 전조로 암시한다.

이때 텍스트는 거들 뿐이다.

"건물로 유입되는 빗물은 생각보다 많습니다. 방치하면 곰팡이, 누수, 건물 손상, 유지보수 비용으로 이어집니다. 한 번의 설치로, 반영구적인 빗물 관리가 가능합니다."

여기서 중요한 건, 모든 정보를 다 말하지 않는 것이다. 실제로 상세 페이지에는 빗물 제거율이 80% 이상이라는 정직한 수치가 있었다. 하지만 이 표현은 오히려 역효과를 낼 수 있다. 소비자는 '그럼 나머지 20%는 그대로 흘린다는 건가?'라고 받아들이기 때문이다. 애매한 숫자는 신뢰가 아니라 의심을 낳는다. 그래서 이 수치는 과감히 제거했다. 그렇다고 과장해서 99%라고 말할 수는 없다. 대신 표현을 바꿨다. '보송보송', '싹', '깔끔하게' 같은 의성어와 의태어를 사용했다. 숫자보다 장면이 먼저 떠오르도록 하기 위해서다. 80%라는 설명보다, 오히려 더 말끔하게 제거된다는 인상을 남긴다.

사소한 것도
강점으로 어필하라

마케팅 언어를 만들 때 초보 사장들은 내게 이런 질문을 한다. "이런 사소한 것까지 말해야 합니까?" 물론이다. 그것도 아주 거창하고 집요하게 말해야 한다. 작은 강점들이 켜켜이 쌓여 제품의 전체적인 가치를 만들게 된다. 우리는 '아무것도 아닌 것'을 '대단해 보이게' 만드는 일을

업으로 삼고 있다. 그런데 이 제품은 사소하다기보다, 꽤 큰 강점을 그대로 썩히고 있었다.

예를 들어 R의 제품은 중국산이 아닌 100% 국내산이다. 품질과 신뢰성을 동시에 말할 수 있는 포인트다. 여기에 더해 1년 보증기간 내 무상교환이라는 파격적 조건도 걸었다. 웬만한 제품에서는 쉽게 보기 어려운, 상당히 강력한 무기다. 그런데 상세페이지에는 이 내용이 전혀 드러나지 않았다. 상세페이지 전면에 넣으라고 지시했다.

"수리는 없습니다. 새 제품이 다시 나갑니다. 품질에 대한 자신감, 그래서 가능한 선택입니다(1년 내 제품 하자 시)."

조금 더 직관적으로 풀면 이런 표현도 가능하다.

- **100% 국내산**

  "원재료부터 생산까지 Made in Korea. 믿고 사용해도 됩니다."
- **1년 내 하자 발생 시 무상 교환**

  "문제 생기면 고민하지 마세요. 새것으로 교환해드립니다."

소재 역시 마찬가지다. R의 제품은 ABS 소재를 사용한다. 흔히 말하면 플라스틱이다. 특별한 것 없는 재질이지만, 이 역시 충분히 강점으로 바꿀 수 있다. ABS는 범용적으로 쓰이지만, 그만큼 검증된 소재다. 코로나 이후 위생에 대한 기준이 높아진 만큼, 이 포인트를 분명히 짚었다.

"ABS? 그냥 플라스틱이 아닙니다. 유아용 장난감과 식품 용기에도 사용되는 안전한 소재입니다."

이렇게도 풀 수 있다.

- **위생적인 소재**
  "빗물 제거기는 늘 물에 닿아 있습니다. 그래서 세균과 곰팡이에 대한 걱정을 피할 수 없습니다. ABS는 의료기기와 유아용 장난감에도 쓰일 만큼 위생성과 안전성이 검증된 재질입니다. 매일 손이 닿는 제품이라면, 소재부터 달라야 합니다."

- **충격과 변형에 강한 내구성**
  "ABS는 자동차 내장재, 전자제품, 의료기기에도 쓰입니다. 뜨거운 물이나 반복된 충격에도 쉽게 변형되지 않습니다. 매일 사용하는 제품이기 때문에, 오래 쓰는 것이 중요합니다."

이처럼 소구점을 끝까지 짜내 만들어야 한다. 그리고 한 가지 조언을 더했는데, 소재에 약간의 처리를 더해 '항균' 기능을 추가하라는 것이었다. 내가 상품 마케팅을 해보면 '항균'이라는 단어 하나만으로도 소비자의 반응은 확연히 달라진다. 노하우인데 이 항균이란 단어는 위생 분야에서 검증된 마스터키다. 소재에 소폭의 비용만 더하면 항균이라는 표현이 가능해지고, 이는 큰 비용 증가 없이도 제품의 가치를 끌어올릴 수 있는 중요한 포인트가 된다. 이처럼 작은 디테일 하나하나를 강조하면, 고객은 제품이 얼마나 세심하게 만들어졌는지를 자연스럽게 느끼게 된다. 그 과정에서 품질에 대한 신뢰도 함께 쌓인다.

당신의 제품을 다시 들여다보라. 원재료 출처는 어디인가? AS 정책은 어떻게 되는가? 소재는 무엇이며, 그 소재가 가진 특성은 무엇인가? 이 질문에 답하다 보면, 지금까지 숨어 있던 강점들이 하나씩 보이기 시작한다. 그것들을 언어로 만들어라. 사소함에도 이름을 붙이면 시장 경쟁 우위의 강력한 트리거가 된다.

내가 제안한 대로, R은 환경오염에 대한 문제 인식을 심어주려는 시도를 병행하되 전면에 내세우지 않았다. 안전한 국내 소재를 사용했다는 점을 어필했다. 어린이도 쉽게 사용할 수 있다는 편리함을 강조했다. 기존 제품과 달리 곰팡이와 세균 걱정이 없다는 항균 기능도 전면에 내세웠다. 실제 사용 영상과 함께 기존 우산 비닐의 비경제성과 비위생적인 측면도 명확히 대비시켰다.

반응은 무섭게 올라왔다. 1차, 2차, 3차 생산분이 나오는 대로 모두 완판됐다. 현재는 대기업과 유명 대형 매장들에서 앞다퉈 사용하고 있다. 네이버, 노브랜드, 로스팅웨어, 부산삼정타워, 국내 최대 반려견 테마파크인 강아지숲, 수협, 모모스커피, 천년담양 등 사례를 일일이 열거하기 어려울 정도다.

· 천재의 한 수 ·

당신의 상세페이지를 돈 버는 기계로 바꾸는 3단계 공식을 소개한다.

1. 고상한 관념은 언어 도끼로 쳐내라.

   '환경', '지구', '미래', '가치', '나눔' 같은 단어가 있는가? 고객은 당신 철학에 기부할 만큼 여유롭지 않다. 지구 걱정보다 내 걱정이 우선이다.

   "공정무역 원두로 지구를 지키는 커피" → "원두 향이 7일간 거실 가득 남는 커피"

   "지구를 생각하는 친환경 세제" → "아이 옷에 화학 성분 안 남는 세제"

2. 고객 불편을 화폐 단위로 환산하라.

   사람들은 제품을 사는 게 아니라 문제 해결권을 산다. 당신의 제품이 없을 때 치러야 하는 대가를 돈으로 환산해 제시한다.

   "친환경 포장 용기로 환경을 보호하세요." → "국물 새서 받는 리뷰 테러 10건? 그로 인한 손실 40만 원! 이 용기는 결코 새지 않습니다."

   "환경오염 시키지 않는 천연 염색제" → "염색 후 가려움으로 재방문 끊긴 고객들, 그 손실액은 얼마? 이 염색약은 컴플레인이 없습니다."

3. 애매한 숫자는 지우고 감각 언어로 채워라.

   상세페이지에 '%'가 있는가? 마케팅에서는 99.9%가 아닌 숫자는 불안을 낳는다. '85% 완벽'이라 쓰면 고객은 나머지 15% 결함을 염려한다. 어차피 완벽한 숫자가 아니라면 그 자리를 감각 언어로 채운다.

   "기름기 제거율 88% 주방 세정제" → "뽀득뽀득 기름기 싹"

   "방수 성능 85% 유리막 코팅제" → "장대비에도 물방울이 또르르 구슬처럼 흘러내려"

떨어지는 건
빗물이 아니라 돈이다

대한민국의 기후 시계는 고장 났다. 이제 '장마'라는 단어로는 이 무자비한 하늘을 설명할 수 없다. 기후 변화로 인해 '마른장마', '봄·가을 장마' 같은 표현이 등장했다. 장마는 길어지고 시기 또한 불규칙해졌다. 2020년 장마에는 장장 54일간 비가 왔다. 이제는 장마라는 말보다 '우기'라는 표현이 더 어울리는 아열대 국가로 진입했다.

환경부 자료에 따르면 국내에서 1년간 사용되는 일회용 우산 비닐은 약 2억 장에 이른다. 특히 물기가 묻은 비닐은 100년 이상 분해되지 않으며, 재활용도 거의 불가능해 토양 환경에 악영향을 끼친다. 그런 점에서 빗물 제거기는 분명 환경적 가치를 지닌 제품이다.

하지만 고상한 명분은 배고픈 사자를 잠재우지 못한다. R의 제품이 시장을 점령한 건 '지구를 지켜서'가 아니다. 메시지의 과녁을 '환경'에서 '비용'으로, '가치'에서 '돈'으로 옮겨 적는 순간 시장이 반응했다. 환경은 고귀한 '가치'지만, 비용 절감은 생존이 걸린 '결핍'이기 때문이다.

실제로 안랩과 같은 기업은 사내에 우산 빗물 제거기를 도입해 연간 20만 개 이상의 일회용 비닐 사용을 줄이고 있다. 하지만 더 흥미로운 건 소규모 사업장의 변화다. 서울 강남의 한 30평 카페는 빗물 제거기를 설치한 뒤 우산 비닐 구매 비용을 연간 80만 원 절감했다. 부산의 한 동네 빵집은 비 오는 날 바닥 청소 시간이 절반으로 줄었다고 했다.

현재 연면적 3,000m² 이상의 대형마트·백화점·복합쇼핑몰 등 대형 시설에서는 일회용 우산 비닐 사용이 법으로 금지되어 있고, 위반 시 최대 300만 원 이하의 과태료가 부과된다. 반면 소규모 사업장에는 권고 사항에 그치고 있다. 이 때문에 많은 소규모 매장과 가게들은 아직 필요성을 체감하지 못하고 있는 상황이다. 바로 여기가 노다지다. 법이 느슨한 곳일수록, 규제의 파도가 덮치기 전 먼저 댐을 쌓는 자가 시장을 먹는다. 앞으로는 소규모 사업장이라는, 아직 손대지 않은 거대한 시장이 열려 있다.

R의 사례가 증명하듯 법의 사각지대에서는 고객의 고통을 화폐 단위로 번역해주는 자만이 왕좌에 앉는다. 비즈니스는 문제를 해결해주고 그 대가를 받는 게임이다. 문제를 크게 보여주는 자가 가장 큰 대가를 가져간다. 친환경은 멋진 포장지일 뿐 그 내용물은 철저히 실리적이어야 한다. 사람들은 머리로 이해해서가 아니라 가슴으로 느끼고 지갑의 손실을 깨닫는 찰나에 결제 버튼을 누른다.

하늘에서 쏟아지는 빗물을 보며 한숨 짓지 말자. 누군가는 그 빗물을 털어내고 수거하여 수익으로 바꾸는 중이다. 당신도 혁신적인 제품으로 고객의 불편을 싹 쓸어버리는 순간, 금고에는 빗물 대신 황금이 고이기 시작할 것이다.

14

배달은
타이밍이다

: 영업 울렁증 사장님의 월 매출 1억 역전기

Q.
나는 왜 설명을 못 할까,
어쩌면 설명할 게 없는 걸까요?

K는 배달 시장이 초포화 상태로 접어든 지금, 이 판에서 살아남으려면 뭔가 달라야 한다고 판단했다. 배달의 시대가 되면서 배달 기사는 늘 부족하고, 점주들은 배달 문제로 골머리를 앓는다. 직접 배달할 여력은 없고, 플랫폼 수수료는 부담스럽다. 배달이 조금만 늦어져도 고객 컴플레인이 쏟아진다.

이 복잡한 문제를 대신 해결해주는 업체를 만들어보고 싶었다. 기사들을 모집해 점주들과 연결해주는 시스템만 잘 만들면, 서로 편해질 수 있을 거라는 확신이 있었다. 그렇게 K는 배달대행업을 시작했다.

처음에는 단순하게 생각했다. 좋은 기사를 확보하고, 상점들과 계약만 잘 맺으면 사업이 안정적으로 굴러갈 줄 알았다. 하지만 막상 해보니 세상에 쉬운 일은 없었다. 배달대행업은 겉으로는 단순해 보이지만,

실제 운영은 복잡한 일투성이었다. 기사들은 안정적으로 일할 수 있어야 하고, 점주들은 믿고 맡길 수 있어야 한다. 가격 경쟁은 치열해지고, 고객의 기대치는 계속 높아진다. 사고라도 한 번 터지면 모든 게 흔들린다. 늘 살얼음판 위에 서 있는 기분이었다.

여기에 결정적인 문제가 하나 더 있었다. K는 영업을 못한다. 고객 앞에 서면 리모컨을 잃은 로봇처럼 멈춰버린다. 낮을 많이 가리는 성격이라 처음 보는 사람 앞에 서면 말주머니에 잠금 장치가 걸린다. 점주에게 "안녕하세요, 배달대행업체입니다."라는 인사를 건네고 나면, 그 다음 말이 이어지지 않는다.

"어디 업체 쓰고 계세요?"

"불편한 점 없으세요?"

간신히 질문을 던져도 "괜찮아요."라는 대답이 돌아오면 대화는 거기서 끝이다. "아, 네. 알겠습니다. 필요하시면 연락 주세요."라는 말만 남기고 빠르게 빠져나온다. 내가 보기엔 영업이라기보다 급습 후 철수 작전에 가깝다. 대화는 한 줄, 체류 시간은 택배 기사보다 짧다.

상담 준비를 안 하는 것도 아니다. 수십 번 연습하고 간다. "배달대행이 필요할 때가 있을 겁니다.", "지금 쓰시는 업체, 만족하세요?", "배달비 부담되지 않으세요?" 머릿속에서는 자연스럽게 흘러간다. 하지만 현장에 도착하는 순간 머릿속은 하얘진다. 점주가 예상치 못한 대답을 하면 얼굴은 바로 홍당무가 되는 급행열차를 탄다. 인사만 꾸벅하고 패배감만 안고 돌아선다. 그 모습은 영업이 아니라 혼나고 나온 막내 같다. 배달 서비스는 없고, 부끄럼만 전달하고 온 셈이다.

희한한 건 기사들과는 말이 잘 통한다는 점이다. 함께 일하다 보면 금세 익숙해지고, 자연스럽게 친해진다. 농담도 하고, 어려운 점도 나누고, 때로는 밥 한 끼 하며 소통도 한다. 그런데 점주 앞에만 서면 말보다 식은땀이 먼저 나온다. K는 왜 모르는 사람과 말하는 일이 이렇게 어려운지 스스로도 이해하지 못한다. 그는 깨닫지 못했다. 문제는 '설명을 못해서'가 아니라 '첫 입을 어떻게 떼는지'를 몰라서였다는 걸.

광고 문구도 고민,
가격도 고민

영업만 어려운 게 아니다. 광고도 문제다. 인터넷 광고를 돌리긴 하는데, 문구를 만드는 게 쉽지 않다. "빠르고 정확한 배달!", "신속·안전 배달 보장!" 어디서 많이 본 문구다. 배민도, 쿠팡도, 다른 배달대행업체도 다 쓰는 말이다. 차별화가 되지 않는다. 그래서 고민해서 바꿔본 문구가 이것이다.

"배달, 더 빠르게! 더 안전하게!"

"우리 기사님들은 친절함이 다릅니다!"

하지만 이것 역시 복사기에서 막 나온 문구처럼 느껴진다. 광고비는 나가는데, 문의 전화는 없었다. 어떻게 해야 반응을 끌어낼 수 있을지 감이 오지 않았다.

가격 문제도 늘 고민이다. 배달대행업은 크게 2가지 방식으로 운영된다. 월 회비를 받는 방식과 건당 요금을 받는 방식이다. 월 회비는 안정적이지만 점주에게는 부담이 될 수 있다. 건당 요금은 유동적이지만 매출이 들쭉날쭉하다. 어느 쪽이 맞는 선택일까?

K는 나름의 차별화를 시도했다. 첫째, 기사 관리에 힘을 쏟았다. 배달대행은 결국 기사들이 잘해야 점주 만족도가 올라간다. 기사들이 일에 만족해야 서비스 품질도 따라온다. 둘째, 점주들과의 신뢰를 쌓는 데 집중했다. 배달대행업체가 늘어나면서 점주의 선택지는 많아졌다. 단순히 싼 곳이 아니라 믿고 맡길 수 있는 곳을 찾는 분위기였다. 그래서 '빠른 배달'보다는 '안정적인 배달'을 내세웠다.

문제는 말처럼 쉽지 않다는 점이다. 기사들을 안정적으로 관리하는 것도 어렵고, 점주들이 '여기가 더 낫다'라고 확신하게 만드는 것도 쉽지 않다. 다른 업체들도 똑같이 노력하고 있기 때문이다. 배달대행업을 시작한 지 5년이 지났지만 고민은 여전하다. 영업은 어떻게 해야 잘할 수 있을까? 광고는 어떻게 해야 효과가 날까? 가격은 어떻게 책정해야 경쟁력을 가질 수 있을까? 일은 계속하고 있지만, 늘 같은 질문 앞에 서 있다 보니 사업이 커질 기미가 보이지 않는다. 영업은 늘지 않고, 광고 아이디어는 바닥난 상태다.

K는 이 문제들을 풀고자 나를 찾았다.

A.

설명이 아니라
'오프닝'이 판을 만든다

영업의 판은 오프닝에서 갈린다. 상대가 거절이라는 셔터를 내리기 전, 비집고 들어갈 언어의 갈고리가 있느냐 없느냐, 그것이 매출 1억과 0원의 차이를 만든다. 내가 2010년대 중반 농심의 혼다시 세일즈 코칭을 진행할 때도 이를 분명하게 확인했다. 홍보 요원들이 요식업장을 방문해 기존 조미료를 혼다시로 바꿔보라고 권유했는데, 첫 문장을 어떻게 꺼내느냐에 따라 점주의 반응이 극명하게 갈렸다. 처음 몇 초 안에 관심을 끌면 대화가 이어졌고, 어설픈 오프닝을 던지면 그 자리에서 바로 거절당했다. 대화는 시작조차 되지 않았다.

K가 지금까지 써온 오프닝은 꽝이다. "안녕하세요. 배달대행업체입니다. 지금 사용하시는 곳은 만족하세요?" 이렇게 던져놓고 반응을 기다리니, 입질이 올 리가 없다.

철저한 준비와 강렬한 첫인사에서
사업 성패가 갈린다

점주들에게 뭉뚱그린 말로 접근하는 게 아니라, 점주의 관심을 정확히 건드리는 오프닝을 만들어야 한다. 첫입을 어떻게 떼느냐가 기회의 시작이다. 게다가 사업장마다 상황과 분위기가 다르다. 그에 맞는 멘트를 준비해야 한다.

- **지역 기반 전략**

  사람은 외부인에게는 날을 세우지만 이웃에겐 문을 연다.

  "배달대행 영업하러 왔는데요." → "사장님, 바로 옆 건물에서 5년째 사업하고 있는 이웃사촌 ○○○입니다. 오며 가며 늘 뵈었는데 오늘 드디어 인사드리려 들렀네요!" (경계심을 무너뜨리는 이웃의 얼굴)

'침입자'에서 '지인'으로 포지셔닝이 순식간에 이동한다.

- **문제 제시 전략**

  점주가 밤잠 설치며 고민하는 그 지점을 먼저 터뜨려라.

  "저희 배달대행 한번 써보실래요?" → "사장님, 요즘 주말 피크타임 때마다 기사 안 잡혀서 속 터지시죠? 그거 저희가 어떻게 해결했는지 딱 1분만 들어보시겠어요?" (아픈 곳을 긁어주는 해결사)

내 이익이 아니라 '사장님의 고통'에 집중하고 있음을 증명한다.

- **권위 제시 전략**

인간은 본능적으로 실패를 두려워하고 1등을 추종한다.

"저희 업체도 나름 괜찮습니다." → "이 동네에서 배달 좀 한다는 사장님 들이 결국 마지막에 정착하는 곳, ○○○입니다. 왜 다들 이쪽으로 넘어 오는지 궁금하지 않으세요?" (검증된 대세의 자신감)

호기심을 유발함과 동시에 '나만 모르고 있었나?'라는 불안감을 자 극한다.

오프닝은 나는 누구인가 알리는 자기소개 시간이 아니다. 내가 당신 에게 왜 필요한가를 뇌리에 새기는 시간이다. 상대의 업종, 시간대, 표 정에 따라 이 3가지 탄환 중 하나를 쏘아보라.

밝음의 미학을 나타내라

K는 첫인상에서 손해를 본다. 표정이 굳어 있고, 말에 힘이 없다. 내가 우울하면 그 기운은 상대방에게 그대로 전해진다. 무거운 톤으로 말하 면 메시지도 무거워지고, 생기 없는 태도는 점주의 관심을 끌지 못한다. 상례喪禮 치르듯 어두운 톤으로 말하면 그 메시지마저 죽은 정보가 된

다. 목소리에는 애정과 정성이 실려야 한다. 웃음 섞인 말투는 거절의 빗장을 녹이는 용해제다. 상대의 반응을 결정짓는 건 내용보다 당신이 뿜어내는 에너지의 농도다.

그리고 중요한 지점이 하나 더 있다. K는 초면에 자신의 이름을 밝히지 않는다. 처음 만나는 자리에서 이름을 밝히는 건 기본이다. 이름을 감추는 영업사원은 책임질 의지가 없는 도망자처럼 보인다. 나도 독자들의 메일을 수없이 받지만 이름조차 없이 질문만 퍼붓는 이들에게는 답변하지 않는다. 자신의 신분도 밝히지 않고 목적 달성만 하겠다는 심보를 채워줄 생각은 없으니 말이다. 신뢰는 이름 석 자를 내뱉는 순간 시작된다.

"안녕하세요. 이 지역에서 1등을 목표로 하는 배달전문기업 대표 ○○○입니다. 처음 인사드리게 돼서 반갑습니다."

밝고 자신감 있는 태도로 시작해야 한다. 힘 있는 첫 한마디가 점주의 관심을 붙잡고, 그날 영업의 성패를 결정한다.

· 천재의 한 수 ·

당신이 스스로 봐도 얼굴에 신뢰가 가지 않는다면, 어느 점주가 당신에게 일을 맡기겠는가? 거울은 당신의 가장 냉혹한 교관이다.

1. 1분 입꼬리 트레이닝: 거울 앞에서 양 입꼬리에 마치 낚싯바늘을 걸고 위로 잡아 올린다고 생각하며 미소 짓는다. 그 상태에서 1분간 말해보라. 웃으며 말하는 입 모양이 자연스러워지고 눈가 근육까지 움직이는 진짜 미소가 나올 때까지 멈추지 마라.
2. 목소리에 체온 굽기: 굳은 얼굴로 내뱉는 말은 차가운 금속성 소리가 난

다. 웃으며 말하면 성대가 열리고 목소리에 신뢰의 온기가 실린다. 나는 1,000편이 넘는 상업용 더빙을 했지만 늘 표정을 풀고 시작하는 원칙을 잊지 않는다.
3. 이름에 자부심 박기: "저기…, 배달 대행인데요."라고 얼버무리지 마라. 이름 앞에 자신을 대표할 한마디를 넣어 말하라. "1등 배달업체, ○○○입니다."라고 당신의 이름을 브랜드로 선포하라.

광대 근육을 당긴 각도가 오늘 당신이 벌어들일 수익의 각도다. 표정은 마음의 거울이 아니라 계산된 성공의 도구다. 표정은 전략이다.

불청객에서 옆집 이웃으로, 낯선 영업사원의 꼬리표를 떼는 '지연^{地緣} 마케팅'

정장 차림에 서류 가방을 든 당신이 가게 문을 여는 순간, 점주의 뇌에는 사이렌이 울린다. "침입자다! 방어해라!" 영업의 고수는 이 지점에서 동질성similarity이라는 치트키를 쓴다. 사람은 본능적으로 자신과 비슷한 사람에게 호감을 느낀다. 혈연, 학연, 지연처럼 공통점이 있는 사람에게 마음이 열린다. 영업도 마찬가지다. 뭐라도 공통의 접점을 만들어야 한다. 점주를 처음 만날 때 '낯선 영업사원'이 아니라 '같은 동네 사람'이라는 인식을 심어줘야 한다.

"옆 사무실에 있는 이웃입니다.", "이 지역 터줏대감입니다.", "오가다 자주 마주칠 이웃입니다."

이런 뉘앙스를 주면 거부감이 크게 줄어든다. 생각보다 많은 사업장에서 영업을 강하게 거절하지 않는 이유도 여기에 있다. 가게는 누구에게나 열려 있고, 영업사원 역시 언제든 손님이 될 수 있기 때문이다. 특히 지역 기반 영업에서는 '우리는 같은 공간을 쓰는 이웃'이라는 인식을 먼저 만들어야 한다. 예를 들면 이런 식이다.

"저 옆 건물에 사무실이 있습니다. 여기서 걸어서 5분 거리인데, 사장님 가게가 워낙 유명해서 직원들이랑 자주 먹으러 왔습니다."

이 짧은 문장 안에 상대를 녹이는 3가지 심리 장치가 숨어 있다.

- '나는 언제든 다시 마주칠 사람이다. 함부로 대하지 마라' (이웃 선언)
- '나도 엄연히 손님이다. 나를 내쫓는 건 손님을 내쫓는 것이다' (고객 선언)
- '나는 이 동네 생리를 당신만큼(보다) 잘 안다' (지역 입지 선언)

가게는 누구에게나 열린 공간이지만, 마음의 문은 아무에게나 열리지 않는다. 낯선 이가 아닌 상대의 손님이자 이웃이라는 가면을 먼저 써라. 그래야 상대의 방어 기제가 녹는다.

· 천재의 한 수 ·

3초 만에 점주의 '경계 모드'를 '대화 모드'로 바꾸는 멘트다.

- "여기 매장 앞을 하루에도 몇 번씩 꼭 지나갑니다." (동선 강조형)
- "여기 ○○ 메뉴를 제일 좋아해서 직원들이랑 자주 배달시켜 먹습니다." (손님 코스프레형)
- "이 앞 사거리에서 사무실 운영하는 동네 이웃입니다. 오가다 자주 뵀으니

겸손이 미덕이라고?
영업에선 독

나는 K에게 비굴한 겸손보다 오만한 확신을 장착하라고 조언했다. K가 먼저 '배달대행은 다 거기서 거기'라고 생각하는 순간, 점주들도 그대로 받아들인다. "배달이 다 그렇죠.", "저희도 나름 열심히 하는 곳입니다.", "특별할 건 없지만 최선을 다하고 있습니다." 이런 말은 하지 말아야 한다. 이건 겸손이 아니라, 스스로를 깎아내리는 자아비판에 가깝다. 당신이 스스로를 평범하게 만들면 점주도 그렇게 본다.

이렇게 하도록 조언했다.

- "우리는 특별합니다. 만족도가 높습니다."
- "기사님 관리가 예술 수준으로 철저합니다."
- "이 지역에서 가장 반응이 좋은 배달대행업체입니다."
- "저희 서비스를 이용한 점주님들은 왜 진작 바꾸지 않았나 이야기합니다."
- "속이 시원해지고 매출이 안정되는 배달 서비스는 따로 있습니다."

확신을 가지고 말하면, 점주도 그 확신을 신뢰로 받아들인다. 서비스의 본질이 비슷할 수는 있다. 하지만 어떻게 포장하고 전달하느냐에 따라 가치가 완전히 달라진다. 먼저 우리가 '우리 서비스는 다르다'고 믿어야 한다. 그 믿음은 말투와 태도를 통해 그대로 전염된다.

나 역시 마케팅 업계에서 섭외 0순위 회사를 운영하고 있다고 자부해 왔다. 그런데 한 번, 컨설팅 계약 단계에서 스스로 확신 없는 태도를 보인 적이 있다. 며칠 뒤 계약 해지 연락이 왔다. 상품을 드롭시키고, 일정을 딜레이하겠다는 통보였다. 처음 겪는 일이었다. 그때 깨달았다. 나의 확신이 그대로 상대에게 전달된다는 것을 말이다.

확신은 바이러스보다 빠르게 전염된다. 당신이 믿으면 고객도 믿는다. 눈빛에 광기 서린 확신이 담겨야 상대를 압도할 수 있다. 겸손은 인격의 완성일지 모르나 영업 현장에서는 '실력 없음'의 다른 이름일 뿐이다.

형용사를 버리고
시스템을 팔아라

"배달 빠르게 해드립니다."라는 말만으로는 부족하다. 배달대행업체는 많고, 점주들 역시 한두 번 써본 경험이 아니다. 그래서 점주들 머릿속에는 이미 '다 거기서 거기'라는 인식이 자리 잡고 있다. 그 말은 불만도 대동소이하다는 뜻이다. 우리는 바로 그 지점을 정확히 짚어야 한다.

그냥 다르다는 헛소리 대신 어떻게 다른지를 보여줘야 한다. 차별점은 뜬구름 잡는 소리가 아니라 점주 상처를 즉각 치유하는 구체적 약품이어야 한다. 나는 '문제없다'라고 말하지 말고 기사 관리 시스템이 어떻게 돌아간다고 구조를 보여주라고 조언했다.

"저희는 기사님들을 관리하는 시스템을 갖추고 있습니다. 기사의 개인 컨디션에 가게 운명을 맡기지 마십시오. 본사가 기사님 관리에 집요하게 개입해서 작은 문제도 미리 차단합니다. 그래서 점주님들이 자주 겪는 배달 사고나 서비스 불만을 구조적으로 줄였습니다."

이렇게 말하면 점주는 '이 업체는 기사 관리가 다르다'는 인식을 갖게 된다. 배달대행업에서 기사님의 태도와 서비스 수준은 곧 업체의 신뢰도로 직결되기 때문이다.

또 이렇게도 말할 수 있다.

"많은 업체가 기사님 관리를 주먹구구식으로 하다 보니 배달 과정에서 크고 작은 문제가 반복됩니다. 하지만 우리는 다릅니다. 타 업체에서 흔히 발생하는 불친절, 사고, 불만이 우리 시스템에서는 거의 발생하지 않습니다. 기사 교육부터 배정, 서비스 관리까지 본사에서 직접 관리하기 때문입니다."

여기에 한마디를 더 얹을 수 있다.

"우리는 기사님을 단순한 배달 인력이 아니라 회사의 핵심 자산으로 봅니다. 그래서 '인재가 곧 회사'라는 기준으로 라이더 선별과 교육에 공을 들입니다."

이 정도까지 이야기해야 점주는 '이 업체는 체계가 있구나'라고 판단한다. 속도나 비용은 누구나 흉내 낼 수 있지만, 치밀하게 짜인 관리 구조는 쉽게 복제할 수 없다. 시스템이 다르다는 선언이 당신 몸값을 결정한다.

· 천재의 한 수 ·

차별점은 추상명사가 아니라 구체적 시스템이다. '친절합니다'라는 말 대신 '불친절 신고 시 즉시 교체합니다'라고 말해야 한다. '안전합니다'라는 말 대신 '사고 발생 시 본사가 책임집니다'라고 말해야 한다. 당신의 차별점을 다음의 공식에 대입해보라.

"타 업체는 어떠한 문제가 있는데 우리는 이와 같은 구체적 시스템으로 이런 결과를 보여드립니다."

1. 배달대행: "타 업체는 기사 관리 주먹구구. 우리는 매월 CS 정기 교육으로 클레임 제로"
2. 식당: "다른 곳은 냉동 재료 섞음. 우리는 매일 새벽 4시 가락시장 냉장 재료 공수하여 신선도 보장"
3. 학원: "타 학원은 진도 빼기 바쁨. 우리는 당일 수업 피드백하는 무한 보충 시스템으로 낙오자 제로"

마케팅 언어에서 구체성은 곧 권위다. 당신의 업종에도 형용사를 지우고 계산된 시스템을 적용하라. 잘하겠다는 말은 누구나 할 수 있지만, 고수는 이렇게 해서 잘할 수밖에 없다는 시스템을 설명한다.

숫자는 뇌를 건드리지만 감정은 몸을 움직인다

배달 기사 모집 공고를 보면 똑같다. "월 ○○○만 원 가능", "최고 대우", "건당 최고 수당" 익숙하다 못해 식상하다. 문제는 정보가 아니라 감정이 없다는 데 있다. 나는 이를 조화와 생화의 차이라고 생각한다. 조화는 아무리 잘 만들어도 만졌을 때 느낌이 없다. 반면 생화는 손에 닿는 순간, 촉촉함과 온기가 전해진다.

기사 모집은 누군가에게는 가족 부양의 마지막 보루이자 삶의 경제적 기둥이 되는 인생을 건 선택이다. 그런 중요한 결정을 앞둔 사람에게 숫자만 던지는 문구는 설득력이 없다. 건조한 문장에는 반드시 감정이 담겨야 한다.

감정을 담은 문구로 친근함을 높여라

"월 ○○○만 원 가능" 같은 문구는 눈으로 읽기도 전에 마음이 먼저 하품한다. 기계적인 정보 나열이 아니라, 감정을 움직이는 문구가 필요하다. 딱딱하고 건조한 표현보다 재미있고 친근한 말이 훨씬 효과적이다. 광고를 보는 대상은 기계나 알고리즘이 아니라 사람이다. 보는 사람 입장에서 '나와 관련 있다'는 느낌이 들어야 하고, 감정이 움직여야 반응이 나온다. 그래서 문구에는 생활감과 온기가 담겨야 한다. 친근감은 경계심을 녹이고 생활감은 유대감을 만든다. 이렇게 감정을 담아서 전달하도록 코칭했다.

- "길치라고요? 익숙하고 잘 아는 내 동네만 다닙니다. 빨리 도는 만큼 돈도 빨리 벌립니다."
- "마포구만 편하게 다니며 월 600만 원 원하시면 콜미콜미~"
- "마포구가 손바닥이라면, 동네만 돌면서 월 600만 원 벌어보세요."
- "여긴 한 번 오면 안 나가요. 신나고 재밌으니까! 열에 ○명 장기근속 중! ○개월 차부터 추가 인센티브 지급!"

이런 문구는 '내 이야기 같다'는 느낌을 준다. 감정이 담긴 문장은 광고를 그냥 지나치지 못하게 만든다. 한 번 더 읽게 만들고, 한 번 더 고민하게 만든다.

행동을 유발하는 동사를 써라

광고의 목적은 분명하다. 사람을 움직이게 만드는 것이다. '지원하기' 버튼을 누르게 하는 것이다. 그래서 단순히 '배달기사 모집'이라고 쓰는 것보다, 행동을 직접 유도하는 문구가 훨씬 효과적이다. 명사를 동사로만 바꿔도 반응은 달라진다.

- "주의 집중 요망" → "지금 보세요!"
- "배달기사 구인" → "마포구에서만 편하게 배달하고 싶죠? 지금 눌러보세요."

무엇을 해야 하는지가 분명할수록, 행동은 빨라진다.

상대의 자유 의지를 뺏어라.
그것이 최고의 친절이다

전화 상담TA에서 가장 멍청한 말은 "한번 생각해보시고 연락 주세요."다. 거절의 출구를 내가 열어주는 셈이다. 그것보다 거절의 틈을 봉쇄하는 '이중 구속double bind'의 설계법을 소개한다. 이것은 선택지를 좁혀 내가 원하는 결론으로 끌고 가는 심리전이다. 심리학에서는 이중 구속이라 부르며 마케팅에서는 '닫힌 선택지'라 명명한다.

나는 K에게 전화를 받는 즉시 매진 임박의 긴장감을 조성하고 외통수에 가두라 했다. "사장님, 지원자가 폭주해서 이번 주 스케줄이 거의 끝났습니다. 그런데 마침 상담 취소 건이 하나 나와서 딱 한 자리가 비었네요. 수요일 오후 2시와 4시 중에 어느 시간이 편하십니까?"

이 멘트를 하는 순간 상대의 뇌 회로는 바뀐다. '지원할까 말까'라는 본질적인 의문은 사라지고, '2시냐, 4시냐'라는 지엽적인 선택지로 옮겨간다. 질문자가 순식간에 주도권을 쥐게 된다. 상대에게 자유를 주는 척하면서 내가 설계한 프레임 안에 집어넣는 상담의 최면술이다. 이게 나쁜가? 오히려 상대에게 고민할 에너지를 줄여주고 확실한 솔루션을 만들어줬으니 친절을 베푸는 것이다.

정액定額이냐, 정률定率이냐?

하수들은 자기 주머니 사정부터 생각한다. 고수는 점주의 심장 박동부터 읽는다. 월 회비(정액)냐, 건당 요금(정률)이냐를 점주 입장에서 보면 답이 쉽게 보인다. 홈쇼핑 구조를 예로 들어보자. 홈쇼핑에는 정액 방송과 정률 방송이 있다.

정액 방송은 매출과 상관없이 정해진 시간대를 일정 금액으로 사는 방식이다. 시청률이 좋은 시간대는 비싸고, 나쁜 시간대는 반대로 싸다. 정률 방송은 판매액에 일정 수수료를 붙이는 방식이다. 홈쇼핑이 어느 쪽을 더 선호할까? 당연히 정액 방송이다. 방송이 안 풀려 상품이 안 팔려도 매출을 안정적으로 확보할 수 있기 때문이다. 지금 K가 원하는 구조도 여기에 가깝다.

반대로 입점 브랜드는 어느 쪽을 원할까? 정률 방송을 원한다. 잘 팔리면 수수료를 내면 되고, 혹시나 실패했을 때도 고정비 부담을 지지 않아도 되기 때문이다. 지금 점주들이 원하는 퇴로도 정률이다. 여기서 충돌이 발생한다. 당신은 안정을 원하고 상대는 안전을 원한다. 이 간극을 어떻게 메울까? 정률로 진입 장벽을 부수고, 정액으로 수익의 둑을 쌓아라. 신규 점주에게 처음부터 월 회비를 요구하는 것은 결혼도 하기 전에 생활비부터 내놓으라는 격이다. 우선 문턱을 바닥까지 낮춰라.

"시작이 부담 없습니다. 월 회비 없어요. 건당 비용만 내시면 됩니다."

라는 말로 진입장벽을 낮춰라. 점주는 안도하며 우리 서비스 안으로 발을 들인다. 그리고 3개월 뒤 당신은 '영업사원'이 아닌 '데이터 전문가'의 얼굴로 다시 나타나야 한다. 지난 3개월간의 배달 로그를 출력해 점주의 눈앞에 들이밀어라.

"지난 3개월 ○○건 사용하셨는데, 월정액이 ○만 원 절약됩니다."

데이터에 기반한 제안은 거절하기 어렵다. 내게 돈을 더 내라는 게 아니라, 내 돈이 새어나가는 걸 막아주겠다는데 누가 마다하겠는가? 데이터는 감정보다 힘이 세다. 배달대행이든, 청소대행이든, 정비소든, 승부처는 정액제로 전환을 유도하는 것이다. 처음엔 작게 시작해 점주의 습관을 구속하고 나중에 데이터로 점주의 지갑을 고정적으로 점령하라.

'정률'에서 '정액'으로 바꾸는 수익 전환 시나리오다. 당신의 서비스에 안전한 입구와 안정적인 출구를 설계하라.

1. 입구 전략(정률)
   "초기 비용 0원, 쓰는 만큼만 내세요." (고객의 손실 회피 본능 자극)
2. 관찰 기간(데이터 수집)
   3개월간 고객의 사용 패턴과 비용 지출을 철저히 기록하라.
3. 출구 전략(정액)
   "데이터를 보니 정액제가 사장님께 ○% 더 유리합니다." (고객의 이익 극대화 본능 자극)

"지난 3개월간 사장님이 지불하신 수수료는 총 ○○만 원입니다. 정액제로 바꾸셨다면 벌써 ○○만 원을 아끼셨을 텐데, 이제라도 제가 바로잡아드려도 될까요?"
이렇게 말하면 영업사원이 아닌 자산관리 컨설턴트가 된다. 상대가 승낙하면 당신의 매출은 날씨와 상관없이 요동치지 않는 철옹성이 된다.

머리 싸매던 시간도
결국 자산이 된다

영업은 어렵고, 광고는 효과가 없고, 경쟁은 치열하다. K는 머리를 싸매고 고민하는 날이 많았다고 한다. 그래도 포기하지 않았다. 이게 K의 일이고, 스스로 선택한 길이기 때문이다.

그는 이제 많이 달라졌다. 내 코칭들을 적용해서 영업의 틀을 잡고, 광고를 바꾸고, 차별점을 구체화하고, 사업의 생리를 재설계했다. 작은 변화들이 모여 사업을 바꿨다. 3년간 고인 물 같던 사업은 움직이기 시작했고 계약 건수가 늘고, 기사들이 모이고, 입소문이 퍼졌다. 또한 타깃 라이더들이 가장 민감해하는 동선 효율과 정착 지원금을 생활 밀착형 언어로 재배치했다. 그 결과 광고비는 30% 절감하면서도 신규 기사 유입은 2.5배 증가하는 실질적인 ROI를 달성했다. 가장 극적인 변화는 가격 전략 제시다. 몇 달치 이용 내역을 엑셀 데이터로 정리해 보여주면서 정액제로 돌리는 데이터 기반 컨설팅을 잘하고 있다. K는 깨달았다. 머리 싸매던 그 시간도 결국 자산이 되었다는 걸.

배달은 속도전이지만 사업은 전략전이다. 망설임은 기회를 부패시키지만 실행은 한계를 폭발시킨다. 당신도 움직이고 있는가? 당신이 고쳐 쓴 영업 매뉴얼 한 줄이, 당신이 바꾼 광고 문구 하나가 당신의 통장 잔고를 바꾼다. 당신의 비즈니스도 전략적으로 재설계해보길 바란다.

15

1,000원짜리가
시장을 덮치다

: 원조 요가링이 가격 전쟁에서 살아남은 비결

$$\boxed{\text{사장님의 분투}}$$

Q.

다 똑같아 보이는 가격 전쟁에서
어떻게 탈출할까요?

Y는 요가 강사다. 종일 수업을 하고, 강의를 다니며, 새로운 동작을 익히고 가르치는 생활이 반복됐다. 숨 가쁘고 바쁜 나날이었지만 즐거웠다. 특히 새로운 도구를 접하는 일이 재미있었다.

그러던 어느 날 '요가링'이라는 낯선 도구를 만났다. 처음에는 별 기대가 없었다. 둥그런 고리 하나일 뿐이었다. '이게 뭐 대단하겠어?'라는 생각에 헬스장 한구석에 처박아두었다. 어느 날 몸의 굴곡에 밀착시켜 굴렸더니 순간 굳어 있던 근육이 아우성쳤다. 다리 부기가 빠지고, 통통했던 종아리가 시원하게 풀리는 게 확연히 느껴졌다. 다리 라인이 정리되면서 심미적인 효과까지 보이자 직감이 왔다. '이거다!' 이렇게 좋은 걸 혼자만 알고 있을 수는 없었다. 더 많은 사람에게 알려야겠다는 생각이 들었고, 이 경험을 사업으로 만들어볼 수 있지 않을까 하는 아이디어가 스쳤다. 그렇게 사업이 시작됐다.

2017년, 지인의 지인이 운영하던 공장을 통해 요가링을 도매로 들여와 스마트스토어를 열었다. 가격은 개당 3만 5,000원이었다. 당시만 해도 '요가링'이라는 단어 자체가 생소했다. 시장엔 경쟁자도 비교 대상도 없었지만 반응 또한 새벽 호수처럼 고요했다. 사람들은 물었다. "이게 뭐예요?", "어디에 쓰는 거예요?" 열심히 설명해도 반응은 없었다. 매출 그래프는 새벽 호수처럼 고요했다.

반전은 늘 예상치 못한 곳에서 시작된다. 누군가 요가링을 종아리에 끼우고 사용했더니 마사지 효과가 뛰어나다며 올린 후기가 SNS에서 퍼지기 시작했다. 상황은 순식간에 바뀌었다.

"이거 종아리 알 푸는 꿀템이래."

입소문이 번지자 입고와 동시에 매진이 반복됐다. 2017년, 한 개 팔릴 때도 '이게 팔리네?' 했던 제품이 자고 나면 주문이 쌓여 있었다.

주문이 몰리자 포장 박스조차 넉넉하지 않았다. 제품을 하나씩 손으로 닦고 스티커를 붙이며 밤을 새웠다. 창고라고 부르기도 민망한 작은 방에 박스를 쌓아두고 택배를 싸느라 허리가 휘었다. 하지만 금융치료를 받으니 힘든 것도 몰랐다. 그러나 시장에는 잔혹한 법칙이 있다. 잘 팔리는 제품이 있으면 돈 냄새를 맡은 복제 업자들이 따라붙는다는 것이다.

버티느냐, 무너지느냐?
가격 전쟁이 시작되다

돈 버는 달콤함은 오래가지 못했다. 2018년, 시장의 평화를 깨뜨린 것은 해일처럼 밀려온 반값 중국산이었다. 예상은 했지만 막상 현실이 되자 막막했다. 불행 중 다행인 것은 하이에나들이 몰려들수록 이슈가 되면서 요가링 파이 자체가 커졌다. 검색량이 증가했고, 그 덕에 Y의 제품도 덩달아 팔려나갔다. 그렇다고 낙수 효과에 취해 있을 때가 아니었다. 요가 매트와 폼롤러 등 라인업을 늘려 교차 판매하기 시작했다. 가격도 2만 9,000원으로 낮췄다. 고독한 가격 전쟁 참전 선언이었다.

진짜 지옥문은 2019년에 열렸다. 이번엔 해일이 아니라 핵폭탄이었다. 9,900원짜리 요가링 등장! 게다가 무료배송은 상대가 되지 않았다. 택배비, 포장비, 수수료를 빼면 남는 게 없을 텐데 같이 죽자는 것 같았다. 그래도 버텨보며 자사 제품의 우수성을 설명했다. 그러던 중 압도적 끝판왕이 나타났다. 1,000원짜리 중국산 요가링이 등장한 것이다. 이건 경쟁이 아니라 전쟁이었다. 그녀에겐 학살에 가까웠다.

원가 이하 판매를 흔히 '셀프 자해 마케팅'이라 부른다. 수익 대신 눈물을 뽑는 장사다. 가격을 지키자니 고객은 썰물처럼 빠져나갔다. 가격을 내리자니 사입 원가보다도 낮은 1,000원짜리와는 싸울 수 없었다. 가격을 유지하면 "왜 이렇게 비싸냐?"는 말이 돌아왔다. 밤마다 곤두박질치는 매출 그래프를 보며 '여기서 접어야 하나'라는 생각이 반복됐다.

문제는 가격만이 아니었다. 저가 제품들의 낮은 내구성으로 소비자 불만이 폭발했고, 그 불만이 엉뚱하게 Y에게도 향했다. 다른 곳에서 구매한 제품이 쉽게 부러졌다는 항의, 중국산이 아니냐는 의심이 댓글로 쏟아졌다. 클론들이 날뛴 모욕이 시장 개척자에게 비수가 되어 꽂히는 고통에 시달렸다.

벼랑 끝에 선 Y는 결국 칼을 바꿔 잡았다. 가격 경쟁에서 빠져나오기로 했다. 제품을 고급화하고, 정품 인증을 강화하며, 마케팅 방향을 바꾸기로 했다. 2020년부터 자사몰을 리뉴얼하며 상세페이지를 수정했다. 'Made in Korea'를 전면에 내세웠고, 값싼 중국산 제품의 소재 문제와 내구성 문제를 명확히 짚었다. 마케팅 총구를 가격이 아닌 본질로 돌린 이 전략은 잠시나마 숨통을 틔워주는 듯했다.

그러나 사업은 늘 한 박자 쉬었다가 다시 시련을 준다. 이번에는 더 진화한 괴물이 등장했다. 3,900원짜리 '국내산' 요가링이 등장했다. 마지막 보루였던 국내산이라는 방패마저 종잇장처럼 찢겨나갔다. 가격으로도, 출신 성분으로도 무기가 없어진 이 지옥도에서 어떻게 살아남아야 할까?

결론적으로 현재, Y는 여전히 살아남았다. 고가격을 고수하며 시장을 지키고 있다. 그 생존 전략은 무엇인지 공개한다.

A.
가격 전쟁의 유일한 출구는
기준을 선점하는 것이다

내가 이름 붙인 '꽂아두기 전략'은 다소 고전적인 방식이지만, 과거 홈쇼핑에서 매우 효과적으로 쓰인 방법이다.

범용품을 명품으로
변신시키는 방법

신상품이 나왔다고 쇼호스트가 "이런 물건이 나왔네요. 오늘 처음 파는 건데 한번 사보실래요?"라고 말하는 경우는 없다. 그런 멘트로는 아무도 지갑을 열지 않는다. 반대로 '백화점 상품'이라는 말이 붙는 순간, 소비자는 태도가 달라진다. 백화점이라는 단어 하나로 신뢰와 가치가 자동으로 따라붙기 때문이다.

그래서 홈쇼핑 론칭 전에 하는 작업이 있다. 상품을 백화점에 잠시 '꽂아두는' 것이다. 방송통신법상 서로 다른 3곳의 백화점에서 20일 이상 판매되었다는 판매 이력을 증명하면, 방송에서 '백화점 상품'이라고 말할 수 있다. 이를 위해 지역의 작은 비브랜드 백화점 3곳에 제품을 잠시 진열한다.

진열 첫날 구매 영수증을 한 장 떼고, 20일이 지난 뒤 다시 한 장을 떼면 된다. 이렇게 3군데 백화점에서 각각 2장씩, 총 6장의 영수증을 떼어 제출하면 제품은 '백화점 상품'이 된다. 중요한 포인트가 하나 더 있다. 백화점에 진열할 때는 가격을 훨씬 높게 책정한다. 그리고 홈쇼핑에서는 원래 가격, 혹은 더 낮춘 가격으로 노출한다. 이걸 업택**up tag** 가격 전략이라고 부른다.

이제 쇼호스트는 이렇게 말할 수 있다.

"그동안 백화점에서만 보셨던 바로 그 제품입니다. 드디어 홈쇼핑에서 선보이게 됐고, 게다가 백화점보다 훨씬 저렴합니다."

이 한 문장으로 소비자의 반응은 완전히 달라진다.

물론 내가 자문하는 기업들에 이런 전략을 권하지는 않는다. 하지만 지금처럼 절박한 소사장이라면, 이런 우회 전략도 충분히 고려할 만하다. 핵심은 '어떻게든 백화점 이력을 만드는 것'이다.

정식으로 생활잡화나 스포츠용품 코너에 입점하는 건 쉽지 않다. 백화점 MD는 아예 만나주지도 않는다. 대신 비교적 접근이 쉬운 루트가 있다. 바로 백화점 내 서점 코너다. 요즘 서점은 책만 팔지 않는다. 각종

잡화와 라이프스타일 제품을 함께 취급한다.

서점 잡화 코너에 진열하는 건 상대적으로 문턱이 낮다. 거기에 진열된 사진을 백화점 로고와 백화점 분위기가 드러나게 찍어 상세페이지에 올리면 된다. 그렇게 해서 요가링은 '○○백화점 입점 정품'이라는 새로운 차별점을 얻게 된다. 이 한 줄만으로 가격이 비싸도 어느 정도 용서가 되고, 품질에 대한 의심도 자연스럽게 사라진다. 중국산도, 온라인 제품도 아닌 당당한 '백화점 정품'이 되는 것이다.

백화점은 입점하려고 가는 곳이 아니다. 이력을 만들러 가는 곳이다. 백화점 MD나 서점 담당자 만나기가 어렵다고 말하고 싶을 수도 있다. 하지만 1,000원짜리 요가링과 싸우는 것보다는 쉽다. 담당자 한 명만 만나면 되는 일이다. 그 한 사람이 Y의 요가링을 1,000원짜리가 아닌 2만 7,900원짜리로 만들어준다. 내가 설계한 이 방법은 Y의 상품을 백화점용으로 만들어버렸다. 그것도 합법적으로 말이다. 장사꾼의 구걸을 전략가의 설계로 치환해줬다.

소싱력에
주력하라

신분 세탁을 통해 지위를 얻었다면 다음은 그 지위를 뒷받침할 압도적 실체를 증명시켜야 한다. 나는 저가 제품들이 절대 넘볼 수 없는 기술적 해자 technical moat를 파라고 시켰다.

첫 번째는 소재를 바꾸라 했다. 시장에 널린 흔하디흔한 플라스틱을 버리게 했다. 특정 제조사와 계약을 맺고 온도에 따라 탄성이 변하는 반응형 소재나 항균 기능이 포함된 원료를 도포하여 아예 유전자를 바꾼 것이다. 소재가 달라지자 명분도 생겼다. 값싼 것과는 태생부터 다른 독점적 상품력을 확보했다.

두 번째는 라인업을 늘린 맞춤형 포지셔닝이었다. 기존의 하드 타입과는 별도로 소프트 버전을 출시하고, 사용자 체형에 맞춘 사이즈 옵션도 준비시켰다. 피부에 직접 닿는 제품인 만큼 선택지가 많아지자 '맞춤형 도구'라는 인식이 생겼다. 소재와 기능이 달라지자 메시지도 달라졌다. 선택지가 정교해지면서 전문적인 인체 공학적 교정 도구로 인식하기 시작했다.

· 천재의 한 수 ·

당신의 제품에서 바꿀 수 있는 한 가지를 찾아내라. 소재를 바꿀 수 있다면 특수 원료를 다루는 제조사를 수소문하고, 그것이 여의치 않다면 사이즈, 색상, 심지어 패키징의 질감이라도 비틀어라. 비즈니스의 세계에서 '무엇이든 하나는 다르다'는 사실은 당신의 제품을 선택할 명분이 된다.
차별화의 완성은 설명이 아니라 증명이다. 구구절절한 텍스트로 고객의 인내심을 시험하지 말라. 그 차이를 비교 사진이나 영상으로 보여주어라. 백 마디의 형용사는 고객의 뇌를 피로하게 만들지만 단 한 장의 직관적 이미지는 고객의 동기를 끌어낸다.

카피캣의 습격
: 분노는 하책, 진화는 상책

시장은 한순간도 멈추지 않는 굶주린 생물이다. 밤잠 설쳐가며 만든 제품이 시장에 빛을 발하는 순간, 어둠 속의 도둑들이 일제히 달려들어 자기들이 진짜 주인인 양 행세한다. 시장 선도자로서 이런 상황을 마주하면 밤잠이 오지 않는다. 그 마음을 나는 잘 안다. 지난 30년 동안 유통과 마케팅을 해오며, 피땀 흘려 만든 제품이 후발주자들에게 베껴지는 장면을 수없이 봐왔다.

20여 년 전 일본에서 '렌지 조리기'라는 제품을 기획해 국내에 처음 들여와 판매했다. 1인 가구를 위한 획기적인 제품이었고, 전자레인지에 넣기만 하면 밥과 국, 찌개까지 해결되는 물건이었다. 대박이 났다. 그런데 내가 처음 소개하자마자 수많은 업체가 카피해서 뛰어들었다. 지금은 원조가 누구인지조차 기억하는 사람이 드물다.

제품만 그런 게 아니다. 콘텐츠 역시 마찬가지다. 십수 년간 칼럼과 책을 써왔고, 수십만 독자를 만났다. 그런데 나의 콘텐츠를 그대로 가져다 쓰거나, 다른 책에 슬쩍 끼워 넣는 경우도 많았다. 내가 쓴 칼럼과 콘텐츠가 다른 이의 이름으로 활개 치는 것을 볼 때마다 심장이 타들어가는 듯한 분노를 느꼈다. 하지만 분노해봐야 바뀌는 건 없다. 시장은 원래 그런 곳이다. 우리 제품이 잘나가면 반드시 미투 제품이 따라오고, 우리 제품이 더 잘 팔리면 또 다른 클론이 등장한다. 여기에 에너지를 쏟아 싸우다 보면 남는 건 피로와 한숨뿐이다.

여기서 배운 게 하나 있다. 복사당하는 걸 막을 순 없다. 대신 원조가 계속 강해지면 된다. 오히려 경쟁 제품이 많아진다는 건 시장이 커지고 있다는 신호다. 비교 대상이 없는 제품은 오래 살아남기 어렵다. 만약 아이폰만 존재했다면 스마트폰 시장이 지금처럼 커졌을까? 갤럭시, 샤오미, 오포 같은 경쟁자가 있었기에 시장이 성장했다.

우리도 같은 시선으로 봐야 한다. 짝퉁과 유사 제품이 늘어난다는 건 그만큼 판이 커졌다는 뜻이다. 우리는 이 시장에서 가장 오래 버티고, 가장 오래 팔릴 제품을 만들면 된다. 질 낮은 제품은 결국 스스로 도태된다. 비교 대상이 많아질수록 소비자는 오히려 '원조'를 찾게 된다. 모조품들이 100원 단위 가격 전쟁에서 진흙탕 싸움을 할 때 당신은 그 진흙이 튀지 않는 높은 곳으로 올라가라. 그들이 감히 쳐다볼 수 없는 압도적 격차를 만드는 데만 집중하라. 그래야 마음도, 사업도 오래간다.

보이지 않는 차이는
장면으로 증명하라

저가 제품과 차별화하려면, 그 차이를 소비자가 분명하게 느껴야 한다. "우리 제품이 더 좋아요."라는 말만으로는 부족하다. 고객은 당신의 정성을 읽어줄 만큼 한가하지 않다. 말이 아니라 이미지로 보여줘야 한다. 시험성적서를 툭 던져주는 방식은 공부하라고 강요하는 오만이다. 그래서 소비자가 직관적으로 이해하고 체감할 수 있는 방식으로 전달하기로 했다. 핵심은 제품이 '문제를 해결한다'는 점을 분명히 보여주는 것이다.

뇌가 해석할 필요조차 없는 압도적인 시각적 증거, 나는 이것을 직관적 증명intuitive proof이라 부른다. 가장 강력한 방법은 비교 실험이다. 한쪽에는 우리 제품, 다른 한쪽에는 타사 제품을 놓고 같은 조건에서 테스트한다. 내구성 테스트라면 같은 무게를 올려놓고 얼마나 버티는지 보여준다. 소재 차이라면 같은 힘으로 당겨서 늘어나는 정도를 비교한다. 위생 문제라면 같은 환경에 두고 일정 시간이 지난 후를 보여준다.

우리가 컨설팅할 때 잘 쓰는 방법으로 수족관 금붕어 실험이 있다. 각각 수족관에 금붕어를 풀어놓고 일정 시간이 지난 뒤 타사 제품이 들어간 수족관의 금붕어는 모두 죽어 물 위로 떠오른다. 요가링도 마찬가지 방식으로 할 수 있었다.

"저가 요가링에 노출되면 생명도 위협받을 수 있습니다. 합성 에스트로겐인 비스페놀에이는 플라스틱을 부드럽게 만들기 위해 쓰이는 화학물질로, 피부에 장시간 닿을 경우 내분비계에 악영향을 줄 수 있습니다. 저가 제품이 낳는 결과입니다. 우리 제품이 오랜 시간 사랑받아온 이유는 분명합니다. 우리는 판매에만 몰두한 저가 유사 제품과는 다릅니다. 당신의 건강이 더 중요하기 때문입니다."

이 정도의 메시지는 되어야 소비자가 멈춰 선다. 물론 광고 심의는 철저히 고려해야 한다. 심의에 걸릴 표현이라면 쓰지 않는 게 낫다. 강력하되, 선은 지켜야 한다.

중요한 건 비스페놀에이, 내분비교란물질 같은 전문 용어를 나열하는 게 아니라 '타사 제품은 위험하고, 우리 제품은 안전하다'는 차이를 한눈에 느끼게 만드는 것이다. 설명하는 자는 2등이고 보여주는 자가 1등이다.

· 천재의 한 수 ·

당신과 경쟁하는 제품의 결정적 차이를 하나만 꼽아보라. 내구성인가, 소재인가, 기능인가? 그 차이를 눈으로 확인할 수 있는 10초 실험을 설계하라. 두 제품을 나란히 놓고 같은 조건에서 객관적으로 보이게 하라.

1. 티셔츠는 10회 세탁 후 목 부분이 늘어나고 변색된 상태를 멀쩡한 것과 나란히 비교한다.
2. 텀블러는 같은 온도 조건에서 1시간 경과 후의 온도 차이를 온도계로 측정해 비교한다.
3. 물티슈는 검은 천 위에 제품을 문지른 뒤, 형광증백제나 찌꺼기가 묻어 나오는지를 자외선 램프[UV]로 비춰 비교한다.

차이를 말하지 말고 차이를 목격하게 하라.

가격은 쉽게 내리지 마라.
이건 전략이다

배우 이영애 씨가 광고했던 리파 캐럿 페이스 롤러를 기억하는가? 출시 당시 가격은 30만 원이 넘었다. 이후 유사 제품이 쏟아지며 3만 원짜리가 등장했고, 지금은 3,000원짜리도 있다. 가격이 100분의 1까지 내려간 셈이다. 원조 브랜드는 사라졌을까? 여전히 처음 가격을 유지하고 있다. 잘 안 팔린다고 가격을 내리는 것은 브랜드 자살을 선언하는 것과 같다. 쉽게 흔들리지 말아야 한다. 싸다고 잘 팔리는 것도 아니고, 비싸다고 안 팔리는 것도 아니다.

첫째, 가격에는 품질 보증의 의미가 숨어 있다. 소비자는 가격을 품질과 가치로 동일시한다. 가격을 낮추는 순간, 브랜드 가치도 함께 내려간다. 가격 경쟁에 휘말리면 브랜드는 빠르게 소모된다.

둘째, 수익성은 생존을 위한 산소다. 영업이익이 무너지면 가게의 생존이 뿌리째 흔들린다. 많이 팔아도 남는 게 없으면 의미가 없다.

셋째, 가격을 지키는 자만이 충성 고객을 소유한다. 타사가 가격을 확 낮춘다고 따라 내리는 순간, 그건 치킨게임의 시작이다. 내가 이 바닥에 오래 있어 보니 먼저 지쳐 쓰러지는 쪽은 언제나 자본력이 약한 소상공인이었다. 싼값에 많이 팔아도 결국 남는 게 없으면 지쳐버릴 테니 염려하지 마라. 결국 버티는 사람이 시장의 주인이 된다.

나는 홈쇼핑에서 200원짜리부터 2억 원짜리까지 팔아봤다. 통신사 가입만 하면 자동으로 붙는 200원짜리 실손보험은 1세대 실손이라 지금 실손보다도 월등히 좋았다. 그때 가입 안 한 자가 바보였다. 그러나 팔리지 않아 중단됐다. 반대로 2억 원에 가까운 벤츠 S클래스는 예상보다 잘 팔렸다. 가격이 문제인 경우는 생각보다 많지 않다.

저가로 승부 보는 업체들은 화려한 불꽃놀이처럼 잠깐 반짝했다가 연기처럼 사그라진다. 그러니 '우리도 가격을 내려야 하나?'라는 고민부터 버려라. 좋은 제품은 제값을 받아야 당당해진다. 가격을 지키는 건 고집이 아니라 명분이다.

숫자와 팩트 위에 스토리와 감성이라는 부드러운 살을 입혀라

숫자는 사실이지만 스토리는 감정을 완성한다. 논리는 판단하게 하지만 결제는 감정이 만든다.

숫자를 스토리로 바꿔라

숫자는 사람들이 체감할 수 있게 바꿔야 힘이 생긴다. 이른바 '치환 기법'이다. '10만 개 판매 돌파'라는 사실에서 숫자를 그대로 쓰지 말고 이렇게 말할 수 있다.

- "제주도 모든 가정에 2개씩 놓을 수 있는 수량입니다."
- "충주시 가구 수를 넘겼고, 이제 세종시 가구 수를 향해 갑니다."
- "이 정도면 거의 국민템 아닐까요?"

리뷰도 마찬가지다. '리뷰 1만 개 돌파'에서 끝내지 말고 이렇게 말해 보자.

- "후기 읽다 밤샌 사람 수만 1만 명. 당신의 밤도 위험합니다."
- "이 정도면 집마다 하나쯤 있는 비축템 아닐까요?"

기능을 넘어 감성의 급소를 찔러라

숫자만큼 중요한 게 감성이다. 기능 설명은 어디에나 있지만, 사람을 멈추게 하는 건 감정이다. 예를 들면 이런 문장들이다.

- "처음엔 호기심, 그다음은 생활. 결국엔 분신"
- "한번 몸에 감기면 루틴이 됩니다."
- "처음은 궁금해서, 계속은 시원해서"
- "이거 없이 못 산다는 후기, 지금은 웃기지? 내일은 당신 얘기"
- "10초만 생각해보세요. 왜 10만 대군이 지갑을 열었을까?"
- "후기 읽다 보면, 어느새 결제 완료"
- "반려견보다 자주 만나는 내 삶의 반려템"

상세페이지는 스펙 전시장이 아니다. 제품을 만난 후 고객의 달라질 아침과 저녁을 보여주는 신나는 거울이어야 한다.

원조는 싸우지 않는다, 끝까지 버틴다

가격 저항의 근본 원인은 사실 OEM 방식에 있다. 가격 전쟁의 최종 병기는 직접 생산이다. 그래야만 제대로 된 영업이익을 확보할 수 있다. 타인의 공장에 의존하는 한 마진은 늘 후발주자에게 쫓긴다. 제조업에

발을 들이는 순간 머리는 훨씬 더 아파올 것이다. 하지만 정말 크게 성공하고 싶다면, 그 길밖에 없다. 하나가 터지면 더 싸고 화려한 수많은 변종이 독버섯처럼 돋아날 것이다. 하지만 최초라는 왕관은 복제가 안 된다.

영국의 가전업체 다이슨은 1980년대 먼지봉투 없는 진공청소기를 최초로 개발하며 시장에 혁신을 가져왔다. 이후 경쟁사들이 유사 기술을 적용한 저가 제품을 대거 출시하며 가격 경쟁이 시작됐다. 그럼에도 다이슨은 흔들리지 않았다. 가격 경쟁 대신 핵심 기술인 '모터'를 중심으로 청소기뿐 아니라 헤어드라이어, 공기청정기 등으로 제품군을 확장하며 프리미엄 브랜드로서 입지를 굳혔다.

템퍼 역시 메모리폼 매트리스의 원조로 알려져 있다. 이후 저가 메모리폼 매트리스들이 쏟아지며 경쟁이 격화됐지만, 템퍼는 가격 경쟁 대신 핵심 기술과 품질을 지키는 전략을 택했다.

레고는 블록 조립 장난감의 선구자로 오랜 역사를 가진 브랜드다. 물론 시장에는 수많은 저가 유사 제품들이 등장하며 레고의 점유율을 위협했다. 생각해보면 플라스틱 블록은 누구나 만들 수 있으니, 진입 장벽이 얼마나 낮겠는가? 원조가 후발주자에게 밀리는 건 시간문제처럼 보였을지도 모른다. 그럼에도 레고는 가격 경쟁에 뛰어들지 않았다. 대신 품질, 창의성, 교육적 가치를 앞세워 브랜드 가치를 지켜냈다. 그 결과 지금도 전 세계적으로 사랑받는 장난감 브랜드의 자리를 유지하고 있다.

이들은 진흙탕 싸움에 응하지 않았다. 가격을 낮추는 대신 기술의 깊이를 더했고 품질이라는 성벽을 높여 원조의 자리를 지켰다. 복제품이 많아질수록 소비자는 오히려 '진짜'를 찾는다.

원조의 힘은 흔들리지 않는 가격에서 나오고 그 가치는 끝까지 버티는 인내에서 완성된다. 당신의 격格이 곧 가격이므로 원조의 자리를 당당히 지켜라. 시장은 결국 진짜를 기억한다.

한 숟가락이라도
더 잘 먹고 잘 살기 위해

사슴은 먹이를 발견했을 때, 다른 동물들과는 다른 특별한 행동을 합니다. 먼저 목 놓아 웁니다. 이를 '녹명鹿鳴'이라 합니다. 먹이를 나누고자 동료를 부르는 겁니다. 대부분 짐승은 먹이를 감추고 독식하기 바쁘지만, 사슴은 오히려 울음소리를 높여 배고픈 동료들을 불러 함께 나눕니다. 세상에서 가장 아름다운 울음소리입니다.

'녹명'은 중국의 《시경詩經》에도 등장합니다. 사슴 무리가 평화롭게 울며 함께 풀을 나누어 뜯는 장면을 어진 신하들과 임금이 함께 어울리는 모습에 비유합니다. 그 풍경에는 홀로 살아남는 삶이 아니라, 함께 살아가려는 공존의 마음이 담겨 있습니다. 그래서 이 책의 제목을 '녹명'이라 짓고 싶었습니다. 혼자가 아니라, 함께 살아가는 데 도움이 되는 책을 만들고 싶었습니다.

경제·경영 분야에서 책을 쓰고, 스테디셀러를 유지하며, 국내 기업과 주요 언론, 미국 신문사에 마케팅 칼럼을 기고해온 지도 어느덧 십수 년이 지났습니다. 그동안 수많은 소상공인 독자들과 유대를 맺고, 그들과 삶의 애환과 시련을 나눌 수 있었던 것이 그저 고맙습니다. 이 책이 소상공인들이 서로 기대어 살아가는 데 작은 지적知的 도구가 되기를 바랍니다. 책을 읽는 당신이 한 뼘이라도 더 나아가고, 한 숟가락이라도 더 잘 먹고 잘 사는 데 보탬이 된다면 더 바랄 것이 없겠습니다.

지금도 미국 한인 신문과 국내 여러 매체에 마케팅 칼럼을 쓰고 있습니다. 다만 예전 같지는 않습니다. 눈이 그렇습니다. 독자들이 눈을 걱정해주지만, 야속하게도 시력은 더 나빠지고 있습니다.

전작《보는 순간 사게 되는 1초 문구》출간 이후로도 몇 번의 눈 수술을 했지만 차도가 없습니다. 거의 모든 안과질환을 달고 삽니다. 실명으로 아주 서서히 향해가는 희귀 질환까지 말이죠. 불편한 걸 아주 잘 참는 편이라 온종일 뿌연 안갯속에 사는 것 같은 시야는 견딜 만합니다. 하지만 글자가 이중으로 보이는 복시複視만큼은 자료 보는 일이 업인 저에겐 참으로 버거운 형벌입니다.

태어나면서부터 시력이 나빴습니다. 어릴 때부터 앞을 보지 못하는 사람 취급을 받았고, 잘 안 보여 자주 넘어지고 다쳤습니다. 이제는 가까이 다가와야 사람의 얼굴을 알아봅니다. 모니터를 더는 보면 안 된다는 의사의 경고를 어기고, 이번에도 결국 눈과 맞바꾼 책이 탄생했습니다. 예전 속도의 10분의 1쯤 되는 느린 진도로, 한 글자 한 글자 새기듯 어렵게 썼습니다.

그럼에도 제가 멈출 수 없었던 이유는 하나, '읽어주는 당신'이 계시기 때문입니다. 그 기쁨은 겪어보지 않으면 모릅니다. 10여 년 전, 지하철에서 바로 앞자리에 앉은 한 남자가 《팔지 마라 사게 하라》를 집중해서 읽는 모습을 본 적이 있습니다. 주변 소음과 완전히 분리된 듯, 무아지경에 빠져 정성스러운 눈빛으로 페이지를 넘기던 그 청년을 바라보며 한없이 행복했습니다. 작가에게 그보다 더 가슴 벅찬 화양연화가 있을까요? 이게 작가의 삶입니다. 가슴이 꽉 찬 삶 말입니다.

주성치 영화를 좋아합니다. 주성치 영화에는 늘 주인공을 돋보이게 해주는 조연들이 있는데요. 그처럼 이 책이 나오기까지 든든하게 함께해준 파트너가 있습니다. 바로 엠제이소비자연구소의 심재웅 마케팅 이사입니다.

이 책은 결코 저 혼자 쓴 것이 아닙니다. 그가 없었다면 이 책도 없었습니다. 밤낮없이 이 책을 짓는 데 함께했습니다. 그는 우리 회사에 들어오는 많은 복잡한 상품을 성공적으로 마케팅하는 데 없어서는 안 될 동지이자 전우입니다. 천재성과 성실성을 모두 갖춘 이 시대 최고의 지식 근로자, 우리말로 정신 노동자인 그가 함께하여 이 책의 완성도를 끌어올렸습니다. 이 책의 뼈와 살은 그의 기여 없이는 불가능했습니다. 공을 그에게 돌립니다.

얼마 전 결혼식 주례를 하고 왔는데 신랑 신부가 제 아들 또래더군요. 세월이 가는 것을 몰랐습니다. 누군가의 시작을 축복하며 서 있자니, 흐릿한 시야 너머로 제가 걸어온 굽이진 길들이 파노라마처럼 스쳐 지나 갔습니다. 젊음은 갔으나 문장은 남았고, 눈은 멀어가나 마음은 더 깊게 보게 되었으니 이 고단한 세월조차 당신과 함께 나눌 이야기가 되어준 것 같아 감사할 따름입니다. 가진 것보다 더 많이 대접받으며 살아온 과분한 인생에 머리 숙여 고마움을 전합니다.

끝으로 사랑하는 가족들, 지현, 건우, 조아, 병구, 준민, 창준, 그리고 먹고방 아저씨들에게도 변함없는 아가페를 전합니다.

참고문헌 및 출처

1. https://www.golfjournal.co.kr/news/articleView.html?idxno=4825&utm_source=chatgpt.com

2. https://www.geconomy.co.kr/mobile/article.html?no=284872&utm_source=chatgpt.com

3. https://mobile.jtbcgolf.joins.com/news/news_view.asp?idx=45462&utm_source=chatgpt.com

4. https://wyzowl.com/sovm-results-2024/

5. 2022년 문화체육관광부와 예술경영지원센터에 따르면 정확히 1조 377억 원을 기록했다.

6. https://seo.goover.ai/report/202503/go-public-report-ko-e1b5a145-d9b6-4a50-916b-1580749f657d-0-0.html

7. https://pmc.ncbi.nlm.nih.gov/articles/PMC2242704/

8. https://pmc.ncbi.nlm.nih.gov/articles/PMC12075488/

9. https://www.hankyung.com/article/2025042284911

마케팅 천재의 돈 버는 공식

2026년 3월 25일 초판 1쇄 발행

지은이 장문정
펴낸이 이원주

책임편집 김유경 **디자인** 윤민지
기획개발실 강소라, 박인애, 류지혜, 고정용, 최연서, 이채은
마케팅실 정주호, 신하은, 현나래, 이홍균, 양봉호, 박미진, 권금숙
디자인실 진미나, 정은예 **디지털콘텐츠팀** 최은정 **해외기획팀** 우정민, 배혜림, 정혜인
경영지원실 강신우, 김현우, 이윤재 **제작실** 이진영
펴낸곳 (주)쌤앤파커스 **출판신고** 2006년 9월 25일 제406-2006-000210호
주소 서울시 마포구 월드컵북로 396 누리꿈스퀘어 비즈니스타워 18층
전화 02-6712-9800 **팩스** 02-6712-9810 **이메일** info@smpk.kr

쌤앤파커스(Sam&Parkers)는 독자 여러분의 책에 관한 아이디어와 원고 투고를 설레는 마음으로 기다리고 있습니다. 책으로 엮기를 원하는 아이디어가 있으신 분은 이메일 book@smpk.kr로 간단한 개요와 취지, 연락처 등을 보내주세요. 머뭇거리지 말고 문을 두드리세요. 길이 열립니다.